チャイナスピード

中国高速鉄道の誕生とその歩み

2019年初版発行

ISBN 978-7-119-11572-6
©2019 中国 北京 外文出版社有限責任公司
外文出版社有限責任公司出版
中国北京百万荘大街24号
〒100037
http://www.flp.com.cn
中国国際図書貿易総公司発行
中国北京車公荘西路35号
〒100044
北京P.O.Box399
中華人民共和国にて印刷

チャイナスピード

中国高速鉄道の誕生とその歩み

王 雄 著

外文出版社

目 次

はじめに
開放で生まれたスピード

　1978年10月22日、秋の日差しがさんさんと降り注ぐ中、中国の国旗・五星紅旗のマークを尾翼に描いた中国の専用機が北京を飛び立ち、2時間後に日本の東京羽田空港にゆっくりと着陸した。タラップが下ろされると、日本の園田直外務大臣が慣例を破って機内に入り、中国からの賓客を出迎えてうれしそうにこう語りかけた。「あなたは良い天気を運んで来てくれました！」。この賓客こそ中国共産党中央委員会副主席、国務院副総理で、当時74歳になっていた鄧小平氏だった。鄧小平氏は日本政府の招きに応じて、8日間の日程で日本を訪れたのだ。

　飛行機の窓越しに東京を見下ろせば、高層ビル、人や車の流れが見えるばかりだった。鄧小平氏は鋭い眼差しで、真剣にこの異国の地を観察した。中国が10年の「文革」という災難の時期を過ごしている間に、外の世界にはいったいどのような変化があったのだろう？

　この訪問は中国で「文化大革命」が終わって2度目の秋のことだった。鄧小平氏は中国改革開放の総設計師として、心の中に改革開放の壮大な青写真を描いているところで、世界に目を向けていた。そして、日本訪問期間中のスケジュールがどれだけ過

密であっても、彼は新幹線に乗って京都に
向かうことを要求した。

　10 月 26 日、高速で走る新幹線の列車内
で、鄧小平氏は泰然自若としていた。山並
みや湖、村落や田畑が、列車の両側を飛び
去って行った。この時、車両内の電光掲示
板には「時速 210 キロ」という表示があった。

　同行の記者が鄧氏に「初めて新幹線に
乗られたそうですが、どうお感じですか？」
と質問した。

　彼は率直に「速い、風のように速いで
す！ 誰かに走らされているようですね。正
に今われわれはこういう列車に乗るのがふさ
わしいのです」と答え、次のように補足した。
「われわれは走らなければいけません！」こ
の時、中国の列車は最高時速が 80 キロ、
一般の列車は 60 キロのレベルにとどまって
おり、多くの新設路線も時速は 40 キロに満
たなかった。

　新幹線が飛ぶように走る中、鄧小平氏は
ずっと窓の外を見ていたが、その眼差しは
確固としていて落ち着いていた。

　2 カ月後、中国共産党第 11 期中央委員
会第 3 回全体会議（第 11 期 3 中全会）が
北京で盛大に開催された。

　中国の命運に関わる改革開放は、ここに
幕を開けたのだった。

高架橋を走る高速列車

盧溝橋の近くを通り過ぎる高速列車

第 1 章

中国に高速鉄道は必要か？

発展こそが正しい道。中国にはどのような鉄道が必要で、中国に高速鉄道は必要だろうか？こうした問題が提起されると、すぐに社会に大きな反響が起こり、それぞれが意見を主張し、論争はやまなかった。

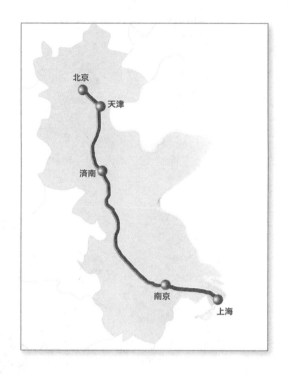

京滬鉄道概略図

1970年代末から80年代末にかけては、現代中国にとって新たな学術界の思想のうねりがまた活発になった時期だった。

『紅旗』『光明日報』などの雑誌・新聞は相次いで専門家・学者による中国の交通発展の方向についての見解を発表した。彼らは、世界の先進国は例外なく鉄道が衰退しており、高速道路が台頭していると考えていた。このため、専門家・学者は、1000キロ以上の旅客輸送は民間航空が受け持ち、400キロ以内の輸送は高速道路に任せ、残った400キロから1000キロの間を鉄道に任せることを提案した。

これらの観点は中央が1950年代末に確立した「鉄道は国民経済の大動脈」という経済思想に背くことが明らかだった。一時期、鉄道は斜陽産業と見なされ、総合的交通体系の中での中核的地位を失った。

第11期3中全会以降、鄧小平氏は、経済建設を中心として改革開放の道を歩み、生産力の発展に力を集め、経済を発展させていくことを提起した。この時、社会は「鉄道は国民経済の大動脈」だという位置付けを再認識し、鉄道が国家経済の足を引っ張ってはならないという声が極めて大きくなった。

改革開放は鉄道発展の春をもたらし、機関車はレールの上に戻った。しかし、それは全く時代遅れのものだった。この時、先進国の高速鉄道の営業最高速度はすでに時速270キロに達しており、中国の鉄道はわずか時速80キロ前後だった。

発展こそが正しい道。中国にはどのような鉄道が必要で、中国に高速鉄道は必要だろうか？こうした問題が提起されると、すぐに社会に大きな反響が起こり、それぞれが意見を主張し、論争はやまなかった。

京滬大ルートの呼び声

改革開放後、経済の急速な発展に伴って、各大鉄道幹線の輸送能力は長期的に負荷超過の運行が続いた。貨物列車の申請満足率はわずかに60％で、大量の貨物が長く滞って運送待ちとなり、大きな駅は超満員状態で、耐えられないほど混雑していた。京滬鉄道（北京と上海を結ぶ路線）を例にすると、その距離は全国の鉄道総延長の2.8％を占めるにすぎないのに、14.3％の旅客取扱量と8.8％の貨物取扱量の責務を負っており、輸送密度は全国平均の4倍だった。旅客は足止めを食い、貨物は滞留し、乗車難、輸送難の問題が際立ち、各区間の能力利用率はおしなべて100％に達していた。

中国には高速鉄道が必要か？今建設するか後回しにするか？論争はここから始まった。多くのベテラン専門家は誠実に、民族の大義を重視して、自ら責任を担い、私心や恐れのない気概と勇気を持ち、鉄道発展の難題の解明に取り組み、同時に中国の民主的政策決定のプロセスを大きく推進した。

急を告げる京滬鉄道

1421年、明の成祖朱棣（永楽帝）は北京に遷都した。その時から、北京は中国の政治、経済、文化の中心になった。各地の封疆大臣（地方の総督・巡撫）や商人、使者たちが、拝謁や取引のために北京を訪れた。また朝廷に収められる穀物など大量の北京に送られる物資輸送は、一に陸路、二に水運に頼っていた。

京杭大運河は紀元前486年から開削が始まり、1293年に全線が開通、前後1779年にわたって開削は継続されてきた。この後、歴代朝廷は莫大な費用を投じて河道

を浚渫し水運を維持した。今日に至って
も、この大運河には船が通る区間がある。
1825年、世界初の鉄道が英国で開通し
た。1831年には英国の科学者ファラデー
が発電機を発明し、将来の鉄道電化に道
を開いた。この年、中国は清の道光11年
だった。史料の記載によると、近代中国で
「初めて世界に目を開いた人物」とされる
林則徐はこの時、命を受けて「水運」に
奔走していた。

1895年、中国は甲午中日戦争（日清
戦争）に敗れた。清朝政府は意を決して
鉄道建設を重要な計画に定め、以前の唐
胥鉄道（唐山と胥各荘を結ぶ路線）を延
長した京山鉄道（北京と山海関を結ぶ路
線）を基礎とし、北京から天津に至る鉄
道の建設を決定した。この時、英国の鉄
道はすでに全国を横断して総延長は2万
6000余キロになっており、米国も年間1
万キロの速度で鉄道を敷設していた。

1897年、清朝政府は京津鉄道の建設に
着工し、1900年に完成させた。後に、この
鉄道は京滬鉄道の北部区間と呼ばれるよう
になった。中部区間は天津から江蘇省浦口
までで、津浦鉄道と呼ばれ、1908年に着
工され、1912年に完成した。南部区間は
上海から江蘇省の南京までで、滬寧鉄道と
呼ばれ、1905年着工で1908年に完成した。

1968年9月、南京の長江大橋が開通
し、長江両岸の鉄道が結ばれて一体とな
り、この3区間の鉄道がようやく統一され
て京滬鉄道と命名された。全長は1462キ
ロだった。

京滬鉄道の旧済南駅

　100年の歴史を有する京滬線は、沿線は北京から天津、河北、山東、安徽、江蘇、上海という4省3直轄市を経由しており、沿線人口は3億人を超え、中国で経済が最も発達した地域だ。京滬鉄道は北京、天津、唐山という環渤海経済ベルトと上海、南京、杭州という長江デルタ経済ベルトを連結する、東北、華北から華東に向かうときに必ず通る道であり、中国で最も繁忙な鉄道幹線の一つだ。

　改革開放の推進に伴い、東部沿海地域の経済は急速にテイクオフし、京滬鉄道の貨物・旅客取扱量は激増し、輸送能力は飽和状態に置かれていた。全線での1キロごとの平均貨物・旅客輸送密度合計はすでに1億トンを上回り、それぞれ全国鉄道貨物・旅客輸送平均レベルの5.4倍と3.8倍となり、輸送能力不足は50％に達し、過負荷運行と制限型輸送状態に置かれた京滬鉄道は、設備の過度利用、懸命な補修頼みで、過負荷輸送によっても需要を満たすことができず、沿線地域の経済発展の大きな足かせになっていた。

　ハイスピードの旅客輸送専用のルートを建設し、貨物と旅客を分け、京滬鉄道にかかる圧力を抜本的に緩和することを提起した人もいたが、この考え方がまさに京滬高速鉄道構想のひな形だった。中国鉄道科学研究院は、もし中国が最初の高速鉄道を建設するなら、それは京滬高速鉄道以外にはないと考えていた。

　改革開放から12年を経た1990年、この時の中国は明らかに国力が増し、国家は鉄道の発展加速に手を掛けることができるようになってきた。この年の鉄道建設の投資額は107億1600万元で、全国の投資の6.3％の割合となった。この時、ある大胆な考えが中国鉄道政策決定者の頭の中で次第に煮詰まりつつあった。それは、中国の高速鉄道の発展を積極的に模索することだった。このため、当時の鉄道部（日本の省に相当）は国外の先進的経験を参考とし、それを中国の国情と結び付け、国務院に『「第8次5カ年計画」期における高速鉄道の技術的難題解決の展開に関する報告』を送った。

　報告は、大都市間で計画的に高速旅客鉄道専用線を建設し、貨物列車と旅客列車を別々の線で運行することが、日増しに増える貨客輸送量のニーズを満たすための必然の流れであると考えていた。これは中国が主要幹線の繁忙運行区間の輸送能力を高めるもので、最終的に大都市間の旅客輸送問題を解決する主要な方法だ。同時に、高速ということを核心に、新型機関車車両、高強度・高精度レール、列車自動制御装置などの技術や装備を研究・開発することで、鉄道とその他の部門の科学技術レベルの発展を全面的に推進、促進できる。報告は、中国の国情から出発し、10年近くで、中国の鉄道が最高時速200キロ以上を実現することを目標に全力で取り組むとしている。

　1992年初頭、鄧小平氏が南方談話を発表すると、京滬高速鉄道建設の呼び声が高まった。鉄道部は国務院に向け『高

速鉄道の速やかな建設についての意見報告』を送り、またすぐに『北京から上海への旅客列車専用高速鉄道研究の基本構想』を提出した。

　1993 年 4 月 24 日、国家科学委員会と国家計画委員会、国家経済貿易委員会、国家経済体制改革委員会、鉄道部（4 委員会 1 部）が共同で、国家科学委員会の恵永正副主任（副大臣）と鉄道部の屠由瑞副部長（副大臣）をはじめとする 100 人余りの専門家が参加する「京滬高速鉄道重要技術・経済問題事前研究」プロジェクトチームを組織した。工事建設案、資金調達・運営メカニズム、国際協力、経済評価など関連政策決定の重要技術・経済問題をめぐり、京滬高速鉄道について事前研究を展開し、50 万字余りに及ぶ『京滬高速鉄道重要技術・経済問題事前研究報告』を作成した。報告は「どのような高速鉄道を、いかに建設し、誰が投資するか」など一連の問題に答えている。

京滬鉄道南京長江大橋へのアプローチ橋を走る普通列車

研究報告は次のように見通しを立てていた。京滬高速旅客専用線が全線開通すると、旅客と貨物輸送が別々の線となり、年間旅客輸送能力（往復）が延べ1億2000万人以上となり、1993年の4倍になる。在来線は主に貨物専用とする条件下で、電気けん引を実行すれば、年間の南下貨物輸送能力は1億2000万トン以上となり、1993年の2倍になる。北京－上海の旅客輸送は特急列車での17時間から7時間に短縮される。

　報告の結論は、京滬高速鉄道の建設は差し迫ったニーズであり、技術上実行可能であり、経済的に合理的であり、国力的にも耐えられ、建設資金も解決の見込みがあるというものだった。

　1994年3月4日、「4委員会1部」は国務院に『京滬高速鉄道建設建議の申請に関する伺い』を送った。国ができるだけ速やかに立案し、1995年に着工し、2000年までに完成するように全力で取り組むことを建議した。

　これは疑いもなく、一つの希望と自信に満ちた壮大な目標であり、国務院の多数の部門と中国鉄道の優秀な人々の胆力と知謀、心血と智恵を結集したものだった。

京滬鉄道線で列車をけん引して走るディーゼル機関車「東風号」

1994 年 5 月、国務院総理事務会議で、李鵬総理が京滬高速鉄道建設の報告聞き取りを行った。1 カ月後、江沢民総書記が中央財経指導グループ会議を主宰し、国家計画委員会が関係報告を作成した。

この会議は「鉄道部の京滬高速鉄道建設に関する実現可能性事前研究の実施提案に原則的に同意」した。直ちに、鉄道部は韓杼濱部長（大臣）をグループリーダーに、孫永福と傅志寰両副部長をサブリーダーにした京滬高速鉄道実現可能性事前研究指導グループを結成した。

続いて、鉄道部は力を結集して現地調査設計作業を展開し、併せて機関車車両、通信・信号、線路・橋梁、輸送組織などのテーマ研究を行った。

2 人の頑固な老人

1992 年、太平洋西岸の米国で、1 人の中国人の老人が図書館で真剣に新聞資料を読み込んでいた。

この老人は華允璋氏。上海鉄道局の元のチーフエンジニアで、この時はすでに退職していた。

『ワシントン・ポスト』の高速鉄輪式鉄道に関する文章が彼を強く引き付けた。

文章は次のように述べていた。鉄輪式高速鉄道は建設費が高く、列車の点検が頻繁で、スペアの量が多く、すでに運行されている高速鉄道では、日本の東海道新幹線が旅客輸送量（年間輸送量は延べ 1 億 3000 万人）が莫大なことと航空運賃と同等の高価な乗車料金によって利益を挙げている以外は、すべて赤字であり、このため 50 年来、すでに鉄輪式高速鉄道を敷設し運行しているのは日本、フランス、イタリア、ドイツ、スペインなど少数の国に限られている。鉄輪式高速鉄道の投資総額が大きすぎ、運営コストが高すぎ、深刻な赤字が免れず、国が重い財政負担を担うことになるのが懸念されているのだ。鉄輪式高速鉄道は「技術的には優位性があるが、財政上は災難である」というのが文章の結論であった。

華允璋氏は、祖国が鉄輪高速鉄道建設を準備していることを連想し、焦らずにはいられなかった。

華氏は中国高速鉄道「建設延期派」の代表的人物の1人だった。

鉄道部が京滬高速鉄道建設を動議した当初、彼は断固反対を表明した。彼は、京滬鉄輪高速鉄道を建設し、貨客分離輸送を行えば、高速鉄道新線は赤字を招き、在来線は本来の乗客を失い、最終的には共倒れになると考えていた。彼は、在来線に振り子式列車を導入し、高速運行を実現すれば、費用は高速鉄道新線建設の 10％にも満たないと提起した。

間もなく、華允璋氏は帰国した。彼は自分が掌握している資料を用い、高速鉄道建設の見合わせを理詰めで説いた。

華允璋氏はすぐに知己を探し出した。それは姚佐周で、鉄道部専門設計院の元の副院長だった人物だ。姚佐周はすでに職場を退いていたが、一貫して鉄道の発

展に強い関心を持っていた。彼は鉄道部の「京滬鉄道輸送力は長期的な飽和状態、超飽和状態にあり、制御区間の輸送力の不足は50%に達し、急いで新線を建設しなければならない」との意見に、全く不賛成だった。

「これは高速鉄道建設を急ぐ口実探しだ」と、華氏は非常に立腹していた。

国家科学技術委員会、鉄道部など「4委員会1部」が共同で組織した「京滬高速鉄道重要技術・経済問題事前研究」プロジェクトチームの報告について、姚佐周は、報告は中国の高速鉄道建設の経済レベルと負担能力を極めて高く見積もっていると考えていた。彼は報告の中で出された「京滬高速鉄道建設は焦眉の急であり、『第9次5カ年計画』期中にできるだけ速やかに着工すべきである」という結論に、断固として反対した。

1994年、姚佐周氏は雑誌『上海交通運輸』に『高速鉄道の新たな建設は当面の急務に非ず』『高速鉄道の新たな建設は当面の急務に非ずを再び論じる』という二つの文章を前後して発表し、建設推進論者は「プロジェクトを実現可能とするために、輸送量や収益を高く見積もり、輸送能力や投資を低く見積もっている。これは中国鉄道建設事業の実現可能性研究（F/S）におけるかなりの期間の習慣になっている」と見なした。

同年4月、華允璋氏は『科技導報』に『京滬高速鉄道は事業立ち上げすべきでない』と題した文章を掲載した。彼は次のように主張した。北京－上海沿線の1997年1人当たり国内総生産（GDP）が最高の上海市でわずか3100ドル、沿線都市の平均は1000ドル付近で、日本の東海道新幹線沿線の46分の1に過ぎない。経済発展と人々の消費水準の差は大きいのに、高速鉄道の旅客輸送量は東海道新幹線よりはるかに高く試算されていて、これは全く不可能であることをはっきり示している。

2人の鉄道老人の固執ぶりは、一つの良いエピソードとなった。

この時、2人はそれぞれ83歳と76歳だったが、南と北で互いに呼応した。華允璋氏は京滬鉄道の上海側で、姚佐周氏が北京側だった。

香山沈・華論戦

1994年6月、初夏の北京は生気に満ちあふれていた。

この時、鉄道部は西の郊外、香山で高速鉄道シンポジウムを開催したが、雰囲気は熱烈で、論戦は激烈だった。これは中国科学界とエンジニアリング界の学際的常設シンポジウムで、「香山会議」とも呼ばれた。国内で著名な厳陸光院士（中国科学院および中国工程院の会員）、何祚麻院士、程慶国院士ら30人余りの、超伝導、電気工学、車両の専門家や研究者が会議に参加した。鉄道界の主要な技術幹部と院士もこの会議に参加した。

鉄道部チーフエンジニア兼高速鉄道弁公室主任の沈之介氏は、この会議の招集

者の 1 人だった。

沈氏は会議の席で次のように指摘した。「京滬鉄道は貨客輸送が最も繁忙な鉄道幹線で、また現在世界で最も繁忙な鉄道路線でもあり、長期的に飽和状態、超飽和状態にあり、制御区間輸送力不足は50％に達している。旅客輸送と貨物輸送の動力争いが、京滬鉄道においては非常に際立って表れている。皆さんご存じのように、もし客車を 1 往復増やしたら、2 往復以上の貨物列車を減らさなくてはならない。もし旅客を 1 人多く運ぶなら、貨物を1 トン減らさなくてはならない。長江デルタ地域は経済が発達した地域で、われわれは貨客共に放棄することはできず、新線建設を急がなければならない！」。沈氏は拳を振り上げながら、力強く言った。

「君は京滬線がじきに麻痺状態になると言うのか？」華允璋氏は立ち上がって問いただした。

「そう言っていいでしょう。目下、京滬線の旅客輸送密度と貨物輸送密度はそれぞれ、4578 万人／キロ、6032 万トン／キロで、全国の平均密度のそれぞれ 5 倍と 3 倍以上です」と、沈氏は答えた。

華允璋氏は声を大きくして言った。「いわゆる京滬鉄道が長期的飽和状態だというのは、全く事実に合っていない。今年の『春運（旧正月期間の帰省・Ｕターンラッシュに伴う特別輸送体制）』期間だけでも、京滬線が増発した臨時旅客列車は 32 往復という多さで、能力が飽和状態というわけではなく、麻痺状態にはなっておらず、

むしろまだある程度余力があることが見て取れる」と述べた。

沈氏は笑って言った。「華さん、『春運』期間での京滬線の客車の増便は、やむを得ないもので、消耗戦を行っているのであって、設備と安全の犠牲を代償にしているのですよ」

華氏は「京滬高速鉄道建設にはいくらかかるのかね？」と聞いた。

「鉄輪技術を採用した場合、建設費は523 億元必要で、工期は 5 年です」と沈之介氏は答えた。

華允璋氏は首を振った。「われわれ上海市の退（離）職高級専門家協会鉄道グループの 100 人余りの年寄りが集まって2 度にわたって鉄輪式高速鉄道建設費を詳しく計算したところ、皆がおおよそ同意した推計では 1 キロごとに少なくとも 2 億元かかる。すると京滬高速鉄道の総建設費は 2000 億元を上回ることになる。中国の高速鉄道建設の経済レベルと負担能力を高く見積もりすぎてはいかん」

沈氏は冷静に問うた。「華さん、知っていますか？日本が 1957 年に最初の高速新線建設を着工した時の 1 人当たり GDPは 338 ドルで、中国の現在の水準より低かったんですよ」

「しかし、金換算のドル実際価格は、1957 年に比べて 1994 年には 13 倍以上高くなっている」。華氏は明らかに準備してきており、「市場経済体制下では、旅客輸送量と旅客輸送収入は高速鉄道建設を決定する最終的要素だ。現在の状況では、高速鉄

道建設はただ赤字になるだけだ」と述べた。

姚佐周は「香山会議」に出席しなかった。しかし、彼は華允璋と同じ見方をしており、中国鉄道建設は現段階では鉄輪式高速鉄道建設を急ぐべきではなく、在来線の高速化と、鉄道距離の拡大と鉄道電化改造に資金を投入すべきだとの考えを堅持していた。

この3日間の高速鉄道技術の発展と展望についての討論の中で、専門家、研究者たちは自ずと磁気浮上式リニアモーターカーという新世代の高速列車にも十分な関心を払った。厳陸光氏は「当時、私がこの会議に参加した目的の一つが、すなわち国に、より多くの経費を出してもらい磁気浮上式リニアモーターカーの研究開発をサポートするよう呼びかけることでした」と話している。

彼の記憶によれば、会議が終わったときに、沈之介が彼のところに来て、磁気浮上式リニアモーターカーは素晴らしい新技術であり発展させるべきだが、鉄道部はすでに京滬高速鉄道のF/Sを出しており、国が立案しているところなので、京滬線建設に影響を与えないでほしいと話したという。

1996年2月、鉄道部は再度、F/S会議を招集した。華允璋氏と姚佐周氏はいずれも招きを受けて参加し、彼らは会議で自らの意見と疑問を提起し、また京滬高速鉄道をすぐに着手することへの反対を堅持し、京滬高速鉄道はそれほど急いで建設する必要がなく、見合わせてもいいものだとした。華允璋氏は、やはり振り子式列車技術と電化改造で京滬線の能力拡張をす

ることを提言した。ひとしきりの論争の後、会議は京滬高速鉄道の上海－南京区間の1998年着工、2000年開通の意見案を採択した。

同年3月、全国両会（全国人民代表大会と中国人民政治協商会議）期間中に、鉄道部高速鉄道弁公室主任の沈之介氏は、中国人民政治協商会議全国委員会（全国政協）委員の立場で、大会に向けて京滬高速鉄道建設の提案を提出した。これと同時に、姚佐周氏は全国人民代表大会（全人代）と全国政協の各代表団に京滬高速鉄道建設先送りの提案書を送付した。それぞれの文書は共にとても気持ちのこもったものだったが、内容は真っ向から対立するものだった。

3月13日、第8期全国人民代表大会第4回会議で異なる意見の聞き取りが行われた後、大会は表決を行った。全人代が承認した『国民経済・社会発展第9次5カ年計画と2010年長期目標の要綱』の中で、はっきりと「次の世紀初頭10年のうちに、国民経済と社会発展の全体に鍵となる重要な役割を持つプロジェクトの建設に力を集中し……京滬高速鉄道建設に着手し、旅客大量輸送の現代化輸送ルートを構築する」と記された。

これはまたすなわち、「次の世紀の最初の10年のうちに京滬高速鉄道の建設に着手する」ということだった。

沈之介氏はひどく悲しみ、「京滬高速鉄道建設が1年遅れるごとに、200億元の損失が出るのに！」と語った。

鉄輪式か磁気浮上式か

いわゆる鉄輪式と磁気浮上式は、二つの異なった鉄道利用技術で、同じく列車運行方式に属すものだ。

鉄輪式は車輪とレールが接触した状態で、車輪とレールの間の粘着関係に頼り、支持、ガイド、けん引、制動機能を実現し、列車を進行させる。磁気浮上式は電磁石の力で列車を軌道の上に浮かせ駆動する。従来の鉄道と異なり、磁気浮上式列車はレールに接触せず地面すれすれを飛ぶように走る。磁気浮上式列車の最高速度は時速500キロ以上に達することができ、鉄輪式高速列車の300キロ余りよりもさらに速い。

沈志雲氏・鉄輪派

世界に鉄道が登場して以来、鉄輪式列車こそが鉄道のシンボルだった。

「鉄輪派」と「磁気浮上派」の論戦の中で、沈志雲氏は揺るぎない鉄輪支持派だった。

この西南交通大学の旧ソ連に留学経験を持つベテラン教授であり、中国科学院と中国工程院という「両院」の院士である人物は、機関車車両動力学とりわけ鉄輪動力学、運動安定性、曲線通過理論、ランダムレスポンスなどの研究面で際立った実績を持ち、中国初の強制操舵式ボギー台車の研究開発を主宰し成功させ、無フランジ磨耗の新記録を打ち立てた。また機関車車両全体ローリング振動実験台構築を主宰し、これを国際的水準に引き上げた。

車輪とレールの接触は、列車と軌道の唯一の相互作用であり、車輪が回転するときに、微小な滑りがあり、これはクリープと呼ばれる。レールのクリープは非常に複雑な物理現象で、いかに定量的にその力

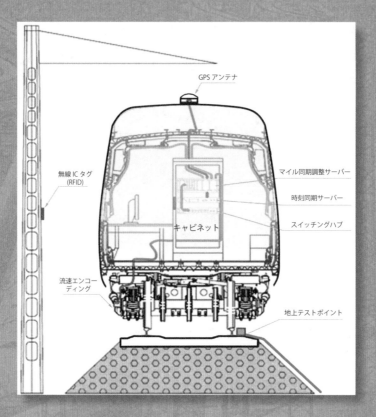

GPS アンテナ

無線 IC タグ
(RFID)

マイル同期調整サーバー

時刻同期サーバー

スイッチングハブ

キャビネット

流速エンコー
ディング

地上テストポイント

鉄輪式列車の走行部構造略図

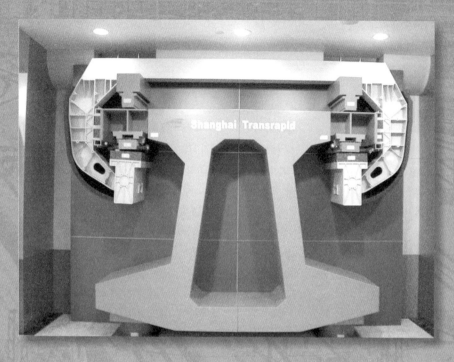

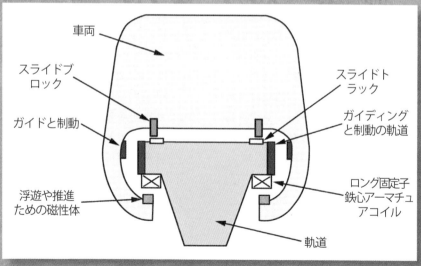

車両

スライドブ
ロック

スライドト
ラック

ガイドと制動

ガイディング
と制動の軌道

浮遊や推進
ための磁性体

ロング固定子
鉄心アーマチュ
アコイル

軌道

磁気浮上式列車の走行部構造略図

学的特徴を確定するかは、一貫して鉄道車両力学の中の難題とされてきた。

1982年、沈志雲氏は客員研究員として米国マサチューセッツ工科大学（MIT）に赴いた。彼はそこでカルカーの鉄輪クリープ理論を深く研究し、ジョンソンらの方式を元に、スピンクリープを検討し、クリープ因子とスピン比率係数を定義し、それぞれ異なったスピンクリープにおける各種クリープ力モデル比較を研究し、新たな非線形クリープ力という車両動力学計算に適用できる簡易な方法を得た。この計算方法は、世界の同分野の人々から「1983年世界クリープ理論新発展のシンボル」と評され、「沈氏理論」と称えられて幅広く応用された。

1988年、沈志雲はけん引動力国家重点実験課題の論証時に、時速400キロの試験速度を提起していた。1990年以降、彼がはっきり提起していた技術路線は依然として「車輪とレール間の動力作用低減に努める」という中国技術の特色だった。

1998年の「両会」で、沈志雲は全人代代表として、京滬高速鉄道は必ず鉄輪式技術を採用すべきとの提案を行った。この提案はすぐに厳陸光が国務院総理宛に送った手紙に「遭遇」した。総理は中国工程院に対して、政策決定によりどころを提供するため、両院院士を組織してテーマをリストアップし、磁気浮上式高速列車と鉄輪式高速列車の技術を再度比較分析させるよう求めた。

この年、中国工程院は連続3度のシンポジウムを開催し、磁気浮上方式と鉄輪式の高速鉄道案を比較した。F/S会議は西南交通大学教授の沈志雲と鉄道部チーフエンジニアの沈之介が前後して主宰した。これと同時に、中国工程院は沈志雲を「磁気浮上式高速列車と鉄輪式高速列車の技術比較と分析」諮問チームの責任者に指名し、専門家・研究者を率いて深く論証を行うよう指示した。

この諮問チームには多くの中国トップクラスのエンジニアリング専門家や研究者が集まった。さらに特に「磁気浮上方式」派の大物である何祚庥と厳陸光、そして姚佐周の各氏が招かれた。

シンポジウムで、沈志雲氏はまたわざわざ皆を西南交通大学に招き、けん引動力実験室を参観させた。この種の動力実験は鉄輪運行条件を完全にシミュレーションして行われ、本物そっくりの環境で、データも信頼できた。実験が始まると、すべてが安定し整然としていて、テスト時速はすぐに430キロに達した。

「テスト速度が430キロに達すれば、むろん京滬高速鉄道に必要な300キロ以上を満たすことができます。専門家の皆さん、何かご意見があればお出しください」沈志雲氏は包拳して教えを請うた。

その後、専門家たちは深圳を訪れ、杭州と深圳を結ぶ「準高速」列車に乗った。鉄輪式だがバランスがよく、走行中は皆の楽しげな笑い声が響いていた。

視察が終わると、専門家たちは一路北上し、道中で研究・討論を続けた。北京に戻ると、専門家たちは把握した磁気浮

上式列車の資料と自ら体験した鉄輪式高速列車を結び付け、さっそく『磁気浮上式高速列車と鉄輪式高速列車の技術比較と分析』の諮問報告書の起草に着手した。諮問報告の主な内容は以下の3点だった。第1に、鉄輪式高速技術は成熟した技術であり、また絶えず発展し続けているハイテクノロジーであり、京滬線に鉄輪技術案を採用することができる。第2に、磁気浮上式高速列車は21世紀の地上高速輸送の新システムとなるかもしれず、明らかな技術的優勢があるが、現在世界ではまだ商業運行路線がないため、今後少なくとも10年は、京滬全線に磁気浮上式列車プランのプロジェクトを建設することはできない。第3に、振り子式列車は、旅客車両、貨物車両が過密に混在運行されている京滬線にとって、時速200キロ以上の運行速度要求を満たすことは難しく、よって採用できない。

沈志雲氏を何よりほっとさせたのは、厳陸光、何祚庥両氏も賛成のサインをしたことだ。

1999年3月、北京では花が咲き、気持ちのいい季節になっていた。

3月31日、中国工程院は『磁気浮上式高速列車と鉄輪式高速列車の技術比較と分析』の報告を承認し、国務院に報告した。

報告は、世界ではまだ商業運行路線がないため、少なくとも今後10年は京滬全線に磁気浮上式を採用するプロジェクトを行うことはできず、「京滬線には鉄輪式技術案が採用できる」と結論づけた。

厳陸光と中国の磁気浮上式鉄道

1998年6月初旬、北京では科学技術界の盛会を迎えた。

中国科学院第9回院士大会、中国工程院第4回院士大会が盛大に催されたのだ。6月2日、朱鎔基国務院総理が出席して演説したが、その話の中には科学者たちに一つの課題が提起されていた。それは京滬高速鉄道は磁気浮上技術を採用できるかどうか、専門家たちに論証を行ってもらいたいというものだった。続いて、中国工程院は「磁気浮上式と鉄輪式高速列車分析比較」プロジェクトチームを設立した。

厳陸光氏は中国の著名な電気工学の学者だ。1935年7月北京で生まれ、原籍は浙江省東陽だ。早くに旧ソ連モスクワ動力学院電力学部を卒業した。父親の厳済慈も院士で、著名な物理学者であり、中国科学技術大学の学長を務めた人物だ。厳陸光は長期にわたって近代科学実験に必要な特殊装置の研究開発や電気工学の新技術の研究開発を行い、超電導磁性体技術と応用の研究開発を進めて、中国で大エネルギーインダクタンス蓄積装置のシステム研究開発を切り開いた。

1920年代、ドイツ人ケンペルは磁気浮上の原理を提起し、34年には特許を申請している。技術発展レベルの制約を受けて、この特許はずっと旅客輸送に利用されることがなかった。1960年代になって、電子制御技術が日に日に整備され、ドイツ、日本、米国、フランス、英国、旧ソ

連で相次いで磁気浮上式列車の研究が行われるようになった。このうち、ドイツ、日本はそれぞれ規模の大きな実験線を建設し、そこから豊富なデータを得た。

世界で唯一商業運行された英国バーミンガム空港と国際展示場駅を結んでいた低速の磁気浮上式列車バーミンガムピープルムーバは、8年営業運転した後、1996年に運行を停止した。大波が砂を洗うような厳しい試練を経て、1998年までに、磁気浮上式の舞台には2人の主演が残るのみとなった。ドイツと日本だ。日本は低温超伝導排斥式磁気浮上、ドイツは常電導吸引式磁気浮上だ。しかし、いずれも実験段階にすぎず、本当の商業運行にはまだ入っていない。

そうであったからこそ、中国の科学者厳陸光氏は勇敢に立ち上がり、磁気浮上技術分野にその持てる力を示そうとしたのだった。

1950年代、厳氏は清華大学電気機械学部で学び、軌道交通に強い興味を持つようになった。当時、人々は軌道交通の速度の限界は時速200キロだと考えていた。当時の実験結果では時速200キロを超えると、車輪は回転せず滑ってしまうからだった。科学の進歩に伴い、この限界速度は絶えず打破されたが、厳氏は鉄輪式の速度には限界が存在すると考えていた。

厳氏の考え方は、科学技術部（省）副部長の徐冠華院士と、著名な物理学者の何祚庥院士の強い支持を得た。何氏は中国は多種の速度を組み合わせた鉄道網を建設すべきだと主張した。時速100キロの振り子式列車もあれば、時速300キロの鉄輪式列車もあり、さらに磁気浮上技術を採用した時速500キロ以上の列車もあるという具合に。

全国両院院士大会後、この3人の院士は自然に同盟を結び、磁気浮上を断固として支持した。

1998年6月総理が磁気浮上について論証を行おうという指示があったとの情報が伝わった。厳氏は喜び、興奮し、高速磁気浮上式列車を中国の大地に駆け巡らせる決心と自信を得た。彼は連日連夜総理宛てに手紙を書き、ドイツと日本の磁気浮上式列車の発展状況を紹介し、近年の中国におけるこの方面の技術発展について述べ、国家戦略として必ず高速磁気浮上式列車の発展に力を入れなければならないと提案した。すでに建設が決まっている京滬高速鉄道に鉄輪式技術を採用することについては、改めて論証を行う必要があるとした。

3 院士が力を合わせて闘う

1999年4月、厳陸光は何祚庥院士、当時の国家科学技術部副部長でリモートセンシング応用学の専門家である徐冠華院士と連携して、再度朱鎔基総理に手紙を送った。その書き出しはこうだ。「中国工程院が国務院に上申した『磁気浮上式高速列車と鉄輪式高速列車の技術比較と分析』の報告については、高速列車が国家建設の全局に関わることに鑑み、以下の意見を総理にご報告する必要があります」。

この手紙の中で、彼らは中国工程院報告と異なる見方とその理由について細かく述べ、磁気浮上式技術を採用して高速鉄道を建設することを考慮するよう主張した。

3 人の院士は総理に勘定をして見せた。鉄輪式高速鉄道は普通の鉄道に比べて速度は倍余りで、建設費は 3 ～ 5 倍になる。これに対して磁気浮上式は平原地域の場合は建設費が高速鉄輪式線より 25 ～ 35％高くなるが、速度は 50 ～ 70％速くなるとした。結論は、もし「建造費が高い」ことが磁気浮上式不採用の理由なら、高速鉄輪式にも建設費高の問題は存在するのかどうか。いわゆるリスク問題とは、いかなる新技術も従来型技術に比べる場合に常に突き当たる問題で、新技術を利用する障害にすべきではない。さらに、日本、ドイツの長期的研究の進展により、すでに磁気浮上技術は実用運行線建設ができるレベルにまで成熟しており、ドイツでは 30 キロ余りの磁気浮上式実験線がすでに 10 年以上運行されており、大量の経験とデータが蓄積されている。このため国際協力を踏まえて磁気浮上式を発展させれば、リスクはより小さくできるというものだった。

3 人の緊急行動は「磁気浮上派」の三角形の安定構造を形成した。

4 月 22 日、朱鎔基総理は 3 院士の手紙に対する指示回答を元の鉄道部副部長で、当時は中国国際工程諮詢公司の董事長だった屠由瑞に送った。「研究チームを編成し、国家計画委員会、国家経済貿易委員会、鉄道部、中国科学院、中国工程院など関係部門の専門家に参加を要請すること」

1999 年 7 月 11 日、国務委員で中国工程院院長の宋健が率いる中日友好協会代表団が日本を訪れた。日本側の招きに応じ、宋健は日本の高速鉄道技術を視察し、新幹線 500 系電動動力分散式列車に乗車した。宋健は、操縦室の速度表示が 300 キロを表示しているのに気が付いた。日本の随行員は、時速 300 キロが日本の高速列車の安定的運行速度だと説明した。宋健一行はまた東京駅の新幹線運行本部総合指令室も参観した。

中日友好協会代表団が日本に到着するちょうど 2 日前、日本の小渕恵三首相が中国を訪問し、『日本の中国高速鉄道建設援助についての意見書』を中国側に手渡し、日本が最も先進的な新幹線技術と建設資金を提供したい旨をはっきりと示した。

7 月 17 日、宋健は国務院宛ての視察報告書を完成させた。

報告では次のように認識を明らかにしていた。鉄輪式技術を採用した日本の新幹線は運行 35 年来、技術は不断に更新、進歩しており、経済効果は巨大だ。日本政府は京滬高速鉄道を共同で建設し、それを 21 世紀中日友好協力の象徴とする願いを持っている。磁気浮上式列車は鉄輪式列車の補充ができるにすぎず、目下のところ、技術は成熟しておらず、引き続き研究中である。

1999 年 9 月、中国国際工程諮詢公司は上層部からの委託を受け、国家計画委

員会、経済貿易委員会、科学技術部、鉄道部、中国科学院、中国工程院と共に北京で会期4日間の「鉄輪と磁気浮上システム比較シンポジウム」を開催し、60人余りの専門家や研究者が参加した。会議の討論は活発で、専門家や研究者は自らの高速鉄輪式と磁気浮上式に対する学術的主張と技術的主張を十分に述べ、磁気浮上と高速鉄輪の利害について客観的に分析し発表した。十分な弁論を経て、鉄輪方式採用に賛成する意見が大多数を占め、最後に諮問意見をまとめて国務院に上申した。その意見の要点は、京滬高速鉄道には鉄輪技術システムを採用すべきで、同時に短距離の路線を選んで磁気浮上式実験線を建設してもいい、というものだった。

事後、参加した多くの専門家や研究者がこの学術シンポジウムの民主的雰囲気を高く評価した。

繰り返し検討が行われたが、京滬高速鉄道はいったいどのプランを用いるのか依然として結果は出ていなかった。建設費の高低と技術的リスクの大小は、一貫して両派の論争の焦点だった。厳陸光氏は、磁気浮上式の優位性ははっきりしており、時速430キロの高速度は正常運転制限速度350キロの高速鉄輪式とは比較にならず、またこの速度は比較的大きな上昇の余地があるとした。高速鉄輪式にとって、通常の運行速度はわずか250キロ前後で、すでに建設された秦瀋線（秦皇島と瀋陽を結ぶ路線）の平均時速は200〜220キロにすぎない。

しかし、建設費が高すぎることと技術の未成熟は、鉄輪派が磁気浮上式という新世代技術に一貫して反対してきた理由だ。これについて、何祚庥氏はとても気をもみ、彼は磁気浮上技術を採用するかどうかを国家の長期戦略的目標のレベルにまで引き上げて考えた。彼は記者の取材に対して次のように述べた。「私なら、この種の政策決定は容易にできるもので、われわれ中国は将来高速鉄道網を作らなければならない。この鉄道網がもしかなり遅れた技術の基礎の上に構築されることになるなら、私には全く受け入れられない」

鉄道部の元チーフエンジニアの沈之介氏は高速鉄輪派の代表人物だ。1994年に「香山会議」に参加してから退職に至るまで、彼は一貫して早く京滬高速鉄道を建設するよう主張し、磁気浮上式建設に反対してきた。沈之介は、磁気浮上式は比較的短い路線の建設に適したものであり、路線が長く、輸送量の大きな京滬鉄道にとって、最優先の任務は旅客輸送の安全・安定であり、磁気浮上式はこの面での要求にまだ達していないことはあきらかだと考えていた。

沈氏は厳、何、徐という3人の院士の意見は「SF的色彩が強すぎる」と考えていた。

ここに至って、京滬高速鉄道建設の必要性についてはほぼ論争の余地がなくなった。しかし、いったいどの技術で建設するかは、依然として京滬高速鉄道論争の焦点だった。

この1年、鉄輪式と磁気浮上式の争いには結果が出なかった。

実践に語らせる

実践は真理を検証する唯一の基準だ。

論争がやまないときには、往々にしてむしろ「実験フィールド」で実践してみた方がいい。良いか悪いか、事実に語らせるのだ。しかしながら、現実は複雑だ。鉄輪式の秦瀋旅客専用線の開通、上海トランスラピッド（磁気浮上式鉄道）の開通はいずれも実践に語らせるものだが、結果には時間が必要だ。

高速鉄道の「実験フィールド」

磁気浮上派と高速鉄輪派の論争は依然として続いていた。

論争は当たり前のことで、これは正しい政策決定に必然のプロセスで、中国の改革開放がもたらした新しい情景だ。「理論上の論争を行いながら、一方で実際のテストを進める。論争する双方が証拠を必要としているからだ。このようにしてこそ、正しい結論を得ることができる」。何年たっても、退職した鉄道部の官僚たちにとって当時の論争は未だに記憶に新しい。

1999 年 8 月 16 日、中国初の旅客輸送専用線・秦瀋旅客専用線（秦皇島と瀋陽を結ぶ路線）の建設が始まった。

2003 年 10 月 12 日、長春発北京行き T60 号列車が瀋陽北駅を出発、秦瀋旅客専用線に乗り入れた。これは中国初の旅客運送専用線の正式開業を意味していた。この開通で、北京から瀋陽への移動時間は、これ以前の特急列車による 9 時間 10 分から 4 時間半に短縮された。

北京交通大学図書館の書棚には、1 冊の分厚い本が静かに置かれている。書名は『奔向高速（高速に向かって走る）』で、

それは秦瀋旅客専用線の設計から施工、開通に至る全プロセスの記録だ。これは中国旅客専用線発展の無から有への全過程を記録した教科書だ。

早くも1994年、中国は広州と深圳を結ぶ時速170キロの鉄道を開通させた。人々はこれを「準高速」と呼んだ。

1950年代、西側国家では高速道路が猛烈な勢いで発展したため、鉄道は斜陽産業だと言う人もおり、米国では旧来の鉄道を撤廃しようとする者さえいた。60年代以後、世界経済は次第に回復した。1964年10月、日本が建設した東京から大阪まで全長515キロの東海道新幹線は、時速210キロの高速営業運行に成功し、世界初の高速旅客専用線となった。ここに、世界の鉄道高速化の幕が上がったのだ。十数年後、フランスは最高時速270キロのLGV南東線を完成させた。これは低建設費の高速鉄道建設という新たな道筋を切り開き、高速鉄道の発展を新たなステップに押し上げた。続いて、フランス、ドイツ、スペイン、イタリア、韓国などの国と中国台湾地区が次々と高速旅客専用線を建設し、設計時速は210キロから270、300、320キロとなった。

国際鉄道連合（UIC）は高速鉄道を、営業運転速度が時速250キロ以上の鉄道と定義している。

2010年12月、北京で開かれた第7回世界高速鉄道大会で、高速鉄道について新たな定義付けが行われ、それは新たに建設される旅客専用線で、時速250キロ以上の動力分散式列車であり専用の列車制御システムがあることとされた。これはすなわち、同時に三つの条件を備えてはじめて高速鉄道と言えるということだ。

中国は高速鉄道を次のように定義している。新建設の設計運行時速250キロ（事前留保を含む）またはそれ以上の動力分散式列車で、初期営業運転時速が200キロを下回らない旅客専用線鉄道。

秦瀋旅客専用線は西は秦皇島から東は瀋陽に至る全長405キロで、総工費は約150億元だった。この路線は在来の京瀋鉄道の北側部分をほぼ平行に走っている。線下工事（線路敷設前の基礎土木部分）は時速250キロに基づき、線上工事（線路敷設の信号設置など）は時速160キロから200キロおよびそれ以上で設計されている。地形が比較的平坦な区間では、事前に300キロへの速度上昇余地を持たせてある。山海関から綏中北までの66.8キロの総合実験区間の設計時速は300キロ。全線での最小曲線は半径3500メートル。

秦瀋旅客専用線の最初の設計基準は、営業最高速度が時速160キロで、最小曲線半径は2500メートルだったという。後に、基準を引き上げた目的は、高速鉄道工事実践経験を蓄積し、関連科学研究成果の検証を行うことにあった。試験内容は主に、路床、橋梁、軌道、通信信号工事および高速動力分散式列車だった。

秦瀋旅客専用線で運行される国産動力分散式列車「中華の星」は、時速200キ

秦瀋旅客専用線を走る「中華の星」動力分散式列車

ロ以上。2002 年 11 月 27 日、「中華の星」は秦瀋旅客専用線の追い込み段階での試験中に、321.5 キロの最高時速を記録し、中国鉄道走行試験での最高速度記録を生み出した。これ以前は、国産の「先鋒号」動力分散式列車が試験中に記録した 292 キロが最高だった。秦瀋旅客専用線は中国初の旅客専用線として、中国鉄道発展の歴史的マイルストーンの意義を持っている。

　先進国の旅客専用線の発展を見渡すと、いずれも高速と快速の技術を支えに、列車の最小運行間隔は 3 分間にまで達し、列車密度は毎時 20 本、列車の定員は 1200 人に達し、大量、快速、高密度輸送を実現し、非常に良好な社会的、経済的効果を得ている。日本の 4 本の旅客専用線は開業以来旅客輸送量が 7

倍以上になり、日本の国民から「経済飛躍の屋台骨」とたたえられている。

中国初の旅客専用線として、秦瀋線は現地調査や設計から施工まで、いずれも当時の中国鉄道最新の設計理念を代表していて、大量の新技術と新工法を採用し、運行速度が高速で、技術水準が高く、質的要求が高く、基準規格が新しく、技術基準が新しく、施工法も新しい「三高三新」の特長を持っていた。全線で初のスーパーロングレールの一括敷設を採用、初の高基準線路の橋梁上にスラブ軌道を試験的に敷設した。国際的なレベルの600トン橋桁架設機を研究開発し、中国鉄道建設において率先して広い範囲で複線コンクリート箱げた、PC連続ラーメン構造を採用した。架線には中国で初めて銅とマグネシウムの合金を採用し、集電能力を大幅に高めた。けん引変電所にはテレオペレーション制御と自己診断機能を備えた。信号通信システムは車載速度表示を走行の証拠としており、これは中国初の地面通過信号機を廃止した鉄道となった……などなど、いずれもその後の中国高速鉄道の発展のために、大量のデータと資料を提供した。

大量のテストデータによれば、秦瀋旅客専用線の路床、軌道、分岐器（ポイント）、橋梁の性能および架線の作業状態が良好で、設計要求を満たしており、軌道ハーシュネス（騒音・振動）の検査・測定結果は国際的な水準に達していた。

秦瀋旅客専用線は中国高速鉄道の技術と設備のテスト基地として、多くの国内研究者が多年にわたって研究してきた高速鉄道技術に初めて応用の機会をもたらし、後に中国各地に建設されることになる高速鉄道に貴重な経験を蓄積した。同時に、多数の人材を育成した。その後の京滬、京広（北京と広州を結ぶ路線）などの高速鉄道建設で中核を担った人々の大部分は秦瀋旅客専用線で鍛えられた経歴を持っている。秦瀋旅客専用線の建設と営業運転開始は、中国の鉄道の総合的技術レベルの大幅な向上をもたらし、ここから中国鉄道旅客輸送高速化のプロセスがいっそう速められたのだった。

とりわけ認められるべき価値があるのは、秦瀋旅客専用線が設計上高速、中速列車が入り混じって走行するパターンも考慮していることで、高速列車だけでなく普通列車も走行することができ、これは在来線に分流の可能性を提供し、効果的に在来線の圧力を低減する。

秦瀋旅客専用線の正式営業運転開始の当日、新華社は次のようなニュースを発表した。鉄道部の責任者の最近の話によると、混雑する幹線に旅客専用線を建設し、貨客の分離運行を実現することで、鉄道の輸送能力を大幅に高めることができる。そして、これは都市の結合効果と波及力を高め、大都市により良く中心都市としての役割を果たさせ、鉄道サービスに質的飛躍をもたらし、中国鉄道の発展レベルを高めることになる。

報道には「時速200キロ以上」の字句

は見られない。なぜなら、この速度は高速鉄道と普通列車の境界線となるポイントだからだ。実は、秦瀋旅客専用線プロジェクトは一つの「試金石」であり「実験フィールド」だ。それは、中国の列車がいったいどれだけ速く走れるのかを試し、鉄輪式列車は将来の鉄道高速時代にいったいどれだけの役割と価値を持つのかに答えるものだった。

秦瀋旅客専用線の成功経験に鑑み、またそれが京滬高速鉄道の参考になるようにと、2002 年 10 月、鉄道部部長事務会議は、秦瀋旅客専用線建設指導グループの名称を旅客専用線指導グループに変更し、秦瀋旅客専用線建設と京滬高速鉄道建設を統一的に計画して指導することにした。

論争があれば、まず「実験フィールド」で試し、その後で普及させる。これは中国の発明だ。中国の高速鉄道論争の中では、もう一つの鉄輪式高速鉄道のテストケースを挙げないわけにはいかない。それは遂渝鉄道（遂寧と重慶を結ぶ路線）旅客専用線のスラブ軌道の総合試験である。

2003 年 2 月 25 日、遂渝鉄道の建設が始まった。この鉄道は四川省の遂寧市から重慶市まで全長 131.166 キロ、設計時速は 200 キロ、最高時速は 260 キロになっていた。これは在来の遂渝鉄道と基本的に同じ標高で並行し、上海、武漢、成都を結ぶ長江沿いを走る旅客専用線の一部分となるものだ。

2006 年 5 月 1 日、最初の成都－重慶都市間快速列車 N880 が遂渝旅客専用線を走行し、安全に重慶菜園壩駅に到着し、大いに注目された遂渝鉄道旅客専用線が正式に営業運転を開始した。

同じ「実験フィールド」としての、遂渝旅客専用線と秦瀋旅客専用線の違いは、遂渝旅客専用線が 17 キロにわたるスラブ軌道総合実験区間を設置しており、これは中国で初めて長区間に設置されたスラブ軌道で、初めて土質路床上に敷設されたスラブ軌道だったことである。これ以前に、中国では約 330 キロのスラブ軌道があったが、いずれも橋梁上やトンネル内で、採用されたスラブ軌道の構造は I 型と II 型構造で、主に日本とドイツの技術を導入していた。遂渝旅客専用線で採用された CRTS III 型スラブ軌道構造は、導入されたものを消化吸収しさらにイノベーションを加えることを通して、中国の独自開発を実現し、中国の旅客専用線建設分野で多くの新たな成果を生み出したものだった。ここから、その年に申請された特許は 56 件で、このうち発明特許は 26 件で、実用新案は 30 件だった。

遂渝鉄道がスラブ軌道の応用について行った実験は、独自の知的財産権ブランドを樹立し、中国高速鉄道の新たな軌道構造建設技術を模索するうえで重要な価値を持っていた。これは疑いもなく、後の中国高速鉄道で広範囲にわたって使われることになるスラブ軌道の下地づくりを行い、強固な基礎を打ち立てたものであり、また高速鉄道の軌道技術の普及・応用に

素晴らしい未来を切り開いた。

　二つの「実験フィールド」の結果は、中国が高速鉄道分野で、軌道の基礎建設と動力分散式列車のいずれにもかなり十分な技術的蓄積と潜在力を有するようになったことを表していた。スーパーロングレールの一括敷設技術、長区間スラブ軌道技術は、いずれも中国鉄道の軌道新技術運用のシンボリックな工程であった。

　これこそが高速鉄道軌道実験線の成果だ。

　ここから鉄輪派は完全に強硬な意見を語ることができるようになった。これは中国式発展の一つの智恵なのかもしれない。

磁気浮上式列車が上海に姿を現す

　時を同じくして、中国工程院諮問報告の中の「ふさわしい場所に磁気浮上式列車試験線を建設する」という提言が、実施に移され始めた。その意義は、高速磁気浮上交通システムの成熟性、可用性、経済性、安全性の検証にあった。北京、上海、深圳3地区で比較選考が行われ、最終的に上海に決定した。

　2000年はドイツ鉄道業界にとって有意義な1年となった。

　この年の7月初め、ドイツは訪独した中国の朱鎔基総理を格の高い国際儀礼で迎えた。朱総理のドイツ訪問期間中の重要な内容の一つはすなわちドイツの磁気浮上式列車の参観であった。彼はこの世界の交通における先進の成果を高く評価した。

　7月2日、朱総理はハンブルクでシュミット元首相と朝食を共にし、続いてドイツ側が提供した専用列車でラーテンに向かった。列車上で朱総理は中－独磁気浮上協力プロジェクトに直接関係のある3人と会見した。ドイツの運輸大臣のラインハルト・クリムト氏、シーメンス社社長兼CEOのハインリッヒ・フォン・ピーラー氏、そしてシュヴェービッシュ・ハル住宅貯蓄銀行総裁のアレクサンダー・エルドランド氏だ。ラーテンで、朱総理はドイツの磁気浮上式列車試験場を参観し、興味深い様子で設計時速500キロの磁気浮上式列車に乗った。

　これ以前に、朱総理とゲアハルト・シュレーダー首相の主宰の下、当時の徐匡迪上海市長とドイツ・エレクトロマグネティック・インターナショナル社のゲアハルト・ワールCEOがベルリンで『上海浦東空港－陸家嘴磁気浮上式列車実証運転線実現可能性研究協議書』に調印し、この営業運転モデル線にドイツの磁気浮上式鉄道技術を導入することを取り決めた。それに続けて直ちに、上海市はエレクトロマグネティック・インターナショナル社と協力して中国の高速磁気浮上式列車モデル運行線の実現可能性研究を進めた。

　ドイツ側は高速磁気浮上式鉄道技術を普及させるため、中国磁気浮上システム設備製造の現地化を積極的にサポートした。上海の磁気浮上式列車を製造するドイツ企業ティッセンクルップはもし中国で後

続するプロジェクトを得られたなら、中国側と機関車製造の合弁会
社を設立したいとたびたび表明した。もちろん、この種の合弁会
社は列車の中核の駆動技術を持たない。つまり、駆動技術は中
国側に移転しないということだ。

　磁気浮上式鉄道実証運転線計画・建設の過程で、「科学的
比較選択」の原則に基づいて、中国は日本とも接触した。日本
は新幹線技術を有するだけでなく、また超電導磁気浮上技術も
持っている。早くも1995年に科学技術部で磁気浮上グループが
設けられた後、中国は日本と磁気浮上式技術協力について接触
し、長さ150キロの上海と杭州を結ぶ滬杭線に日本の超電導磁
気浮上を採用することの実現可能性プランについて検討したが、
日本が出した条件は中国が沿線開発の権利をすべて日本に与え
るというもので、これは中国政府に拒絶された。

遂渝鉄道線を走る「長
白山号」動力分散式
列車

　厳陸光氏によると、日本は自らのより先進的な磁気浮上技術を中国に渡すことを望まず、ただ新幹線を売り込みたがったという。磁気浮上技術を中国に与えるとしても、付帯条件は非常に過酷なものだった。

　2001年3月1日、全世界が注目する上海磁気浮上式鉄道実証運転線（トランスラピッド）事業が上海浦東新区で正式着工した。この線は西は地下鉄2号線龍陽路駅、東は浦東国際空港ビルを結ぶ全長30キロで、上下折り返し運転を行い、二つの駅を設けるというものだった。上海市党委員会の指導者がボタンを押すと5台の杭打ち機が轟音を響かせ、浦東黄楼鎮、このいつもは静かな町が沸き返った。

　2002年12月31日、上海の磁気浮上式鉄道が開通した。中国、ドイツ両国の専門家による2年余りにわたる設計、建設、テスト・調整を経て上海磁気浮上式鉄道実証運転線はついに世界の目の前に姿を現した。最初の乗客の中には、朱鎔基中国国務院総理とドイツのシュレーダー首相がいた。

　列車に乗車する前に、朱総理は外国メディアの記者たちに「きょう私と私の孫を含む家族全員がこの列車に乗りますが、保険はかけていません」とジョークを言った。彼は15分間にわたって記者の質問に答えたが、それは熱烈な拍手によって21回も中断された。

　列車が動き出した。2人の総理は落ち着いて世界唯一の磁気浮上式運転線の列車に座り、窓越しに、遥か後方に置き去り

上海磁気浮上式鉄道実証運転線を走る磁気浮上式列車

にされていく自動車を見て、時速430キロがもたらす快感を味わった。飛行機に次ぐ速度に、彼らは共に笑顔を見せた。列車は7分間走っただけですぐに全行程を走り終えた。

何祚庥と厳陸光の2人の院士と著名な専門家の一行は一緒に上海を訪れ、磁気浮上式列車に乗った。飛ぶように走る磁気浮上式列車上で、何院士は興奮して言った。「上海磁気浮上式鉄道実証運転線の開通は、確かに興奮させられるニュースだ。私は、何年も前にドイツで磁気浮上式鉄道を視察した時から、この日を待ってきた。今日、われわれの祖国はついにこの斬新な高速交通の『龍』を飛び立たせたのだ。私はこの日がこんなに早く訪れるとは思っていなかったし、この龍がこんなに美しく飛翔するなんて！」

記者が何院士に「上海磁気浮上式鉄道実証運転線は、中国高速鉄道の発展にどのような実証的役割を果たすとお考えですか？」と質問したときに、彼は「これは一連の全面的な実証です。上海磁気浮上式鉄道の完成は、中国ひいては世界の人々の視野を大きく開くもので、人々は多くのこれまで触れたことのないものを目にし、以前ははっきりせず、うわさで聞きかじったある種のぼんやりした、間違っていた印象を変えたのです」と答えた。

何祚庥氏は上海磁気浮上式鉄道実証運転線を一つのシグナルと見た。彼は、ここから中国は大規模に磁気浮上式鉄道を建設し、京滬高速鉄道を磁気浮上式で建設するばかりでなく、中国はさらに多くの磁気浮上式鉄道を建設するかもしれないと想像していた。彼は、上海磁気浮上式鉄道実証運転線の完成開通に伴って、京滬磁気浮上式鉄道の着工も幕を上げると考えていた。

同行した厳陸光氏もすっかり興奮していた。彼は雑誌『三聯生活週刊』の記者のインタビューにこう答えた。「上海のこの30キロの磁気浮上式鉄道実証運転線は単なる営業路線ではなく、おそらく将来の中国磁気浮上鉄道産業のひな形となるものです」

2003年1月4日、上海磁気浮上式鉄道実証運転線が正式に営業運転を開始した。

上海磁気浮上式鉄道実証運転線が営業運転を開始すると、国際社会からの幅広い関心を集めた。人々は上海をうらやんだが、それは上海が世界で唯一の営業運転をする磁気浮上式鉄道を有するからであり、多くの国が磁気浮上式鉄道技術の研究に加わっているが、上海だけが本当の意味での磁気浮上式鉄道営業路線を有するからだった。残念だったのは、上海磁気浮上式鉄道実証運転線は開通後わずか半年で技術的な問題が出現したことだ。一部電気ケーブルが局部的に過熱し、焼損する現象さえ生じたのだ。ある報道では、中国とドイツ双方の専門家が運行の安全には影響するものではないとの考えで一致していると伝えても、もし北京－上海の大動脈で起きたらと考え、安心する人はいなかった。ドイツ北ラインからウェストファ

リア州の 79 キロの磁気浮上式鉄道計画は、人口が多く、建設費が高すぎるとして廃案となり、ドイツ磁気浮上式鉄道列車会社は大きな打撃を受けた。

上海の磁気浮上式鉄道について計算した人がいる。磁気浮上式列車は 9 両編成で 959 人乗り、毎時 12 本発車でき、往復輸送量は 2 万 3000 人となる。毎日 18 時間で計算すると年間最大延べ 1 億 5000 万人を運べる。乗車券が 50 元として、年間収入は 75 億元となる。事業費の総額は 114 億元（30 億マルク）だった。この計算に基づけば、磁気浮上式鉄道運転線事業の経済収益は十分に見事なものだ。しかしながら、次のような疑問を呈する人もいた。「上海浦東国際空港の旅客取扱量はどれだけある？送迎客はどれだけいる？どれだけの旅客が自家用車やタクシー、バスを選択する？どれだけの旅客が磁気浮上式列車をチョイスする？」。こうして計算すれば、延べ 1 億 5000 万人が極めて誇張された旅客数だと分かる。細かな点まで気を配る人の計算によると、この磁気浮上式鉄道の最大旅客数は年間 1500 万人（1 日当たり 4 万人）で、毎年の乗車券収入はわずか 7 億 5000 万元に過ぎず、運行コストを差し引けば、投資と利息の返済もできない。延べ 1 億 5000 万人の輸送能力で、1500 万人の取扱量となれば、事業能力上で極めて大きな浪費だ。

元鉄道部副チーフエンジニアの周翊民氏も「鉄輪派」の大将として、磁気浮上式鉄道について試算している。上海磁気浮上式鉄道が 1 キロ当たり 3 億元の建設費がかかったとして、1300 キロの京滬線に磁気浮上方式を採用すれば、建設費は 4000 億元近くなり、鉄輪式の倍以上となる。その上、磁気浮上システムの輸送能力は鉄輪式に比べてかなり低くなる。

結論は、磁気浮上式鉄道は中国の国情にふさわしくないということだ。もし北京から上海まで磁気浮上式鉄道を敷設すれば、1 キロ当たり 1 億マルクかかることを知らなければならない。これはまさに「黄金を敷き詰める」ことにほかならない。もし「第 15 次 5 カ年計画」期中に磁気浮上式鉄道を放棄し、高速鉄輪式技術を導入すれば、上海磁気浮上式鉄道事業で使われた 30 億マルクは、高い授業料だったことになる。

実際のところ、磁気浮上技術については、中国での評価が一様ではないだけでなく、誕生地であるドイツでさえ議論の渦の中に置かれていた。最も要望の高かったベルリンからハンブルクへの磁気浮上式鉄道もすでに放棄されており、その直接の理由は建設費が事前試算よりはるかに高額になり、国会が追加予算に同意しなかったからだ。また、予測ではこの路線の旅客輸送量は少なく、ドイツ鉄道は運営赤字の責任を負いたくなかったのだ。

最後の北京論争

国家発展・改革委員会総合運輸研究所の董焔元所長の記憶によれば、2003 年、中国政府は京滬高速鉄道に着手すること

を決めたが、当時一部の問題については
まだ見込みが立っておらず、国務院は国
家発展・改革委員会に対して、専門家に
関連の論証実施を行わせるよう求め、董
焰はこれに参加した。当時、国務院が主
に関心を寄せる問題はいくつかあった。高
速鉄道はわれわれの経済をけん引するの
かそれとも国外の経済をけん引するの
か？磁気浮上技術をいかに認識しそれと向き
合うか？いかに外国の先進的鉄輪技術を
導入し利用するか？われわれは導入時に
制約を受けないためのどんな手段がある
か？などだ。

　鉄道部は急いで行動を起こし、国家発
展・改革委員会などの関係部門と共に、
力を合わせて再び鉄輪技術と磁気浮上技
術について科学的な比較・選択作業を
行った。

　当時の鉄道部副部長で鉄道部京滬高
速鉄道弁公室主任の蔡慶華氏は事業構
想を調整し、型にはまった思考を打破し、
磁気浮上技術の深層を掘り下げて研究し
なければならず、もし各方面でそれが鉄
輪式プランに勝るなら、われわれは絶対に
磁気浮上式を排除してはならない。結局、
科学と事実によって話をしなければならな
いのだと述べた。

　5月下旬、鉄道部高速鉄道弁公室はつ
いに『京滬高速鉄道における磁気浮上式
と鉄輪式プランの比較報告』を完成させた。
この報告は鉄道建設の主要技術基準に基
づき、線路ルート計画案の比較、予測旅
客取扱量の比較、運行時間比較、輸送

能力比較、事業投資額比較、エネルギー
消費比較、環境保護面の比較、経済収
益評価などの面で、磁気浮上式技術と鉄
輪式高速鉄道技術の一対一の分析、評
価、比較を行ったものだった。

　この年の8月28日、秦瀋旅客専用線
は合わせて33人の特殊な客を迎えた。こ
の日、彼らは「中華の星」動力分散式列
車に乗り込み、自ら山海関から錦州南区間
の旅客専用線の技術成果を体験した。

　翌日、彼らは引き続き上海を訪れ、調
整・テスト段階にあった上海磁気浮上式
列車実証運転線の視察を行った。

　内情に通じている人間なら、この一行が
北京論戦の主要人物、中国トップの高速
鉄道専門家であることが分かったはずだ。

　2003年9月1日から5日まで、北京の
鉄道大廈で論証会が行われた。

　論証会は二つのテーマに分けて行わ
れた。テーマの一つは、京滬高速鉄道
建設の必要性と緊急性で、二つ目は鉄
輪技術案と磁気浮上技術案の比較・選
択だ。

　第1のテーマの論証には20人の専門
家が李伯渓班長の主宰の下で参加し、総
合、事業、設備の3グループに分かれて、
十分に、真剣に、活発に討論を行い、最
終的に「京滬高速鉄道は建設すべきであ
り、できるだけ速やかにプロジェクトを政策
決定し急いでスタートさせることを提議す
る」という合意を得た。

　9月3日、論証会は第2のテーマにつ
いて論証を開始した。鉄道部チーフエン

ジニアで高速鉄道弁公室副主任の王麟書が『京滬高速鉄道（鉄輪式）を建設し、中国鉄道の飛躍的発展を実現する』と題する発言を行った。国家磁気浮上交通技術研究センターの教授級高級エンジニアの呉祥明氏は『京滬高速鉄道の鉄輪式と磁気浮上式技術案の比較・選択』と題する発言を行った。

鉄道部の蔡慶華副部長は現場でどっかり座ったままひと言も発しなかった。彼は悠然と落ち着いて、顔には終始微笑をたたえていた。無言の背後には、非常に堅固な自信と意志があったのだ。

2人の専門家の発言後、大会は専門家による質疑応答を行った。第2テーマの班長馮之浚の司会で、24人の専門家が二つの論証報告について、技術全体、路線網適合性、事業建設、基礎業務、総合的収益、資金投資、国際経験、安全信頼性、環境的影響などの面で比較・研究を行った。

論証会の論争は活発で、雰囲気は熱かった。

会に参加した多数の専門家は、高速鉄輪式が国際的にすでに幅広く使用されており、成熟した安全信頼性の高いハイテク技術だと実践が証明していると考えていた。鉄道部は京滬高速鉄道の建設をめぐって、運輸・経済、鉄道・建築、機関車・車両、通信・信号、トラクション・給電など350項目にわたる多方面のテーマ研究を手配して行った。時速200キロ、270キロの高速列車の研究開発を計画・実行し

た。既存技術の発展を踏まえ、高速列車と信号系統は、コア技術導入、技術・貿易結合、消化吸収、独自革新を通じ、技術上は完全に実現可能だとした。鉄輪式採用による京滬高速鉄道の建設は必要なだけでなく、差し迫ったものであり、できるだけ早く時速300〜350キロの鉄輪式高速鉄道を着工・完成させなければならないとした。

5日間の激しい論争を経た後の最終投票結果は、16人が鉄論式に賛成、4人が磁気浮上式に賛成、4人が棄権であった。

結局、鉄輪式案は論証会で明らかに優勢を占めた。

この論証会には政策決定権はなく、ただのテストであり、双方は共に自ら満足のいく答案を出した。

そしてここから、双方は待たされることになった……

説明、肯定されなければならないのは、中国の高速鉄道発展の過程で、「急建派」と「緩建派」の争いであれ、「鉄輪派」と「磁気浮上派」の争いであれ、いずれも政治問題ではなく、純粋な技術問題だったということだ。これらの専門家、研究者が示した執着心と堅固な意志はいずれも国家の大局と民族の大義から出発し、強い責任感と使命感に由来しており、無私で正直な、賞賛され尊重を受けるに値するものだった。

北京南站

BEIJING SOUTH RAILWAY STA

京滬高速鉄道の始発駅─北京南駅

第 2 章

「風の時代」を開く

鉄道は人類の文明の進歩を促し、高速鉄道は人々のライフスタイルを変え、時代のラッパに従ってハイテクの波に乗り、中国の鉄道は「風の時代」の扉を開いたのだった。

高速列車が北京に入ってくる。2008 年 3 月 5 日、永定門大橋でレール敷設工事を行う京津都市間鉄道の建設労働者たち

　記録がある限りで最も速い「風速」は、1934 年に米国ワシントンで記録された 371.5 キロだった。

　中国鉄道は相次いで 6 度の広範なスピードアップを実施した結果、主要幹線で「時速 200 キロ」の高速運転が開始され、中国鉄道の運行速度は大きく前進した。秦瀋旅客専用線の実証的けん引と遂渝旅客専用線のスラブ軌道の応用成功は、いずれも中国鉄道が高速鉄道時代を迎えるための準備を固めた。

　2004 年 1 月、国務院は『中長期鉄道網計画』を承認し、中国の旅客輸送高速化、貨物輸送大量化の発展方向を確立し、大規模な鉄道建設の幕が上がった。何年も続いた論争の後、中国の高速鉄道はついに勢い良く前進し始めた。2008 年 8 月 1 日、世界に向けて鮮やかな「中国

の名刺」が提示された。京滬高速鉄道が春風の勢いで走り出したのだ……

　2008 年 6 月 24 日、国産の「和諧号」動力分散式列車が京津都市間鉄道（北京－天津）の運転試験において時速 394.3 キロの新記録を樹立した。2010 年 12 月 3 日には、国産「和諧号」新世代高速動力分散式列車が京滬高速鉄道の棗荘（そうしょう）－蚌埠（ほうふ）区間での総合テスト中に、世界の営業鉄道の最高時速 486.1 キロを記録した。中国のスピードは「風速」を超え、中国人の「陸地飛行」の夢が実現したのだった。

　鉄道は人類の文明の進歩を促し、高速鉄道は人々のライフスタイルを変え、時代のラッパに従ってハイテクの波に乗り、中国の鉄道は「風の時代」の扉を開いたのだった。

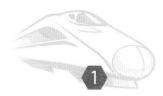

中国高速鉄道の前奏曲

外国の高速列車の時速が300キロ以上に達していた時、中国の旅客列車の最高時速はわずか100キロで、中国の鉄道には大きな発展が必要で、列車速度を大幅に高めなければならなかった。

1997年4月1日、中国鉄道は初めての大幅なスピードアップに成功し、列車の営業最高速度は時速140キロとなった。そしてその後、相次いで大幅なスピードアップが5度実施された。これは中国鉄道の「ボトルネック」問題を効果的に解決する過程の中で、中国の高速鉄道時代を迎えるのために技術理論と生産実践の準備をしっかりと固めるものでもあった。

ある意味において、中国鉄道の在来線のスピードアップはまさに中国高速鉄道の前奏曲だった。

大幅なスピードアップの提唱者

1991年から2003年まで、傅志寰氏は鉄道部副部長、部長を歴任し、4度の鉄道の大幅なスピードアップに参与、またはこれを主導した。

傅氏は鉄道一家の出身で、父親は鉄道の機関士だった。彼は8歳で鉄道小学校に入ったが、その時の夢は「父は列車を運転している。自分は大きくなったら列車を造りたい」だった。彼は大学で機関車を専攻とし、仕事に就いてからは電気機関車を研究し、鉄道を管理した。2003年には、全国人民代表大会財経委員会主任に就任した。鉄道を離れても、彼の深い思いは変わらなかった。長年鉄道のことを気にかけ、鉄道の発展に関心を寄せていた。

1980 年代初め、当時鉄道部株洲電気機関車研究所副所長だった傅氏はドイツでの研修期間中、しょっちゅう列車に乗って出かけた。当時ドイツの旅客列車の時速は 200 キロで、窓から沿線の風景が後ろに飛んでいくのを眺めた。この時、彼は自然に祖国の列車の車輪が立てるガタンゴトンという音、蒸気機関車が煙を吐く、あえぐような音を思い出していた。中国の列車はいつ速くなるのだろうか、彼はそう考えていた。

列車のスピードアップは、彼がたゆまず追い求めるものになった。

1984 年、彼は鉄道部科学技術局に異動になり、チーフエンジニア、局長を歴任した。

1989 年には広深鉄道（広州と深圳を結ぶ路線）を視察に行った。

広深鉄道と深九（深圳と香港の九龍を結ぶ路線）鉄道とを合わせて広九鉄道と呼ぶ。1907 年から 1911 年にかけて建設された香港の九龍と大陸部をつなぐ唯一の路線だ。北で京広鉄道、広茂鉄道（広州と茂名を結ぶ路線）と接し、南は深圳市、羅湖橋を経て香港九龍に至る、珠江デルタを貫く全長 179 キロの鉄道だ。

改革開放後、深圳は経済特区になった。珠江デルタ地域経済は急速に発展し、輸出入貨物と旅客は大幅に増加し、在来の広深鉄道 1 本では輸送の需要を満たすことができず、1984 年に第 2 線が建設された。研究調査した結果、傅志寰氏はこれがスピードアップテスト区間としてふさわしいことを発見した。まず鉄道網の端にあって終点に位置しており、路線も 146 キロと長くない。次に、旅客輸送が主であり、貨物輸送量は多くない。そして沿線人口が密集し、経済が発達しており、市場ニーズが大きく、広州と香港を往来する外国人の旅客が多く、乗車券を値上げしても受け入れられる。もしドイツの鉄道と同様に、昼間は旅客列車を走らせ、夜間に貨物列車を運行すれば、旅客列車と貨物列車は邪魔し合うことなく、旅客列車のスピードアップによる輸送能力低下の問題を回避できる。

熟考を重ねた後、傅志寰氏は広深鉄道をスピードアップの実験線とすることを提案した。

直ちに、鉄道部はこれについて論証を行い、1990 年 9 月に国家計画委員会に『広深鉄道技術改革事業建議書に関する報告』を送り、承認を得た。目標はもともとの最高時速 100 キロを 180 キロにアップするというものだった。

鉄道のスピードアップ、しかも在来線での実施には、困難やリスクが待ち受けていることは言わずもがなだ。

当時、安全におけるマクロ環境は人々の思いどおりになっておらず、飛行機の墜落、船の沈没、列車の衝突を伝えるニュースが新聞各紙でよく報道されていた。ある記者が傅志寰氏にスピードアップのリスクをどう見るかと質問したことがあった。傅氏は「リスクが存在するのは確かですが、リスクを恐れてはなりません」と答えた。

　繁忙な幹線の輸送力は非常に切迫しており、等級の異なる列車が混在して運行されていた。同じレールの上を特急旅客列車、普通旅客列車、そしてスピードが遅く積載量の多い貨物列車が大量に運行されており、各列車の速度差はとても大きかった。速度差が大きければ大きいほど、輸送力への影響はますます大きくなる。このほか、旅客列車と貨物列車の技術や装備における要求は異なり、相互に矛盾することさえあった。うまく処理しなければ、輸送効率が低下するだけでなく、列車の安全に脅威を与えることになる。

1994 年 12 月 22 日、広深鉄道で準高速旅客列車「春光号」の運行開始

　傅氏は哈大線（ハルビンと大連を結ぶ路線）に行き検査作業を行った際に、日本による傀儡満州国時期に、哈大線では蒸気

43

機関車がけん引する列車「あじあ号」の最高時速は 130 キロに達していたが、新中国が成立して数十年、当時中国で最も速い列車はまだこの速度に到達していないことを知った。列車の速度が遅ければ、社会の発展と人民大衆の期待に応えられない。幹線道路や民間航空との競争に直面し、鉄道の旅客輸送市場のシェアは減り続けていた。傅氏は中国の鉄道在来線は大幅なスピードアップを必ず行わなければならないと考えていた。

1991 年の初め、傅氏は鉄道部副部長に就任すると、広深線スピードアップ業務を直接担当し、スピードアップを担う機関車の開発に力を入れた。鉄道部チーフエンジニアの沈之介氏はスピードアップするための線路技術の難関攻略を主宰した。1994 年 12 月 22 日、広深鉄道はスピードアップ改造を経て時速 160 キロに到達し、中国初となる準高速旅客列車「春光号」の運行を開始した。直通列車は広州と深圳をこれまでの 2 時間 48 分から 1 時間 12 分に短縮した。運行間隔は 15 分間で、また快適度が大幅に高められ、広範な利用客から歓迎され、広深線に無限の「春の光」をもたらした。密度が高く、スピードの速い都市間列車は鉄道の運輸市場における競争力にアドバンテージを与え、安全と信頼の要求を実現した。

広深鉄道のスピードアップは投資が少なく、効果がすぐに表れる発展の新たな道を歩み出したもので、鉄道発展の歴史に書き入れられるものだ。

その後、香港の祖国復帰に伴い、広東経済は猛然と発展し、広深鉄道は急速に広東・香港の経済、文化交流の「黄金ルート」になった。

広深鉄道は国内で最も早く時速 160 キロの快速旅客列車が運行する鉄道となり、中国高速鉄道の成長、成熟の「実験フィールド」と呼ばれた。かつて中国の最先端を代表した藍箭（ブルーアロー）動力分散式列車、区間をまたぐロングレール、高速軌道総合試験車、高速用分岐器、情報化運行管理システムなど一連の技術と施設いずれもが広深鉄道で率先して投入・使用され、全国の鉄道高速化に経験と模範を提供した。

傅氏は鉄道部党グループに向けた事業計画書の中に、「実践が証明しているように、全国の鉄道在来線の広い範囲でスピードアップを行う機は熟した」と書いた。スピードアップとは少ない資金で大きな事を行い、少ない投資で多くの収益を挙げるというものだ。新たに単線鉄道を 1 本建設するとなると 1 キロ当たり 2500 万元必要で、しかも工期も長いが、改造費なら 1 キロ当たり数百万元の資金で済む。

1995 年 6 月 28 日、韓杼浜部長は部長事務会議を招集し、傅氏の提案を承認し、在来の繁忙幹線でスピードアップ実験を行うことを決定した。スピードアップの目標値は、旅客列車の運行速度を時速 140 キロから 160 キロにスピードアップ、貨物列車を 85 キロから 90 キロにスピードアップするというものだった。同時に、スピードアップ

は必ず安全第一で行わなければならない
と強調した。

　ここに、中国鉄道のスピードアップに向
けた進軍ラッパが吹き鳴らされたのだった。

　実験はまず京滬、京広、京哈（北京と
ハルビンを結ぶ路線）鉄道大幹線で展開
された。このうち滬寧線（上海と南京を結
ぶ路線）がスピードアップの最初の実験
区間に選ばれた。三つの幹線は全国鉄
道網の 9.5％を占めるにすぎないが、全
路線の 30％近くの輸送量を有していた。
広深鉄道のスピードアップ経験に鑑みて、
3 幹線のスピードアップ実験は極めて順調
だった。すぐに引き続き、3 幹線で改修
が行われ、分岐器が取り替えられ、踏切
が立体交差にされ、線路は全閉鎖管理と
なった。

　1997 年 1 月 5 日、中国鉄道科学研究
院北京環状鉄道試験線で、国産機関車
の時速 200 キロ突破テストが緊迫した雰囲
気の中で行われた。鉄道部の科学技術
担当副部長の傅氏は自ら運転室に座って
指揮を執った。テスト結果は、国産機関
車が最高時速 212.6 キロに達し、中国鉄
道は高速面で飛躍的な進展を遂げたこと
を表していた。運転室は歓呼に包まれた。
これは国産機関車がスピードアップのため
の条件と実力を備えていることを示すもの
だった。

　周知の通り、鉄道スピードアップの最も
難しい点は安全問題だ。中国の鉄道設備
は劣っており、管理レベルも高くなく、長
年にわたって、重大な死傷事故がたびた

び発生していた。こうした状況下でスピー
ドアップが提起され、大きな論争を引き起
こした。傅氏の積極的推進の下、スピー
ドアップをめぐり技術革新が行われ、多
数の新たな技術と設備が研究・開発され
採用された。例えば、車軸温度アラー
ム、赤外線測温装置、軌道試験車、架
線検測車、信号回路検測車などだ。そし
て「地対車」「車対地」など多種の検測
技術の監視・制御ネットワークが構築され、
大規模なスピードアップに十分な準備を
行った。

　事実が証明しているように、大幅なス
ピードアップを実施した前後 20 年、スピー
ドアップで直接引き起こされた重大な事故
や旅客死亡事故はなかった。

スピードアップ革命論

　中国鉄道の発展の歩みにおいて、1989
年は代表的な年だった。

　新中国成立初期、鉄道の発展は急速
で、営業キロは新中国成立初期の 2 万
2000 キロから、すぐに 5 万キロに延びた。
「文革」時期に十数年停滞し、鉄道営業
キロは延びなかった。1978 年の改革開放
後、経済・社会の急速な発展に伴い、鉄
道が適応できない現象が生じ始めて、そ
れがますます激しくなり、ついに 1989 年
には国民経済の発展を制約するボトルネッ
クとなった。

　1980 年代中盤から、中国鉄道輸送は
全面的な輸送不足状態に入った。乗車

難、乗車券難、貨物輸送難といった現象が日ごとに顕在化した。運輸市場競争は日ごとに激烈になり、鉄道旅客、貨物回転率の社会全体の輸送に対する比率は、1980年には60.5％と71.7％だったものが、1990年にはそれぞれ34.9％と54.6％まで下落し、鉄道は深刻な試練に直面した。

これは中央指導部の強い関心を引いた。1990年以降、鉄道投資は着実な足取りで増加し、全国の社会固定資産投資の2％以上を占め、1998年の投資額は500億元以上に達した。そうではあっても、鉄道投資は多額であり、建設期間は長く、収益効果が表れるのは遅く、鉄道発展速度は国民経済成長速度に比べ、依然として不適応状態だった。

この時期、中国の鉄道は1日当たり貨物列車16万車両のニーズがあったが、60％前後しか満たすことができず、40％前後の貨物は速やかに輸送を請け負うことができなかった。全国の旅客列車は1日当たり242万席提供されていたが、実際には毎日290万人以上を運んでおり、旅客輸送のピーク時には1日当たり420万人に膨れ上がった。

鉄道の発展を加速するため、1991年3月1日、国務院は鉄道建設基金の創設を決定した。これは鉄道建設を専門とする政府系基金で、鉄道貨物輸送費用から一定の比率で資金を特別支出金として計上するものだった。基金は主に国家計画内の大型、中型の鉄道建設プロジェク

トや建設関連の支出に用いられた。当時の貨物輸送コストから計算すると、毎年約400億元だった。膨大な鉄道資金ニーズから言って、これは焼け石に水にすぎないことは明らかだったが、国家の鉄道発展を積極的に支持するという政策と態度を表していた。

鉄道が国民経済の足を引っ張りたくないなら、必ず多くの鉄道を建設しなければならない。

しかしながら、国家も一時に多額の資金を供給して多くの鉄道を建設することはできない。だが在来線のスピードアップは工期が短く、効果がすぐに表れ、比較的早く国民経済のニーズを満たすことができる。

専門家は、列車の「重量、密度、速度」が鉄道の機能増強、効率アップにおいて相互に関連する3大要素だと考えている。長きにわたって、中国の鉄道は技術・設備の更新による機能増強・改造を行う場合に、いずれも列車の重量を増やし、運行密度を高めるという原則に従ったが、列車速度面での準備は不足していた。

旅客列車の速度と貨物列車の回転時間は、一貫して運輸技術レベルを判断する主要な指標で、ある程度、国家の鉄道レベルを反映している。この意味から見ると、鉄道輸送速度を高めることも科学技術進歩の表れであり、社会進歩の重要な象徴だ。

ある資料によれば、1994年の初め、世

界では25カ国で旅客列車の最高時速が140キロに達するかまたは超えており、平均走行速度は100キロを上回っていた。スピードアップ前の1993年、中国の列車平均走行速度はわずかに48.1キロだった。

現代化に向かって歩みつつある中国にとって、鉄道は必ず「年老いた牛がぼろ車を引く」ような苦境を脱しなければならなかった。

中国の列車が速度において立ち遅れている原因は、インフラや技術設備が立ち遅れていることにあるが、立ち遅れている現実も再度スピードアップの必要性を気づかせた。

高速鉄道のない中国で、スピードアップは中国鉄道の進路の一つだった。

列車のスピードアップは、鉄道の市場化に向けての歩みを速め、市場競争力を高めるだけでなく、鉄道の生産力発展を大きく推進し、鉄道線路の基盤、機関車・車両、通信・信号の技術や手段の進歩をもたらす。スピードアップ資源の合理的な活用、輸送製品構成の絶えざる最適化を通じて、幅広い旅客が実際的な恩恵を受ける。

列車のスピードアップ実施は、運行組織に関わるばかりでなく、鉄道インフラ、線路軌道基準、けん引動力、車両性能、機関車・車両制動力、運行安全設備、踏切ガードなど各方面に関係し、いずれもスピードアップに向けて改造する必要があった。

滬寧線は100年の歳月を経ている。

1990年代半ばには、毎日旅客列車75往復、貨物列車53往復が運行され、ピーク時、滬寧線は平均7分間に1本の列車が発車していた。そのうち南京、上海西駅は平均4分弱に1本列車を受け入れ送り出しており、その過密度は全国の鉄道の中でトップに数えられるだけでなく、世界でも他に例を見ないものだった。

滬寧線の難題を解くための、唯一の方法は列車の運行速度を高めることだった。

1995年から、滬寧線はスピードアップ改造を開始した。線路の改造、高速用分岐器への交換、新型機関車車両への交換を経て、スピードアップのあらゆる設計要求を達成した。試験列車は「先行号」と名付けられた。時速は160キロに達し、全長303キロの滬寧線の運行時間は4時間から2時間48分に短縮され、社会の大きな反響を引き起こした。

1996年4月1日、中国初の快速旅客列車「先行号」が上海駅を出発し、最高時速は140キロに達し、上海から南京までの全行程を2時間48分で走り、これまでの3分の1近い時間を短縮した。

滬寧鉄道の速度の歴史をひも解けば、滬寧鉄道開通時、南京から上海までは10時間かかっていた。1912年1月1日、孫文は上海から滬寧鉄道の専用列車に乗って南京に行き中華民国臨時大総統に就任したが、その時には7時間かかった。1958年2月26日、上海から南京に向かった特急列車は、全行程を5時間2分から3時間59分に短縮した。

広深鉄道線を走る「振り子式列車」

　中国最初の鉄道幹線スピードアップ実験は成功した。

　これにより、1997年4月1日、これまで人々にかたつむりの速度だと言われてきた「鉄老大（鉄親分＝中国の鉄道のこと）」が、正式に初めての広範囲なスピードアップを開始した。

　京広、京滬、京哈の3大幹線が全面的にスピードアップされた。瀋陽、北京、上海、広州、武漢などの大都市を中心に、最高時速140キロ、平均走行時速90キロに達する快速列車40往復、夜行列車78本が運行された。全国鉄道旅客列車の平均走行時速は1993年の48.1キロから54.9キロに高められた。

　世論は、初めての鉄道の広範囲なスピードアップは中国鉄道改革における一つの転換点であり、中国鉄道の従来の輸送組織方法に対する大きな変革であり、列車の運行速度における飛躍であるばかりでなく、中国鉄道輸送の組織、経営理念の転換であると認めた。

　1998年10月1日、中国鉄道の第2回広範囲スピードアップが行われた。京広、京滬、京哈の3大幹線のスピードアップ区間は最高時速が140キロから160キロに、広深線に採用された振り子式列車の最高時速は200キロに達した。全路線旅客列車の平均速度は時速

55.16 キロに達した。夜行列車は228 本
に増便された。鉄道の大幅スピードアッ
プは国内64 の業界新聞・雑誌によっ
て1998 年十大ニュースの一つに選ば
れた。

続いて、鉄道大幅スピードアップは蘭
新（蘭州と新疆ウイグル自治区の阿拉山
口を結ぶ路線）、隴海（蘭州と連雲港を
結ぶ路線）など条件の厳しい、運行距離
の長い線路で行われた。2000 年10 月21
日、中国鉄道の第3 回広範囲、スピード
アップを開始し、その重点はユーラシア・
ランドブリッジの隴海線、蘭新線、京九線
（北京と香港特別行政区を結ぶ路線）、浙
贛線（杭州と南昌を結ぶ路線）に置かれ
た。西部大開発の歩みを加速するため、
鉄道のスピードアップ距離は3411 キロに
及び、西北地域と内陸部の時空的距離を
縮めた。これと同時に、列車の等級と列
車ダイヤにも分類と調整が新たに行われ
た。全国の鉄道は乗車券販売のオンライ
ン化を実施、400 余りの比較的大きな駅で
地域外乗車券の販売業務が開始された。

2001 年10 月21 日、中国鉄道の第4
回広範囲スピードアップが行われたが、ス
ピードアップの範囲は基本的に全国の比
較的大きな都市と大部分の地区をカバー
しており、武昌から成都の区間、京広線
の南部分、京九線、浙贛線、滬杭線（上
海と杭州を結ぶ路線）、哈大線でスピード
アップが実施された。哈大線、京広線南
部分と条件の比較的良い単線線路である
漢丹線（武漢と湖北省丹江口を結ぶ路線）

で、列車最高時速が140 キロにアップさ
れた。

2004 年4 月18 日、中国鉄道は第5 回
広範囲スピードアップを実施し、京滬、京
広、京哈などの幹線の一部区間で最高時
速が200 キロに高められ、全路線旅客列
車の平均走行速度は時速65.7 キロとなっ
た。今回の大幅なスピードアップによって、
いくつかの幹線の線路基盤は列車運行
時速200 キロの要求に達成し、これは国
際的な高速鉄道の運行基準に達するもの
だった。

ここに至り、中国の高速鉄道建設は「準
備は万端整ったが、大切なものが一つだ
け欠けている」状態になった。

列車の速度はより高い効率を意味し、と
りわけこのようなテンポの速い現代社会に
あって、スピーディーな交通は社会生活に
重要な意義を持つことは疑う余地がない。
大幅なスピードアップは中国鉄道を高速
レーンに乗せ、旅客輸送量減少状況を効
果的に食い止め、市場占有率を高め、鉄
道の競争力を高めた。

専門家は、国内市場の資源の統合で、
鉄道の役割は特に際立っていることを認め
ている。鉄道のスピードアップは大国の市
場化に重要な技術的サポートを提供した。
エネルギー、土地、環境保護圧力が絶え
ず高まる中、鉄道は輸送量が大きく、エ
ネルギー消費が少なく、コストが低く、効
率が高いという利点がより突出している。

この年、全路線で運輸生産経営の主要
指標がおしなべて史上最高の成績を記録

した。旅客輸送は延べ11億1700万人で、15年来の最高の取り扱い量を記録した。貨物輸送は24億7800万トンで、前年比10.9％増加した。このうち、石炭輸送は11億6600万トンで、初めて1億トン以上増加し、前年比15.5％増となった。輸送収入は1787億7300万元で、これは前年比12.2％増だった。

在来線の「新速度」

2007年4月18日、全国鉄道は第6回の大幅なスピードアップを実施した。

今回の大幅なスピードアップは京哈、京滬、京広、京九、隴海、浙贛、蘭新、広深、膠済（青島と済南を結ぶ路線）などの幹線で行われた。白い「和諧号」動力分散式列車が初めて中国人の生活に入り込み、中国鉄道発展史に書き入れられた。列車の運行時速は200キロに達し、このうち京哈、京広、京滬、膠済線の一部区間の時速は250キロに達した。

これは在来線の新たな速度であり、在来線のスピードアップで達成できる最高速度でもあった。

当時の鉄道部副部長胡亜東は記者会見の席上、今回の鉄道の大幅なスピードアップによって、時速120キロおよびそれ以上の路線は、その延長距離が2万2000キロに達し、第5回の大幅なスピードアップ時から6000キロ延びたと述べた。そして、このうち時速160キロおよびそれ以上のスピードアップ路線の延長距離は1

万4000キロ、時速200キロ路線延長は6003キロになったことを紹介した。さらに、2008年末までに全国の鉄道で480本の時速200キロおよびそれ以上の国産動力分散式列車が営業運行され、全国17の省と直轄市をカバーすると述べた。

新華社は鉄道の第6回の大幅なスピードアップで、頭文字「D」の動力分散式列車が運行され、北京、上海、広州を中心とする快速旅客輸送ルートを形成し、中国鉄道は高速時代に入った、と報道した。

国際鉄道連合は、時速200キロ以上に到達することが、公認の高速列車と普通列車の分岐点だとしている。

スピードアップの過程で、鉄道部門は一貫してスピードアップの安全を一番主要で、最も肝心な、最も中核的な位置に置いた。スピードアップの安全性に対して繰り返し科学的論証を行い、1億元に上る経費を投入し、50余りの重要課題攻略に取り組み、スピードアップ後の安全性と信頼性は、大量の科学的論証の基礎の上に成り立っていた。

鄭州鉄道局は中国鉄道の6度の大幅スピードアップの実践者と受益者で、また毎回の大規模なスピードアップの「テスト飛行基地」だった。

毎回の大幅なスピードアップの実施前、スピードアップの各項目のパラメータと科学的根拠を提供するため、鉄道部は鄭州鉄道局の京広線の許昌から漯河（いずれも河南省）の区間で、何度も科

学的テストと運行シミュレーションを行った。中国鉄道史上における6度のスピードアップのうち、在来線の「最高速度」はいずれもこの区間で誕生した。1997年の最初のスピードアップで、最高時速140キロ、1998年の第2回スピードアップで最高時速160キロを記録した。第6回の大幅スピードアップ前のテスト中に、この区間での最高時速は250キロを上回った。

2006年12月20日午前は、ひどい大雨で、目が開けていられないほどだった。

隴海鉄道スピードアップ工事現場。線路封鎖命令が下ったことに伴い、鄭州工務機械段（大型の線路補修、補修機械の管理を担当する組織）の1000人に上る施工作業員が新型の枕木交換を行っていた。今回東隴海線の線路設備の補修のカギはコンクリート枕木交換作業で、25万7000本を交換する必要があり、年末までに任務を完了したいなら、毎日必ず6000本以上を交換しなければならなかった。しかしながら、今回の大規模な枕木交換にはたった45日しかかからず、時間通りにしかも高いクオリティーの任務を全うした。

今回の広範囲レール交換工事は、隴海線が通常運行される状況下で行われ、列車が通過しない間に工事を急いで行ったのだ。この1カ月半の期間中、施工作業員たちは線路上で飲み食いし、寒風や氷雨にさらされながら、手で引き肩で担ぐ人海戦術で、スピードアップのために時間

を勝ち取った。

当時の鉄道部チーフエンジニアの何華武氏は、主要な幹線スピードアップの運行シミュレーションについて次のように語った。中国鉄道はすでに在来線のスピードアップにおける時速200キロから250キロの設計、施工、製造、テスト、運行、管理、保守のトータルな技術と技術基準体系を掌握し、時速200キロから250キロの動力分散式列車、時速80キロから120キロの5500トン貨物列車、2段積みコンテナ列車など速度差の大きい各種旅客列車、貨物列車が在来線上で線路を共有して運行するという目標を実現した。

事実が証明しているように、鉄道の第6回大幅スピードアップは、技術的に実行可能で、安全性が信頼でき、経済的であり、すでに完全に実施条件を備えており、中国鉄道在来線スピードアップの水準は世界のトップレベルに達したことを表していた。当時、旅客列車の営業最高速度が時速200キロに達している国は世界にわずかに十数カ国しかなかった。

第6回大幅スピードアップの3大シリーズ旅客輸送商品は、幅広い旅客に望外の喜びをもたらした。

第1のシリーズは、416本の都市間高速鉄道動力分散式快速旅客列車だ。主に環渤海、長江デルタ、珠江デルタの三大都市群に集中し、また鄭州、武漢を中心とする中原都市群、瀋陽、長春、ハルビンを中心とする東北都市群、西安を中心とする西北都市群の、大都市群内の密

度の高い旅客輸送のニーズに対応した。

第 2 のシリーズは、ノンストップ直通列車（一部途中 1、2 カ所の途中駅に停車するものもある）と夜行列車の増便だ。直通特急列車が 7 往復増便され、19 往復から 26 往復となった。同時に、夜行旅客列車は 32 本増便され、全部で 337 本となった。

第 3 のシリーズは、従来型の普通旅客列車の増便だ。中長距離普通旅客列車が 52 往復増便され、そのうち中西部地区は 29 往復増え、全増便の 55.8% を占めた。井岡山では初めて北京、上海、深圳行きの列車が運行されるようになり、海南省西環線鉄道では三亜から北京、上海、広州行きの列車が運行されるようになった。

今回の大幅なスピードアップは、速度、密度、重量の 3 大要素をより科学的に統一計画し、列車の運行速度を高めると同時に、列車運行間隔を縮め、スピードアップ幹線動力分散式列車の運行を 5 分間隔にし、その他の幹線旅客列車を 6 分間隔、貨物列車を 7 分間隔と、いっそう幹線運行密度を高めた。

時速 200 キロおよびそれ以上の動力分散式列車の運行開始は、中国旅客列車の新たなスピードをつくり上げたのだった。

京哈、京滬線を例にすると、北京からハルビンまでの全行程は 7 時間 58 分と、ダイヤ上最も速い旅客列車に比べ 2 時間 32 分短縮した。北京から瀋陽北までは 3 時間 59 分となり、1 時間 33 分短縮した。北京から上海までは 9 時間 59 分となり、1

時間 59 分短縮した。北京から済南までは 3 時間 25 分になり、43 分短縮した。北京から青島までは 5 時間 48 分で、1 時間 42 分の短縮となった。

中国人民大学公共管理学院行政管理学部の毛寿龍主任は、鉄道の発展は工業の進歩の象徴であり、また工業社会の進歩をいっそう推し進めるものだと考える。毎回の産業革命にはいずれも重要な技術的な支えがあった。世界の経験は、高速鉄道はいくつかの先進国の交通運輸構造を変革し、人々のライフスタイルを変革したことを物語っている。

実際、「風のように速い」「和諧号」動力分散式列車は、人々の移動をより便利にし、生活半径を絶えず拡大した。この年の「労働節（メーデー）」ゴールデンウイークには、動力分散式列車の乗車券は供給不足の状態で、列車の乗車率は 100% に達した。大幅にスピードアップされた時速 200 キロの動力分散式列車の運行開始に伴い、鉄道部はその他の旅客列車の運行計画をいっそう改善し、直通、特急、快速、普通旅客列車を増便し、異なったレベル、異なった地域の旅客の需要を満たし、同時に列車の到着と出発時刻をおしなべて改善し、幅広い旅客により便利で快適な旅行環境を創り出した。

鉄道の旅客と貨物の輸送能力はそれぞれ 18% と 12% 上昇した。これは第 6 回大幅スピードアップが社会にもたらしたもう一つのサプライズだった。当時の鉄道輸送力は非常にひっ迫しており、新線の建設

が始まっていない状況下で、鉄道人は在来線スピードアップの実施を頼りに、内的要素の拡大再生産を実施し、そこから鉄道輸送能力ひっ迫状況を一定程度緩和させた。

当時の鉄道部経済企画研究院が10余りの組織の先頭に立って行った「第6回大幅スピードアップ」経済分析評価研究報告は、次のように明らかにしている。「輸送コスト削減と旅行時間節約による消費者の余剰時間創出の社会的利益は、1年当たり300億元余りになり、今回の輸送スピードアップだけでGDPは年間200億元以上上昇する」。鉄道部経済企画研究院の呉衛平研究員の解説によれば、スピードアップによって、多くの運輸業務が高速道路と航空分野から鉄道に替えられた。鉄道輸送費コストは平均して高速道路や航空輸送より低いため、「社会の総消費が節約される」という。

北京交通大学交通運輸学院の紀嘉倫教授は次のように考える。「合理的な総合運輸体系とは航空、道路、水路、鉄道の各種交通手段を統一的に計画、協調的に発展させ、相互に補完し、秩序ある競争があるというものだ。しかし長きにわたって、総合運輸体系内では、鉄道発展が相対的に停滞し、各種交通方式との間で競争を繰り広げることができなかった。鉄道の6度の広範囲なスピードアップは、鉄道の運輸市場全体でのシェアと競争力をいっそう高めさせ、総合運輸体系のいっそうの形成に資するものだ。

6度の大幅なスピードアップを経て、中国の鉄道は世界の鉄道在来線スピードアップの最前列に立った。在来線の時速200キロ以上にスピードアップされた路線の延長距離は、ほぼドイツ、フランスなど欧州9カ国の在来線時速200キロスピードアップ路線の総和に匹敵するものだった。250キロという最高時速は、先進国在来線スピードアップ最高目標時速である240キロを上回っていた。当時、中国の鉄道総営業距離は世界第3位、アジアのトップであり、旅客・貨物輸送量は世界第2位で、輸送効率は世界第1位となった。

しかしながら、鉄道大幅スピードアップは普通列車を「大減速」させるのでは、と心配する人もいた。メディアの報道からは、今回のスピードアップで大都市、とりわけ特大の中心都市が、依然として恩恵を受ける重点だと容易に見てとれた。そして、従来の何度かのスピードアップの経験によれば、大都市間の鉄道スピードアップに伴って、沿線の中小都市の交通利益が相対的に損なわれていた。

鉄道運輸組織の法則によれば、鉄道交通容量の有限性のため、大量に高速列車を運行すれば、往々にしてそれは普通列車の減速を意味している。普通列車は高速直通列車に線路を譲るための通過待ち時間が大幅に増えるからだ。また、大量の中小都市駅は停車駅にならず、このため現地住民は家に近い駅での乗車をあきらめ、回り道して大都市に行き列車に乗車

せざるを得ず、交通コストは増加してしまうのだ。その他、「和諧号」動力分散式列車の運行開始で、速度は速くなったものの、乗車券価格は倍にもなり、多くの不満を招いた。

列車のスピードアップと同時に、速度が比較的遅い「緑皮車（外装が緑色をしていることからこう呼ばれる）」は次第に退役していった。これは低所得者層に安価な乗車券で列車に乗る機会を次第に失わせていくものだ。そうなると、一面ではハイエンド旅客は移動がスピードアップされるが、もう一面では普通の旅客の移動が減速される。いかに両方に配慮していくかが、新たな課題となった。

面白いことに、中国が第6回の大幅なスピードアップを行ってから間もなく、ベトナムの鉄道部門も中国鉄道の経験に学び、ベトナム鉄道の大幅なスピードアップの準備を進めていた。「中新網（中国新聞社のウェブサイト）」の報道によれば、ベトナム鉄道総公社のグエン副総裁が、ベトナム政府は在来の南北鉄道でスピードアップを行い、電気鉄道にすることを説明した。

鉄道の大幅なスピードアップも一種の変革であることは疑いもない。それは従来型の鉄道運輸組織モデルに対する挑戦であり、また従来の考え方に対する突破であり、中国鉄道の基礎を着実に突き固め、鉄道の新技術分野を切り開くために、いずれも十分にプラスの影響を生み出すものだった。特に、高速動力分散式列車技術の導入と消化吸収、再革新は、国産動力分散式列車の技術プラットフォームを築くものであり、中国高速鉄道時代の到来に、必要な理論的で実践的な準備をしっかりと行うものだった。

数年後、中国科学院の何祚庥院士はこれを評価して、鉄道のスピードアップには二つの意味があるとして次のように述べた。一つは鉄道の発展を加速することで、もう一つは列車の運行速度を向上させることだ。運行速度であれ発展速度であれ、いずれもスピードアップの価値がある。

6度にわたる鉄道スピードアップを経て、列車利用客数は一度また一度と記録を塗り替えた。鉄道料金は相対的に安価であるため、多くの人々が列車をやはり旅行手段として用いた。旅客列車の提供するサービスの質はスピードにおいても他の面のサービスにおいても大いに向上し、特に直通快速列車も旅客から「準星クラスのホテル」と呼ばれた。しかし、人民大衆のニーズと日ごとにひっ迫する旅客輸送を比べると、人々の心の中の列車の「かたつむり」時代はまだ終わっておらず、本当の意味での中国高速鉄道時代の到来が待たれていた。

京津都市間鉄道の開通

　2004年、中国鉄道は大発展の春を迎えた。

　新年早々、国務院常務委員会は会議を開いて審議し『中長期鉄道網計画』を承認したが、その最大のハイライトは初めて「中国高速鉄道網構想」が提起され、中国の高速鉄道の夢とその輝かしい前途が人々の前に示されたことだ。

　2008年8月1日、3年の苦難に満ちた建設を経て、京津都市間鉄道が北京オリンピック直前に予定通り正式開業した。

　京津都市間鉄道は中国初のハイレベルの時速350キロの高速鉄道で、現在の世界の高速鉄道の最新技術の成果を集めており、中国がすでに系統的に時速350キロで走行する高速鉄道の技術を掌握していることを表していて、中国高速鉄道建設のためにモデルと手本を提供する、中国

鉄道発展史上のマイルストーン的意義を有するものだった。京津都市間鉄道の営業運行速度は世界一だ。現在までのところ、欧州と日本の高速鉄道列車の速度はおしなべて時速270キロから320キロで、350キロに到達しているものはない。

　「和諧号」動力分散式列車は広大な華北平原を飛ぶように走り、風のように駆け抜けた。

　中国の高速鉄道時代がやって来たのだ。

中国高速鉄道網構想

　高速鉄道は20世紀の後半に始まり、鉄道復興の重要なシンボルとして、世界各国で急速に発展し広範に営業運転された。21世紀になり、経済のグローバル化、

貿易の自由化の深化・発展に適応し、エネルギー不足や気候変動の厳しい試練に対応するため、高速鉄道はその高速、能力の大きさ、快適・安全性、省エネ・環境保護などの利点により、ますます世界各国で重要視されるようになってきた。

交通・運輸の発展は貴重な土地資源の占用、不足する石油資源の消耗に直面し、同時に排ガス、騒音・汚染、交通渋滞など多くの問題をもたらすが、鉄道には明らかな技術的、経済的優位性がある。発展のスピードが速ければ速いほど、その役割は際立ち、社会の運輸コストは低くなり、資源利用と環境保護においても有益となる。

2003 年 9 月 8 日、中国の権威ある新聞『経済日報』が 1 面 2 番目の目立つ位置に、『鉄道は小康（ややゆとりのある）社会建設の足を引っ張るか』と題する読者の手紙を掲載した。同時に『われわれは無関心でいられるだろうか？』という論説を掲載した。筆者は中国鉄道科学研究院首席専門家の銭立新氏だった。

銭氏はこの読者の手紙の中から、近年の多数の鉄道部門の調査研究の結果を集め、人々を深く考えさせる一連のデータを列挙していた。

2002 年、世界の鉄道総営業距離は 120 万キロで、そのうち中国の鉄道は 7 万 2000 キロで約 6％を占めていた。世界の鉄道の輸送量は 8 兆 5000 億トンキロに換算され、そのうち中国の鉄道は 2 兆トンキロであり、約 24％を占めていた。

中国の鉄道は世界の 6％の距離で、世界の全作業の 4 分の 1 近くを行っており、輸送密度は世界のトップだった。

鉄道輸送能力に限界があり、中国の 1 人当たりの乗車率はわずか 0.8 回にとどまっていたが、日本は 43 回、ドイツは 19 回、ロシアは 3.8 回、印度は 5 回と、いずれも中国を上回っていた。

鉄道部のオーソリティーの分析によれば、2020 年までに中国の GDP は 2000 年の 4 倍になるとされ、年平均 7.2 ポイント以上増加する。国民経済のこの発展速度に照らすと、鉄道の貨物取扱量は 119％増え、鉄道貨物発送量は 40 億トンになり、旅客取扱量は 2003 年から 200％前後増加し、延べ 40 億人前後となり、2003 年の 10 億 5000 万人に比べて 4 倍になり、鉄道の現状不

適応の問題はさらに際立つ。

鉄道の大発展は必要だが、どの方向に進めばいいのか？

『経済日報』はこの情勢を受けて『鉄道は全面的小康社会実現の足を引っ張るか？』と題する大討論を主催・展開し、続いて同大討論をめぐって『企業は鉄道の速やかなボトルネック打破を願っている』『庶民は鉄道発展の加速を願っている』『中国にはどれだけの鉄道が必要か』『鉄道は米国にどう貢献したか』『鉄道は日本の経済飛躍をけん引した』『フランスの鉄道は2度輝かしい時代を経験した』『旅客専用線建設加速が大勢の赴くところだ』など14編の長文を掲載した。

『経済日報』のこうした大討論は、明らかに鉄道の大発展に世論の準備を提供した。

『中長期鉄道網計画』によれば、2020年までに総延長1万2000キロ以上の時速200キロおよびそれ以上の旅客専用線と、約1万6000キロのその他の新線が建設され、全国の鉄道営業キロは10万キロに到達し、主要過密幹線の旅客・貨物分離輸送が実現し、複線化率と電化率が50％に到達し、輸送能力は国民経済と社会発展のニーズを満たすことになる。

計画中の旅客専用線網、すなわち高速鉄道網は、その配置のイメージから「四縦四横」と呼ばれ、450万平方キロの国土をカバーし、8億人を有する地域が恩恵を受けるものだ。

南北方向に縦に走る「四縦」とは以下の通り。北京－瀋陽－ハルビン（大連）高速鉄道は全長1612キロで、東北エリアと関内（山海関以南）を結ぶ。瀋陽から承徳を経て北京に接続。北京－上海高速鉄道は全長1318キロで、環渤海地域と長江デルタの東部沿海の経済発達地域を貫く。上海－杭州－寧波－福州－深圳高速鉄道は全長1650キロで、長江デルタと東南沿海、珠江デルタ地域をつなぐ。北京－武漢－広州－深圳（香港）高速鉄道は全長2350キロ、華北、華中、華南地域を結ぶ。

一方、東西方向に横に走る「四横」は次の通りだ。青島－石家荘－太原高速鉄道は全長906キロ、華北と華東地域を結ぶ。太原から石家荘に東に向かい、徳州で京滬高速鉄道に接続し、さらに東進して膠東半島に至る。徐州－鄭州－蘭州高速鉄道は全長1346キロ、西北と華東地域を結ぶ。鄭州から西安へ、東に向かって徐州で京滬高速鉄道に接続し、西に向かって蘭州まで延びる。上海－南京－武漢－重慶－成都高速鉄道は全長1922キロで、西南と華東地域を結ぶ。南京で京滬高速鉄道に接続し、武漢から西に向かい長江に沿って重慶、成都に至り、上海から武漢、成都に至る長江沿岸大ルートを形成する。上海－杭州－南昌－長沙－昆明高速鉄道は全長2264キロで、華中、華東と西南地域を結ぶ。長江デルタから南昌を経て、長沙で京広高速鉄道と接続し、貴陽を経て昆明に至り、上海と昆明を結ぶ大ルートを形成する。

同時に、環渤海地域、長江デルタ地域、珠江デルタ地域、遼中南（遼寧省中・南部）、山東半島、中原地域、江漢平原（湖北省中南部）、湘東地域（湖南省東部）、関中地域（陝西省中部）、成渝地域（成都・重慶）、台湾海峡西岸など経済が発達し人口が集中する地域を重点に、都市間高速鉄道を建設し、地域内の主要都市を結ぶ。

国民経済が引き続き急速に成長するのにつれて、地域経済発展戦略の実施、工業化、都市化、市場化のプロセスの加速、社会主義調和社会と資源節約型、環境に優しい社会の建設は、いずれも交通運輸の発展に対して新たなより高い要求を出し、運輸ニーズと運輸構造にも大きな変化が生まれ、鉄道の総合輸送システムにおける役割はより際立っている。

中国の「第11次5カ年計画」では鉄道発展の加速が明記され、各級の地方政府も鉄道建設の加速を切実に求め、『中長期鉄道網計画』が提起した鉄道網の規模総量などはすでに国民経済と社会発展のニーズに適応できなくなっている。

2008年10月31日、国務院は『中長期鉄道網計画』の調整案を正式に発表した。新調整案は、2020年の全国鉄道営業キロの計画目標を10万キロから12万キロ以上に調整し、旅客専用線を1万2000キロから1万6000キロに調整した。このうち時速250キロの路線は5000キロ、時速350キロの路線は8000キロで、また在来線のスピードアップ改造工事と相互接続す

る。鉄道電化率は50%から60%に調整された。

元の「四縦四横」旅客専用線網の基本的枠組みの上に、旅客専用線のカバー範囲をいっそう延伸・拡大し、各旅客専用線間の相互乗り入れと接続を強める。都市間旅客専用鉄道システムのグループ建設をいっそう拡大し、環渤海、長江デルタ、珠江デルタ都市間鉄道を基礎として、その上に長株潭（長沙－株州－湘潭）、成渝、中原、武漢、関中、海峡西岸都市群など経済が発達し人口が密集する地域の都市間鉄道交通建設の歩みを速め、将来的にすべての省・自治区・直轄市の省都と人口50万以上の都市を結び、全国の90%以上の人口をカバーする、総延長距離5万キロ以上の快速旅客輸送網を構築する。これは都市間の時空距離を大きく縮め、省都間の旅行時間を50%以上短縮することになる。

2020年までに、中国は北京を中心とした1～8時間の高速鉄道ネットワークを形成する。ウルムチ（烏魯木斉）、ラサ（拉薩）、海口を除く大部分の省都および地域の中心都市は高速鉄道ネットワークであまねくカバーされ、都市間の時空距離はいっそう縮まり、経済と社会の運営効率が大いに高められ、より多くの都市と地域が、高速鉄道のもたらす便利な生活と全方位的なけん引効果を享受するはずだ。

これは配置が合理的で、構造がはっきりし、機能が整い、接続がスムーズな鉄道ネットワーク図だ。過密幹線で客貨分離を

実現し、在来線の貨物輸送能力を迅速に解放し、急速に発達した旅客専用線網を加え、人の利用が便利で貨物の流れがスムーズな輸送力配置を効果的に形成する。輸送能力が国民経済と社会発展のニーズを満たし、主要な技術と設備が国際的な先進レベルに達する、あるいは近づくという計画目標だ。

輝かしい「中国の名刺」

2008年8月1日、空は青く澄み、風もなく晴れ渡った。

京津都市間鉄道が正式に開業した。

始発の「和諧号」動力分散式列車2本がそれぞれ北京南駅と天津駅で同時に始動し、相手側に向かって出発した。北京を出発する列車は中国高速鉄道「1号」で李東暁運転士、天津側は「2号」で趙威運転士が担当、彼らは感動しながらも冷静に最初の汽笛を鳴らし、中国高速鉄道時代の序曲を響かせたのだった。

北京南駅へようこそ

この日の正午、落成したばかりの北京南駅では、巨大なガラスのドーム天井が待合ロビーをくまなく光輝かせていた。電子掲示板の導きの下、乗客は次々と北京南駅発天津行きのC2275「和諧号」動力分散式列車に乗り込んだ。これは京津都市間鉄道開通後、客を乗せた一番列車だった。12時35分、列車はゆっくりと発車し、速やかに速度を上げていった。走行中の列車は安定しており、レールの継ぎ目を過ぎる時のガタンという音は聞こえず、ほとんど騒音はなかった。高速運行される列車は何の不快感も与えなかった。

乗客の劉慧文さんは、北京のIT企業で働いているが、家は天津にあり毎週1、2度往復している。彼女の計算によれば、北京と天津間はマイカーでは片道2時間かかり、普通列車では1時間56分かかり、それまでの動力分散式列車では1時間10分かかっていたが、京津都市間鉄道ではたったの30分と、さらに半分になったという。その言葉には彼女の感動の気持ちがあふれていた。

天津の南開大学で歴史学を専攻するある大学院生は興奮した様子で紹介した。かつて天津から北京へは二輪馬車で少なくとも2日半揺られる必要があった。1900年、京津鉄道が開通した時には、列車の時速はわずか30キロだった。

30分後、C2275列車は定刻通り天津駅に到着した。

天津にとって、これは特別な日だった。この日オリンピックの聖火が同市浜海新区

をリレーされ、それに京津都市間鉄道が正式に開通するという、二重の喜びといえる日になったのだ。

早くも2003年に、天津市の指導者は環渤海地域の経済と社会発展の促進、北京と天津間の交通環境の改善のため、両市を結ぶ高架都市間鉄道の建設を希望すると提起していた。天津は投資比率、土地収用・立退き面において喜んで主導的に行う用意があるとした。この考えに、鉄道部は即座に同意した。

京津地域は中国でも経済発展が最も急速なエリアの一つで、また中国の都市化レベルが最も高い地域の一つでもあった。

北京と天津の距離は120キロ、歴史上の両都市の関係はかなりもつれていた。解放前、天津は北京の海への門戸で、港や租界があり、対外貿易がかなり盛んで、工業も比較的発達し、経済基盤は北京よりももっと良好だった。新中国成立後、新中国は敵対勢力の封鎖を受け、対外貿易の重心を上海と広州に置き、北京に隣接する天津の対外貿易における優位性は失われ、工業の支えのみが残っていた。

改革開放後、北京と天津は共に急速な発展を遂げた。2002年末時点で、北京市の常住人口は1423万人で、1人当たりGDPは2万8449元。天津の常住人口は1007万人、1人当たりGDPは2万2380元だった。当時の予測によれば、2015年までには、京津間の年間旅客取扱量は延べ1億2400万人になるとされていた。

北京と天津を直接結ぶルートの開通は、

北京の永定門橋を走る京津都市間鉄
道線の「和諧号」動力分散式列車

おのずと両都市の人々の期待を集めた。

京津鉄道路線は京原（北京と山西省の原平を結ぶ路線）、京包（北京と包頭を結ぶ路線）、京通（北京と通州を結ぶ路線）、京山（北京と山海関を結ぶ路線）、京滬、京広、京九など多くの重要幹線を結び付け、京滬、京哈旅客専用線の共同区間であり、環渤海・京津冀（北京・天津・河北）地域都市間軌道交通網の主軸でもあり、また中央アジアと欧州地域のランドブリッジ回廊であり、地域の対外中長距離往来と地域内都市間旅客輸送を担うものだ。

現状、京津ルートのネットワークの役割は日増しに際立ち、ボトルネック現象も日増しに深刻化している。重要な大ルートであるからには、高速鉄道1本だけでなく、多くの鉄道があるべきだ。

『中長期鉄道網計画』では、京津ルートには3本の旅客専用線建設が必要で、「第11次5カ年計画」期間中にまず京滬高速鉄道と京津都市間鉄道を建設する、とはっきりと打ち出している。2004年12月3日、国家発展・改革委員会は京津都市間軌道交通建設プロジェクトの実現可能性調査報告書を承認した。これで、京津ルートは京滬ルートの構成部分であり、また津秦（天津と秦皇島を結ぶ路線）旅客専用線と共に（山海関）関内外の往来のメーンルートを構成することにもなる。最小の代価で、速やかに京津回廊と都市間鉄道網を建設し完備させることが必要だ。

設計時速350キロ、スラブ軌道の京津

都市間鉄道が、現在の世界で最高レベルの高速鉄道であることに疑いはない。これより、鉄道関連部門は高速鉄道技術の難関攻略戦を展開した。彼らは秦瀋旅客専用線基礎工事、遂渝線スラブ軌道総合試験区間、第6回大幅スピードアップ時速250キロ線路などの研究実験技術の成果の系統的な総括を踏まえ、110項目に及ぶ重要な科学的研究課題を提出し、旅客専用線技術のイノベーション作業を行った。

2005年3月28日、国家発展・改革委員会は『環渤海・京津冀地域都市間軌道交通網計画（2005〜2020年）』を発表し、2010年の段階的目標の中で、「北京－天津－塘沽（天津市）都市間軌道交通線を建設し、京津冀地域都市間軌道交通網の主軸を構築する」という要求をはっきりと打ち出した。この都市間高速鉄道は、年間最大区間旅客輸送密度を、短期的には2320万人、将来的には3280万人として設計した。

2005年7月4日、京津都市間高速鉄道が北京と天津の境にある大王沽鎮で着工した。

天津は神話で知られる哪吒の故郷だ。哪吒は姜子牙の紂王討伐を助けて、ずば抜けた武術と神速の風火二輪（二個の車輪の形をした乗り物。火と風を放ちながら空を飛ぶ）で数々の戦功を立てた。京津都市間鉄道建設工事は、疑いもなく天津の発展を急加速させる風火二輪を装着するものだ。

京津都市間鉄道の方位を仔細に見ると、北京南駅の東端から引き出され、在来京山鉄道の南側を東に向かい、さらに在来の京山線北側から天津駅に至る全長120キロで、北京南駅、亦荘、武清、天津の4駅が設置され、永楽駅が留保されていた。同時に、首都国際空港、天津西駅、塘沽（天津浜海国際空港）方向へ延伸する計画もあった。鉄道部、天津市、北京市、中国海洋石油総公司の出資により建設することになっていた。

京津都市間鉄道の沿線は経済が発達し、道路が縦横に交錯しており、土地資源は極めて貴重だった。設計において、従来型の路床技術に取って代わって橋梁が広範に採用されており、橋梁は線路全体の長さの87％を占め、列車はほとんど空中の通路を通行しているようだった。8メートルの高さに盛り上げる路床に比べて、橋梁は1キロ当たり55ムー（1ムーは667平方メートル）の土地節約となり、これだけで5500ムー余りの土地節約となった。

高速列車の軌道沈降誤差はミリ単位で、F1レースのコースよりも基準が厳しい。京津都市間鉄道は枕木に別れを告げ、国際的にも最先端で独自の知的財産権を有するCRTS-II型スラブ軌道システムを研究開発した。全線で軌道スラブ3万4535枚を敷き詰めたが、その精度は0.1ミリに達した。これは中国がすでにスラブ軌道の設計技術を完全に掌握し、中国鉄道スラブ軌道技術の基準と規範を打ち立てたことを

意味していた。スラブ軌道の使用寿命は60年で、総合的メンテナンスコストを大幅に低減するものだった。

さらに、独創性にあふれた時速350キロの「和諧号」動力分散式列車、独自設計の軽量化シンプルカテナリー架線など、先進的な技術を運用し、異なった速度の列車の混合運行、軌道と列車間の安全情報連続伝送など多くのイノベーションを実現し、重要設備の遠隔モニタリングや監視・制御、オペレーションを実現した。

3年内に、中国鉄道科学研究院、鉄道第三勘察設計院などの多数の専門家・研究者、中国科学院、中国工程院の多くの院士、多数のエンジニアリングスタッフが、実験室や工事現場で日夜奮闘し、数年にわたる技術の蓄積を踏まえ、中国人の聡明さと才知で、系統的に高速鉄道の一連の重要な鍵となる技術問題を解決していった。

中国鉄道人がこの戦いに勝利したことは、事実が証明している。

2008年6月25日、当時の胡錦濤中国共産党中央委員会総書記が試運転中の京津都市間鉄道を視察し、国産「和諧号」動力分散式列車に欣然として乗り込み、チャイナスピードを体験した。

胡総書記は、一流の設備を建設するだけでなく、一流の管理、一流のサービスを行うよう強く求めた。

米国、英国、ロシア、日本、イタリア、オーストラリア、インド、南アフリカ、ポーランドなど世界30カ国の政界要人、国際

機関の指導者、鉄道業界や海外の記者などが累計で200回以上、1万人に達する人が京津都市間鉄道を視察し、中国高速鉄道の発展の速さ、レベルの高さ、経費の少なさを十分に認め、賞賛した。

北京オリンピック・パラリンピック期間中に、京津都市間鉄道は大勢の国内外の観光客に「チャイナスピード」を体験させ、中国鉄道の現代化を感じさせた。

2008年7月、日本の著名な高速鉄道専門家14人が京津都市間鉄道を体験し非常に驚いた。彼らは「中国の高速鉄道の発展がこんなに速いとは夢にも思わなかった。技術水準は多くの面で日本を上回っている」と賞賛した。

同年8月2日、英国の『タイムズ』紙は評論を発表し、京津都市間高速鉄道列車の350キロの速度に比べると、フランスの高速列車をひどく見劣りさせ、日本の弾丸列車をまるで蒸気機関車のように感じさせる、と述べた。

京津都市間鉄道の営業運転成功は、疑いもなく世界に向けて示された1枚の輝かしい「中国の名刺」だった。

高速鉄道で「都市一体化」

高速鉄道の登場は、経済・地理上の革命であるばかりでなく、時空概念上の革命でもあり、中国の社会環境に影響し、人々の考え方とライフスタイルを変えた。高速鉄道は中国を縮小させ、人々の生活圏を拡大した。遠距離での仕事、消費や、地域外での不動産購入も可能になった。高速鉄道はマジックのように、静かにわれわれの時空概念とライフスタイルを変えてしまったのだ。

「大量輸送、高密度、路線バス化」の京津都市間鉄道は、北京と天津双方の住民の仕事と生活の範囲を急速に拡大した。都市間の交通はすでに都市内の通勤交通に変わり、京津都市間鉄道は高速鉄道の路線バス化運行を実現し、北京と天津というそれぞれ人口1000万人を上回る巨大都市間の「30分経済圏」を着実に作り上げ、「都市一体化効果」が出現した。「二都物語」が「同都物語」にレベルアップしたのだ。

京津都市間鉄道列車の路線バス化運行は、最も短い間隔で3分に1本となっており、北京と天津間の直通運転時間は30分だ。上空から俯瞰すれば、白い列車が連なって高速で走り、白い動く長い廊下のように見えるはずだ。

北京の地下鉄路線では最も短い運転間隔は2分半に1本だ。この点から見て、京津都市間鉄道はすでに公共交通機関の運行標準に達していることが分かる。同時に、列車出発モデルには交差方式が採用され、各列車は一駅に停車するだけで、これによって列車の高速運行を保証している。

ある研究によると、北京人の通勤の行き帰りの渋滞コストは毎月375元で、上海人が辛抱できる渋滞は48分だそうだが、今人々は数十元と30分を投入すれば、北

京から天津へ行くことができる。これは疑いなく外出コストを大幅に節約している。

当時の鉄道部チーフエンジニアの何華武氏は、かつてノートにびっしりと一連の面白い数字を書き込んでいた。彼は空港エクスプレスを例に、京津都市間鉄道の旅客のために計算したのだ。空港エクスプレスの費用は、香港では 34 キロで 100 元必要で、上海は 30 キロで 25 元、北京の東直門からの 26.1 キロで 25 元かかる。ところが京津都市間鉄道は 120 キロで 70 元を超えない！

京津都市間鉄道は北京と天津の時空距離を大幅に縮め、両都市間の経済・文化交流を加速し、北京と天津を中心とする環渤海地域経済・社会の発展に大きな原動力を与えた。2008 年 8 月、京津都市間鉄道が開通したその月、天津市社会消費財小売総額は 171 億 4000 万元と、前年同月に比べ 25％増加した。

路線バス化した高速列車の運行開始は、一部の先に豊かになった人々にとって、一つの都市で働きながら、都市間高速鉄道がつなぐもう一つの都市で住宅を購入することを、極めて現実的なものにした。2008 年、天津の不動産市場における取引量のうち、3 割が地域外からの住宅購入者で、そのうち北京市民が半分以上を占めた。

週末に天津に行って海鮮を食べ、「相声（中国式漫才、天津のものは全国的に有名）」を鑑賞することは、ますます多くの北京市民にとってのレジャーとなった。

2008 年地域外から天津を訪れた旅行者の消費額は 750 億元を上回り、都市間鉄道の 2008 年観光成長への寄与率は 35％となった。2009 年上半期、天津の社会消費財小売総額は 1176 億元に上り、前年同期から 20.7％前後増加、増加幅は全国第 2 位だった。

京津都市間鉄道開通のその年、天津では 6 カ所の博物館、記念館を無料開放し、地域外からの来館者延べ 80 万人近くを受け入れたが、北京から天津を訪れた旅行団が来館者の 90％を占め、以前に比べて 30％増加した。天津の大小各劇場を訪れた観客は 1000 万人を上回り、京津都市間鉄道開通前に比べて 70％増加した。肉まんで有名な老舗「狗不理」の本店や各支店の営業成績も 20％から 50％伸びた。「泥人張（張式泥人形）」「楊柳青年画（縁起物の民間絵画）」などの伝統工芸品の販売量はそれぞれ 500 万元、640 万元に達し、前年同期に比べ 50％近く増加した。

廖君は天津音楽学院の学生で、いつも北京で行われる音楽会の情報をチェックしている。彼は「北京には大型の劇場が多く、音楽会、現代劇はほとんど毎日行われており、いつも天津から駆けつけ楽しんでいます」という。彼が以前乗っていた動力分散式列車の 70 分という時間は長くもなく短くもなかった。それに駅に行く時間と駅での列車待ち時間を加えるとどうしても 3 時間が必要だった。それが今は 1 時間で済むようになった。

「昼に北京から天津に肉まんを食べに行って帰っても、午後の仕事時間に間に合います」。著名な芸術家の閻粛氏は京津都市間鉄道に試乗して、このように具体的で生き生きとしたイメージを語った。京津都市間鉄道ができて、北京と天津の人々は居住、仕事、教育、娯楽などの面で選択の幅が広がり、文化やレジャーのリソースの両都市間でのシェアが実現したのだ。

高速鉄道がもたらした経済効果はとても迅速で明瞭だった。資料によれば、2009年の北京市の地域GDPは1兆1865億9000万元で前年比10.1％の成長だった。天津の不動産業、物流業、観光業、飲食業などの産業は急速に発展し、2009年社会消費財小売総額は2430億8300万元となり、21.5％成長した。

「それだけではなく、北京のハイエンド人材ももう中関村に限定されることがない。天津浜海新区の開発開放も北京のハイエンド人材や情報などの資源を速やかに吸収する必要に迫られている」。南開大学経済研究所の謝思全副所長は次のように述べた。「高速鉄道の開通によって、北京と天津間の距離が30分に縮まり、両地域にそれぞれ集中している人材、情報、技術資源が、より便利に互いに拡散し緩和される」

天津中原地産の投資顧問部の高飛ディレクターは、天津浜海新区の発展加速に伴い、より多くのハイエンドなビジネス人材が北京と天津間を行き来するようになると話した。多くの国内外の大企業は生産場所が天津にあり、本部が北京にあり、人員の行き来は頻繁になる。現在北京にある一部の企業は産業チェーンの拡張により、天津という土地が相対的に余裕のある都市への投資・発展を考える可能性がある。

都市一体化効果は、北京と天津両都市にいずれも新たな位置づけをした。北京は「国の首都、国際都市、文化都市、暮らしやすい都市」であり、天津は「国際港湾都市、北方の経済センター、エコ・シティー」というものだ。北京は不断に産業のグレードアップを推進し、サービス業がすでに70％を占めており、天津も浜海新区の開発、金融とハイテク産業の発展に全力を注いでいる。

とりわけ貴重なのは、京津都市間鉄道は中国高速鉄道建設のモデル的プロジェクトであり、大規模な高速鉄道建設のために、特に京滬高速鉄道の建設と営業運転に極めて貴重な経験とモデルを提供したことだ。

待ちに待った「京滬高鉄」

世論は、京津都市間鉄道はつまり「ポケットサイズの京滬高速鉄道」だと考えていた。

京津都市間鉄道をスタートラインとして、中国の高速鉄道建設ブームは全国を席巻し始めた。

北京交通大学運輸管理学院の楊浩教授は、全国的な高速鉄道建設普及前の一つの実験、モデルプロジェクトとして、京津都市間鉄道は、インフラ建設から動力分散式列車製造まで、各方面でいずれも国内高速鉄道建設の技術を蓄積したと考えている。

2008年4月18日午前9時5分、温家宝総理が、京滬高速鉄道全線の着工を宣言した。

待ちに待った京滬高速鉄道はついに輝かしい夜明けを迎えたのだ。

もし1990年の京滬高速鉄道の実現可能性調査が日程に登った日から、建設着手準備までで計算するなら、李鵬、朱鎔基、温家宝という国務院総理3代の政府にわたり、論争がやまず起伏があった丸々18年にわたって望まれてきたものだ。この18年、中国の鉄道人は大変多くのことを考えに考えてきた。この18年、中国鉄道人は豊かな財産を蓄積してきた。

京滬高速鉄道の完成

2006年2月22日、国務院第126回会議は、京滬高速鉄道の事業計画案を検討し承認した。これは党中央、国務院の重大な政策決定であり、中国鉄道発展の歴史上画期的な意義を持っていた。

3月7日、国家発展・改革委員会は京

京滬高速鉄道線を飛ぶように走る「和諧号」動力分散式列車が京杭運河を渡る

滬高速鉄道プロジェクトについての回答の中で、十分な論証、科学的比較・選択を経て、各方面は技術案など重要な問題について基本的に合意し、事業建設の機は熟したと指摘した。京滬高速鉄道建設に同意したのだ。回答では、京滬高速鉄道は鉄輪式技術を採用し、在来の京滬鉄道と大体並行し、全線で新たな複線を建設し、最高時速350キロに基づいて設計することを強調していた。1318キロの高速鉄道線路を一度に建設し、23の旅客駅を設置するとした。

これは京滬高速鉄道が論証・政策決定から、間もなく着工という新たな段階へ進んだことを表しており、また「鉄輪」と「磁気浮上」の十数年の長きにわたる論争に決着がつき、中国の将来の「四縦四横」の高速鉄道幹線網に鉄輪の烙印が深く押されることを意味していた。実は、この十数年の時間は、人々が高速鉄道について不断に認識を深めていく過程であり、さらに認識を統合し力を蓄積した過程でもあった。

長年にわたって、自らの高速鉄道を持つため、真の自らの高速鉄道技術を持つため、中国のたくさんの専門家や研究者が奮起して国家の富強を図り、「中華の星」や「先鋒号」「長白山号」など国産の動力分散式列車を相次いで研究開発し、スラブ軌道高速線路技術を掌握し、中国高速鉄道のブランドを打ち立てるため、外国の先進技術を導入し、吸収し、消化・再革新し、新たな条件を作り出し、重要な基

礎的役割を果たしてきた。

新華社はただちに、社会に向けて喜ばしいニュースを伝えた。ニュースの見出しは「京滬高速鉄道が年内着工の予定」で、サブタイトルは「全線の所要時間わずか5時間」だった。ニュースでは、完成すれば京滬鉄道が旅客と貨物の分離輸送を実現し、旅客輸送は時速300キロに達し、それによって中国の2大経済圏、北京・天津・唐山地域と長江デルタ間の貨客無障害輸送が実現すると伝えていた。

2008年1月26日、国務院第205回常務会議は京滬高速鉄道着工の報告を承認した。

4月18日、北京大興区の京滬高速鉄道北京特大橋の架橋位置施工現場には、色とりどりの旗が翻り、うららかな日差しが注いでいた。ダークブルーのジャケットに身を包んだ温家宝総理は労働者の代表と一緒にスコップで土を掘り、京滬高速鉄道の定礎式を行った。

この時、8台の大型ボーリングマシンが同時に動き出した。

18年近い科学的論証で、200項目余りの科学研究実験が順調に行われ、一連のカギとなる重要技術が全面的に飛躍した……京滬高速鉄道はついにこの春の日に全線着工となったのだ。

京滬高速鉄道は北京南駅から上海虹橋駅に至り、北京と上海という中国最大の経済規模を持つ直轄市を結ぶ。総投資額は2209億4000万元だ。

京滬高速鉄道は新中国成立後一度の

投資額規模が最大の建設プロジェクトだ。三峡ダム、青海チベット鉄道、「西気東輸（西部の天然ガスを中国東部沿岸地域に輸送する）」「南水北調（南方地域の水を北方地域に送る）」などの大プロジェクトと並び称せられるもので、人類の工事・建設史に書き入れられる資格を持つ。

この世界で一度の建設として最も長く、レベルが最も高い高速鉄道は、完全に中国が独自に建設するものだ。

ここから、京滬高速鉄道の大プロジェクト建設が正式に一般民衆の目に入ってきた。当日、各大手メディアはいずれもこれをトップニュースとして扱い、多くのインターネットサイトが特集を組み、コラムで追跡報道を行った。

温家宝総理が工事開始の合図を下すと、十数万人の工事関係者が迅速に沿線の工事現場に集まり、京滬高速鉄道建設の「大会戦」が始まった。全線上の作業人員は13万人を超え、現場に投入された機械設備は3万台（セット）近くに上った。ピーク時には、全線で毎日鉄筋1万トン以上、セメント3万5000トン、コンクリート11万立方メートルが投入された。

3カ月後、すなわち7月20日午前、京滬高速鉄道の上海虹橋駅および関連工事の定礎式が行われた。

上海虹橋駅は上海虹橋空港の西側に位置し、高速鉄道、飛行機、地下鉄、路線バスなど多種類の輸送方法が一体となった現代的な虹橋総合交通ターミナルの重要な構成部分だ。虹橋駅北端では京

滬高速鉄道、京滬鉄道、滬寧都市間鉄道を受け入れている。南端は滬昆鉄道（上海と昆明を結ぶ路線）、滬杭甬旅客専用線（上海と杭州、寧波を結ぶ路線）、滬杭都市間鉄道が乗り入れている。

駅は平らで四角く、重厚な建築スタイルを採用し、伝統建築の特色と現代建築の要素を併せ持ち、落ち着きと活力に満ちた建築効果を追求していた。駅内のデザインは大空間を配置し、プラットホーム無柱で上家ひさし設置技術を採用していた。空調システムには地熱エネルギーを利用した。屋根には局部的に太陽電池を採用した。さまざまな新技術、新たな設備を運用して駅内の騒音を低減した。旅客は駅を出ることなく飛行機、地下鉄、バス、タクシーなどの交通手段に便利に乗り換えができるようになっていた。

2010年11月15日、京滬高速鉄道の全線でレール敷設が完了した。

2011年5月25日、京滬高速鉄道全線開通直前、全国政協副主席で科学技術部部長の万鋼氏と国内30人のエンジニアリング界の著名な院士、専門家がCRH380A高速動力分散式列車に乗り込み、京滬高速鉄道の検査と評価を行った。

専門家チームは、以下の認識で一致した。京滬高速鉄道の状態は高度に平穏で高度に安定していることという要求を満たしている。通信・信号とけん引・供給電システムは安定しており信頼できる。CRH380型動力分散式列車は高速、高快

適性の要求に合致している。運行の安全保障設備は整い、運転プランも合理的である。各指標はおしなべて世界最先端のレベルに達している。

2011年6月30日、京滬高速鉄道は全線で営業運転を開始した。これは一度に建設された世界で最も長い、最もレベルの高い高速鉄道だった。それは北京、天津、河北、山東、安徽、江蘇、上海という七つの省・直轄市を貫いて、環渤海と長江デルタという2大経済圏を結ぶものだった。

京滬高速鉄道は中国の高速鉄道技術革新における成果の集大成であり、また現今の世界において最高技術レベルの高速鉄道だった。それは工事・建設、高速列車、列車制御、駅の建設、システム統合、運行保守、環境保護基準などの技術分野で一連の技術的イノベーションを行い、大量のイノベーションの成果を収めた。

京滬高速鉄道沿線には広範囲にわたって軟土、モリソル、深厚軟土が分布しており、このうち深さ38メートルの汚泥質粘土もあるなど不利な地質条件を持っていた。路床の沈降と構造の変形防止は高速鉄道建設が遭遇した難題の一つだった。施工中、工事技術スタッフは全線で19の典型的工事ポイントの杭基礎で実験と研究を行い、30万本余りの杭基礎に対し検証と改善を行った。路床完成後、沈降は最大2ミリを超えず、橋梁の基台は1ミリ以下で、15ミリ以下という制御基準を大きく下回った。軌道の幾何的性質の合格率は100%で、優良率は98%に達した。

京滬高速鉄道全線では104項目の重点制御工事があり、スラブ軌道は1298キロあり、沿線の70カ所の省級自動車道幹線をまたぎ、59本の在来線と交差し、26カ所で船が通る河川を越えるようになっていた。設計する際はできるだけ自動車道、在来線と同じルートを通るようにした。線路の最小曲線半径、最大勾配、レール間隔、トンネルの内空断面など主要技術の基準は、いずれも世界の高速鉄道でも最も高いレベルにあった。

中国工程院院士の王夢恕氏はフェニックスネット（鳳凰網）の記者の取材に対して次のように述べている。中国高速鉄道は全体的に国際的な先進レベルに達しており、安定性も良好である。例えば、北京と上海では温度差が大きく、京滬高速鉄道のレールは熱膨張・縮小は数キロに及ぶ。それを防いだだけでなく、軌間はプラスマイナス2ミリ以内を実現しており、高低差も2ミリ以内だ。

こんなデータがある。京滬高速鉄道全線には3万2000の橋脚があり、2万9251の900トン級橋桁、40万個のミリ基準のCRTS II型コンクリート・スラブ枕木が使われている。4066キロの架線は1メートル当たりの直線度誤差は0.05ミリ以下で、基準要求の0.1ミリを下回っている。これらの数字の背後には国家の総合的実力と京滬高速鉄道建設者のイノベーション能力を集中的に表している。京滬高速鉄道プロ

ジェクトの品質は一回検査合格率が100%
だった。

2011年6月20日、京滬高速鉄道開通
前夜に、中国人民銀行は特にパンダをデ
ザインした京滬高速鉄道開通記念コイン一
式を発行し、この偉大なプロジェクトを祝っ
た。このコインは2枚1組で、そのうち1
枚は金貨、もう1枚は銀貨で、2枚とも中
華人民共和国法定貨幣だ。

大地を飛ぶ虹

人民解放軍所属の歌手・蔡国慶が歌っ
た『北京の橋』の中に「北京の橋は千差
万別、北京の橋は多彩な美しさ……」と
いう歌詞があったのを思い出す。

実は、京滬高速鉄道で最も語るに値
するのも橋だ。京滬高速鉄道沿線の橋
は288基にも達し、橋梁全体の長さは線
路総延長の81.5%を占めており、全線で
1074キロが橋梁となっている。大地に虹
がかかるように、橋が連なり、京滬高速鉄
道全体が一つの巨大な橋のようでもある。
これだけでも、京滬高速鉄道は5万9070
ムー（約4000ヘクタール）の土地を節約
していることになる。

南京大勝関長江大橋、済南黄河特大
橋、丹陽－昆山特大橋など一連の世界的
橋梁プロジェクトは、いずれも京滬高速鉄
道によって誕生した。そのうち、南京大勝
関長江大橋は京滬高速鉄道全線における
重点制御的工事で、そのサイズが大きく、
橋脚間の距離が長く、荷重が大きく、ス

ピードが速い橋は、当時数々の世界一を
生み出した。

長江の南京区間に当たる大勝関は、元
末に朱元璋（明の太祖）が覇を争った陳
友亮にここで大勝したことからこの名が付
けられた。ここは川幅が広く、水深が深く、
流れが激しい。ここに建造された6車線
の高速鉄道大橋は、疑いもなく中国橋梁
建造における最高レベルを代表している。
南京大勝関長江大橋は数々の世界最高、
中国最高を打ち立て、中国橋梁建造技術
を世界最先端に押し上げた。

まず、サイズが大きい。大橋の全長は
9.27キロで、南京長江大橋2基分にさらに
武漢長江大橋を足した長さに匹敵する。
大橋は11の橋脚を有し、一つの橋脚は
バスケットボール・コート7面分に相当す
る。この橋の鋼桁の重さは8万2000トン
に達し、鋼材の量は武漢長江大橋の鋼桁
に使われたものの4倍に当たり、コンクリー
トの使用量は122万立方メートルで、南京
長江大一橋、二橋、三橋の総和に相当
する。

次に、橋脚間の距離が長い。六つの
連続鋼桁アーチ橋の主要橋脚間の距離は
336メートルあり、大橋の桁下空頭は32
メートルあり、1万トン級の大型船がスムー
ズに通行できるようになっている。

さらに、荷重が大きい。南京大勝関長
江大橋は京滬高速鉄道と滬漢蓉鉄道（上
海と武漢、成都を結ぶ路線）が川を渡る
ルートであり、同時に複線の地下鉄を搭
載する合計6車線の鉄道橋で、すなわち

南京大勝関長江大橋の建設技能者たち

6本の列車が同時に通行できる、世界最大の橋なのだ。大橋の最大反力は1万8000トンに達し、これは世界の高速鉄道で設計荷重が最大の大橋だ。

そして、スピードが速い。大勝関長江大橋は時速300キロの列車が通過するよう設計された、6線6橋脚の非常に大きな橋で、その列車通過速度は世界最高だ。

早くも2006年5月10日、京滬高速鉄道の重要な制御的工事である南京大勝関長江大橋がまず着工された。京滬高速鉄道全線が正式着工された時に、水面主橋脚と両側のアプローチ部分の橋脚が次第に姿を現し、現代的な大鉄橋が形作られていったのだった。

2007年10月17日、米国リーハイ大学のジョン・フィエル教授が名声を慕って南京大勝関長江大橋の工事現場を視察に訪れた。この国際橋梁構造工学会（IABSE）の有名な専門家は、この大橋の規模と技術の内容に驚嘆した。この工事は日本の明石海峡大橋の規模にも劣らず、21世紀の壮大なプロジェクトであり、国際的橋梁の発展に大きなプラスの影響を与えるものだと述べた。

2008年8月1日、日本の橋梁専門家で、IABSE元会長の伊藤學東京大学名誉教授が9人の日本の橋梁専門家を率いて、大勝関長江大橋の工事現場を視察に訪れた。視察を終えた伊藤教授は興奮した様子で、次のように述べた。「世界の橋梁の発展のプロセスから見て、1920～30年代には技術の発展の焦点は米国にあり、

40～50年代にはヨーロッパ各国の橋梁界の眼差しは中国に集まった。そして今、中国の橋梁建設の規模、技術レベル、とりわけ大橋脚間隔橋梁の建設レベルはすでに世界のトップに躍り出ている」

2011年1月11日午前、上海虹橋始発で、安徽省合肥、湖北省武漢に向かう44本の動力分散式列車が南京大勝関長江大橋を通過した。これはこの「世界最高の鉄道橋」である長江大橋の正式開通を意味していた。

記念式典が行われることもなく、ただ大橋の下をとうとうと流れる長江が喜びの声をあげ、歌を歌っていた。

この日の0時から、中国鉄道は新たなダイヤで運行され、南京大勝関鉄道大橋の使用が開始された。

上海虹橋駅から武漢、合肥方面に向かう11往復の旅客列車が大勝関鉄道大橋を通過するようになって、南京長江大橋鉄道橋を通過する列車を減らし、また運行時間が大幅に短縮された。

巨大な空色の鋼桁は、波のようなアーチを描いて空と川面の間に横たわり、人々の想像力を限りなくかき立てた。中鉄大橋局集団有限公司の責任者は誇らしげに、中国人は世界のどんな大河の上にも世界最大の橋梁を架けることができると語った。この企業の前身は鉄道部大橋工程局で、彼らの最初の作品こそはあの有名な武漢長江大橋だった。

武漢長江大橋は中国のランドマーク的建築であり、長江に架けられた最初の橋でもあった。

疑いもなく、現在の南京大勝関長江大橋もまた新中国のランドマーク的建築であり、一つの時代を象徴するものだ。

総理がやって来た

2011年6月30日は中国鉄道史上でも特別な日だった。

鉄道建設者たちの38カ月に及ぶ苦難に満ちた奮闘を経て、京滬高速鉄道が開通し営業運転を開始したのだ。

午後、北京南駅には祝賀ムードとお祭り気分があふれていた。電光掲示板の「熱烈祝賀京滬高速鉄道開通運営」の赤い文字が人々の目を引き、中国鉄道史上にまた一つ記念すべき意味を持つ時が到来したことを告げていた。

14時25分ごろ、温家宝総理、張徳江副総理が鉄道部党グループ書記で部長の盛光祖氏に付き添われて、広々として明るい北京南駅の待合ロビーに入って来た。

温総理はわざわざ回り道してロビー北側の旅行客の間にやって来て、微笑みながら一人一人と握手を交わした。彼は1人の旅行客に親しく質問した。「初めて高速鉄道に乗るんですか？皆さん上海に行くのですか？」。「私は上海に行きます」「私は済南です」と、旅行客は次々に総理に高速鉄道に乗る興奮した気持ちを伝えた。

待合ロビー全体が深い情誼に沸き立ち、数百メートルの距離を、温総理は7分余り

もかけて歩いた。総理の親しみ深い配慮に、人々はこの上ないぬくもりを感じた。

待合ロビーの旅行客たちに別れを告げると、温総理はホームの休憩室に向かった。ここには京滬高速鉄道の建設模型、南京大勝関長江大橋の模型、CRH380型動力分散式列車の模型が置かれ、四方の壁には写真や図版が掛けられ、京滬高速鉄道建設における中国鉄道独自のイノベーション成果が展示されていた。

建設模型の前で、温総理は盛部長から京滬高速鉄道建設と営業運輸状況に関する報告を聞いた。

京滬高速鉄道開通後、北京－上海間は最も速いもので4時間48分で結ばれ、以前に比べて5時間短縮され、環渤海と長江デルタという2大経済圏を1日で結ぶことが現実となった。

模型や写真は多くの鉄道建設者の優れた貢献を記録し、京滬高速鉄道建設の重要な成果を展示し、また中国鉄道独自のイノベーション、省エネ・環境保護の建設理念を体現していた。

温総理は興奮して、京滬高速鉄道の建設は現代交通運輸システムの完備、経済・社会の発展の促進、人々の移動のニーズを満たすことに対して重要な意義があると述べた。また、京滬高速鉄道は完成・開通したが、高速鉄道の安全な、科学的で秩序ある効率的な運行を実現し、京滬高速鉄道の効果・利益と役割を十分に果たすという、任務は依然として並大抵ではないと指摘した。

プラットホームには、中国が独自に研究開発したCRH380新世代高速列車が準備を整え出発を待っていた。

温総理は列車に乗り込み、運転室を訪れ、列車の現代的操作システムを視察し、列車の発車準備状況を確認した。

この列車の運転を担当したのは中国高速鉄道運転の第一人者、北京機関区動力分散式列車の李東暁指導運転士だった。

温総理は李運転士の手を握り、「前にも会ったことがありますね」と話しかけた。

2008年9月27日、温総理が京津都市間鉄道を視察した際、運転を担当したのがほかならぬ李運転士だった。彼のしっかりした技術は温総理に深い印象を残した。温総理は「あなたの技術はとても熟練しており、操作はとても正確で、しっかりと指差喚呼もしている」とたたえた。

14時59分、李運転士は背筋をぴんと伸ばした姿勢で敬礼し、「G1号列車出発準備完了」と報告した。

15時ちょうど、盛部長が出発指令を下した。

列車は静かに動き出し、ホームを出ると上海に向かって迅速に加速していった。

10分後、列車の速度表示は300キロに達した。

「高速鉄道の乗り心地はいかがですか？」温総理は傍らの老人客に親しげに話しかけた。老人は「私と京滬鉄道は縁が深く、50年前には大学に入学するため上海から南京に行きましたが、急行列車

京滬高速鉄道の南京大勝関長江大橋

で8時間かかりました。1968年に南京長江大橋が開通した時には、最初の列車に乗りました。そして今回、斬新な京滬高速鉄道を体験してみようとやって来たのです」と答えた。

ある若い乗客が話を継いで「総理こんにちは。私は路威と言い、中国農業科学院の学生です。この数年の間に、私は石太旅客専用線（石家荘と太原を結ぶ路線）、京津都市間鉄道、武広（武漢と広州を結ぶ路線）高速鉄道、滬寧高速鉄道の開通を体験してきました。わが国の鉄道の変化は本当に大きく、われわれ青年・学生はこれを心からうれしく思います」と話した。

温総理は「君はきょうまた、京滬高速鉄道の開通を体験したじゃないですか？」とユーモアたっぷりに語り、車両は笑い声に包まれた。

突然、乗客の中から若者の「中国速度！（チャイナスピード）」という叫び声が聞こえた。この車両に集まっていた少なからぬ鉄道ファンは、車両の前後にある電光掲示板の速度表示を見て興奮し、「中国速度！中国速度！」と連呼した。

呂という名前の乗客は温総理と握手をした後、この日の乗車券にサインをしてくれるよう頼んだ。総理は快諾してこの鉄道ファンの乗車券にサインをした。

21分後、G1号列車は廊坊に到着した。

温総理は下車した。

総理の背後を、高速列車が走り去って行った。

「京滬高鉄」の伝奇

2016年1月8日午前、中国共産党中央と国務院は北京の人民大会堂で、盛大に2015年度国家科学技術奨励大会を開催した。党と国家の指導者である習近平、李克強、劉雲山、張高麗各氏が大会に出席し、受賞者の代表に賞を授けた。京滬高速鉄道プロジェクトは国家科学技術進歩賞の特賞を受賞した。

京滬高速鉄道は一度に建設された高速鉄道として営業キロが最も長く、レベルが最も高いものだった。ここで時速486.1キロの世界記録を生み出し、開業後の4年半で旅客取扱量延べ約4億人という奇跡を作り出し、開業わずか3年で営業黒字の奇跡を実現したのだ。2015年12月31日までに、京滬高速鉄道では累計で36万7556本、1日平均223本の列車が運行された。累計旅客取扱量は延べ4億200万人で、1日平均では延べ24万4000人だ。2015年には1日平均の旅客取扱量が延べ33万5000人に達し、4月30日には延べ48万9000人を記録した。

京滬高速鉄道は一つの膨大な総合システムである。5大技術イノベーション、すなわち複雑な工事環境下での高速鉄道工事建造技術の革新、CRH380系高速動力分散式列車の研究開発、時速350キロのCTCS－3級列車運行制御システムの構築、高速鉄道運行の検知識別トータル技術の構築、中国高速鉄道技術発展モ

デルの革新を実現した。これらの技術イノベーションは機械、土木、電子、電気、材料、情報、測量制御など多くの学科分野に関わっていて、「高速鉄道技術の博物館」と言うことができる。

京滬高速鉄道は中国高速鉄道の技術体系を打ち立て、高速鉄道設計、製造、施工、検収、営業運転の技術体系と基準体系を形成した。京滬高速鉄道の技術体系は鉄道業界の技術の進歩を推し進める力になり、その成果は石武（石家荘と武漢を結ぶ路線）、滬昆、合福（合肥と福州を結ぶ路線）、寧杭（南京と杭州を結ぶ路線）などの各高速鉄道建設に幅広く応用され、中国高速鉄道技術イノベーションの「モデル・プロジェクト」となったのだった。

2013 年 2 月、京滬高速鉄道工事プロジェクトは国の検収に合格し、「全線営業運転は安全で安定しており、各検査・測定項目指標は安定的に関連指標の最優秀レベルを保っており、予定の建設目標を達成している」と判断された。このプロジェクトは国家発明特許 53 件、実用新案 116 件、意匠権 5 件、ソフト著作権 8 件を獲得し、国家級工法が 9 件、専門書が 14 部、論文が 235 編あった。

「京滬高速鉄道の工事技術イノベーションを通じて、中国は時速 350 キロの高速鉄道技術体系を成熟させて完備させ、時速 380 キロの高速鉄道技術の基本的検証を得て、全体技術は国際的にもトップレベルになった。動力分散式列車の最高設計速度、電車線架線の強度と導電率、平均運行速度などの技術指標はおしなべて世界トップになっている」と中国鉄路総公司の何華武チーフエンジニアは語っている。新世代 CRH380 型高速動力分散式列車は、すでに京滬高速鉄道の輝く「風景ライン」になっている。それが時速 300 キロで運行される時、毎秒 83 メートル進む。時速 350 キロでは毎秒 97 メートルで、まるで弓から放たれた矢のようだ。これはジェット機の低速飛行速度に相当するものだ！

専門家によれば、京滬高速鉄道が打ち立てた鉄道世界最高営業運転速度には二つの面での意義があるという。一つは、中国高速動力分散式列車が世界一流であること。もう一つは、京滬高速鉄道線路のクオリティーが世界一流であるということだ。

京滬高速鉄道はまた、中国東部地域の投資環境を大きく改善し、地域経済一体化の加速、産業構造のグレードアップの推進、都市化プロセスの促進および鉄道投融資の体制改革に大きな役割を果たすものだ。経済・社会の発展に強大なグリーン、低炭素輸送のサポートを提供し、沿線の人々に安全で、便利な、心温まる移動環境を提供するものだ。

京滬高速鉄道線の陽澄湖付近を走る高速列車

北京高速列車検査整備基地の高速列車編成場

第3章

中国の高速鉄道のモデル

中国鉄道という大樹の根を下ろさせ、外国の先進技術を接木し、豊かで大きい実を結ばせる。最も少ない代償、最も短い時間で中国高速鉄道の夢を実現することは、中国の鉄道人の賢明な選択だ

1881 年、胥各荘修車廠
（汽車製造工場）で製造
された中国初の蒸気機
関車「ロケット号」

　高速鉄道は今日のハイテク技術の集大成で、鉄道の現代化と人類文明の結晶のシンボルであり、一国の総合国力を反映している。

　歳月が 21 世紀の扉を潜った時、世界経済発展の横座標において、高速鉄道は時代のシンボルとなり、世界中の一部の先進国と地域の経済急成長のブースターとなった。

　しかし、この時の中国鉄道は立ち遅れていた。鉄道が国土面積に占める割合は世界の 60 位の後ろで、客車の設備製造の水準は先進国の 1970 年代の水準にすぎなかった……

　先進国と比べ、中国の機関車車両製造業のスタートは遅い。1881 年、唐胥鉄道（唐山炭鉱から胥各荘までの全長 9.67 キロの路線）の輸送の必要に適応するために、胥各荘の汽車製造工場は英国人エンジニアの指導下で「ロケット号」という 2 軸蒸気機関車を組み立てた。新中国成立以前、中国の機関車は主に米国、英国、日本などの国から輸入し、その型式が 200 種近くあり、「機関車の万国博覧会」とも言われた。新中国が成立して初めて、自国の力で、「建設型」「人民型」「前進型」の 3 種類の蒸気機関車を設計し製造した。

　1960 年代から、中国は電気機関車、ディーゼル機関車の自主開発を始め、その型式が 30 種、台数が数万に達し、研究開発した幹線と地下鉄の動力ユニットも数十種あった……。だから、中国は豊富な経験・教訓を積み重ねると同時に、確固たる発展基盤を築き上げた。

　中国鉄道はいかに努力して先頭に追い付くのか？巨大市場としての優位性をいかに活用して、世界の最先端技術を勝ち取るのか？市場は自分たちのものだし、巨大な内需も自分たちのものだから、市場シェアを過度に失わない限り、技術をうまく取り入れ成熟させ、自主開発・イノベーションを行えば、この広大な世界は依然として自分のものだ。

　いかにして自国を中心とすることを堅持し、後発の優位性を十分に生かし、人類文明の進んだ成果を積極的に取り入れ、導入・消化吸収してから再革新する道を歩むのか？中国鉄道という大樹の根を下ろさせ、外国の先進技術を接木し、豊かで大きい実を結ばせる。最も少ない代償、最も短い時間で中国高速鉄道の夢を実現することは、中国の鉄道人の賢明な選択だ。

上図　「建設型」蒸気機関車

中図　シリンホト（錫林浩特）駅を
　　　出る「前進型」機関車

下図　「人民型」蒸気機関車

大国技術と中国市場

いわゆる「ハイテク技術の集成」とは、すなわち構造化配線システムおよびコンピューターネットワーク技術を利用して、バラバラの状態の設備、機能、情報などを互いに関連性のある、統一的なシステムに統合させることにより、運営や受理にあたっての集中性、効率性、簡便性を実現することである。この技術を応用した「高速鉄道技術システム」には、主に建設工事・通信信号（列車運行制御）・電力供給・高速列車・旅客輸送サービス・運営管理などの六つの各サブシステムと運営保守システムが含まれる。

そもそも高速鉄道は先進的技術（大国技術）として、ドイツ、日本、フランスなどの国が常に一歩世界をリードしてきた。また高速鉄道の産業化もこれらの国がいち早く実現させた。高速鉄道の技術交流

ということで言えば、中国はこれらの「先輩」を目の前にしながら「高速鉄道のハイテク技術」をほとんど獲得できなかった。反対に、中国に「市場開放」を要求するのはこれらの国の主要な訴求ともいえる。中国は過去の経験として、例えば自動車の分野で「市場をもって技術と交換する」ことを強調したが、その結果として、市場を失っただけでなく、技術も入手できなかった。すなわち、今中国の道路を走っているのは、ほとんどトヨタ、メルセデスベンツ、フォードなどの外国車で、中国の国産自動車メーカーは庶民の生活に無縁なままである。

この失敗の経験を考えると、中国は高速鉄道にいかに大国技術を導入したらいいのか迷うようになった。

大国の技術障壁

　ここにある一つの話をご紹介しよう。
1812 年の夏、青々とした大西洋の海面は
非常に穏やかであった。米国の商人、フ
ランシス・カボット・ローウェルとその家族
を乗せた客船は、広い海面を米国に向
かってゆるやかに航行していた。すると突
然、英国海軍が目の前に現れ、この客船
の航行を阻止した。英国海軍はすべての
乗客と船員をカナダのハリファックスにある
英軍基地に抑留した。ローウェルには動
力紡織機械の設計図を窃盗した嫌疑がか
かっていたのだ。しかし、係員がローウェ
ルの荷物を何度も徹底的に捜査したが、
ついに証拠を発見できなかった。実際に
は、ローウェルは確かに設計図窃盗罪を
犯していた。ところが、用心深い彼は設
計図を脳裏に写していたのだ。このため、
ローウェルはこの危機から逃れた。

　17 世紀のブルジョア革命の後、英国は
手工業が迅速に発展し、18 世紀の中期
には、世界最大の資本主義植民地国家
となった。海外市場の拡大につれて、当
時の手工場の生産能力では日増しに成長
する需要に応じ切れなくなった。18 世紀
の 60 年代、ジェニー紡績機と水力紡績機
が相次いで発明された。80 年代には、水
力織機の発明によって織物の効率が大い
に高まった。ところが、水力によって機械
を駆動させる方法は、自然条件によって
制約されるため、より便利でより効率的な
動力が要望された。ここにワットによって蒸
気機関の偉大な発明がなされ、1785 年に
は、蒸気機関は織機の動力に使用され始
めた。

　この動力織機の設計図は大国技術とし
て世界に有名となった。この大国技術は
動力システム、冶金プロセス、機械製造
などの技術、また工業系統の多業界にわ
たっているため、巨額の利益をもたらした。
これらの先進技術を握る先進国は、このよ
うに国家利益を優先し、必死にその技術
を他の国から守り、技術の外部流出を防
止するのに精一杯であった。

　それにもかかわらず、野心満々の米国
はこれに追い付き、さらに追い抜いた。多
種多様な手段によって、ついには英国人
の独占状態を打ち破り、これらの大国技
術を世界技術にし、人類の歴史における
画期的な産業革命を成し遂げた。それに
引き続きすぐ、世界各国における冶金、
鉱業などの工業部門もいち早く機械生産
や蒸気機関動力を導入し始めた。19 世紀
の上半期には、機械生産はほぼ手工業に
取って代わり、産業革命は世界的範囲に
拡大した。

　高速鉄道は近代における人類の科学技
術進歩の重要なシンボル的存在で、新学
科、新技術、新材料および新工法の集大
成であり、「大国技術」とも称される。一
編成の高速列車には、4 万 5000 個ほどの
部品が必要であり、ほとんどの機械・電気
製品のすべての領域をカバーする。高速
鉄道は冶金、通信、電子、情報、材料、
航空、宇宙、環境保護、コンピューター、

原材料などの各産業に関わり、空気力学、高速鉄道鉄輪系統動力学、金属と非金属材料軽量化技術、交流駆動と制御技術、電空協調制御技術、摩擦緩和・騒音低減技術、オートエアコンと気密性技術、コンピューターネットワークの制御および自動診断技術、人間工学などの一連の現代先端技術分野や最新科学技術の成果を集めている。現代新駆動動力、高性能軽量車両、高質回路、運行制御、輸送組織および経営管理などの各方面にわたる技術の進歩を集中的に反映している。

社会発展の歴史を概観する場合、歴史学者は道具の変革によって歴史段階を区分する。確かに、大国技術は先進技術であるだけではなく、技術革命の発展方向も明らかに示している。専門家は、「高速鉄道時代」の到来、交通手段の大きな変革に伴い、必ず伝統的運送方式や伝統的経済版図の新たな再編を引き起こすと予言する。

歴史を振り返って見ると、2000 年にわたる長い間、中国はずっと世界をリードしてきた。16 世紀以前、人類生活に影響を及ぼした主要な科学技術上の発明は約300 アイテムあるが、そのうちの 175 アイテムは中国人によって発明されたものである。まさにこれらの重要な発明や発見によって、農耕、紡織、冶金、手工業製造技術において、中国は長期にわたり世界の先進レベルを保持してきた。

中国は一度衰退したとはいえ、再び勃興している。発展途上国の一つとして、中国は工業化の中期的段階にあり、先進国に比べて、まだその差は大きい。しかし、世界の経済発展の歴史を見れば分かるように、後進国が先進国をモデルとし、先進国に学び、まねることで、技術の導入や革新、未来の産業構造に関する計画および関連組織体系の設立などの面において、時間や資金の節約をすることができ、目標の達成や目標超えが可能となった。この現象は専門家によって「後発優位」と呼ばれる。

第 2 次世界大戦後の日本を振り返ると、自動車や鉄鋼の国際化レベルは非常に高く、重化学工業は比較優位が見られなかった。一般経済学理論によれば、自動車や鉄鋼は発展の重点になるべきではない。一方、紡織や雑貨にはかなり高い比較優位があり、主要な輸出産業となるべきであった。しかし、日本政府は長期的見地から見ると、紡織品は世界貿易総額における比重が次第に減少しており、機械類の輸出比例は上昇しつつあるのを見て取った。重化学工業は 10 年、あるいは 20 年の発展の後、その比較的優位に立てることを意味している。この予測から1945 年以後、日本は軽工業ではなく、重化学工業に重点を置き、一連の保護政策によって、最終的に経済の高度成長を成し遂げた。

しかしながら中国は、大国技術を導入し消化する過程において失敗した経験も多い。自動車がその一つである。1990 年代、中国の自動車産業は先進的な製造

技術が急ぎで必要だったが、自主開発では、世界の自動車の発展のスピードには明らかに追い付いていけない。しかし中国の今日の状況はといえば、自動車市場はもはや外国の先進自動車製造企業の紙幣印刷工場と化している。これらの外国企業は中国で自動車を生産し、中国市場で販売することによって、大量の紙幣を自分の懐に入れた。これに対して、中国自主ブランドの自動車の研究開発はますます困難な境地に陥り、自身の技術レベルはほとんど上昇しなかったと言っていい。

高速鉄道は 1964 年に日本に誕生し、時速 210 キロの記録を作り、その後も西側諸国で 40 年余りの長い発展過程を経たが、運営時速は終始 250 キロ前後にとどまった。このことはこれらの国で民間航空や高速道路が比較的発達し、高速鉄道に緊急かつ大きな市場のニーズが欠けていたことが関係していることが明らかだ。ところが、中国は広大な国土、巨大な市場、民衆の需要および急速に発展する国民経済などが、いずれも鉄道の急速な発展、高速鉄道を求めていた。

中国は東西南北縦横 5000 キロもあり、資源や工業配置が甚だ不均衡で、大量の貨物の運搬は、鉄道によらなければならない。中国はまた人口大国で、地域経済や農村と都市の経済発展の不均衡もあり、1 人当たり国民所得も比較的に低く、大量の中長距離の人の移動は主に鉄道に頼っている。中国は 1 人当たりの耕地面積が少なく、石油の対外依存度も高く、社会全体の持続可能な発展を実現するためには、鉄道大動脈に大いにその役割を期待せざるを得ない。

当時の鉄道部の何華武チーフエンジニアは、「中国はその国情から、大量の運搬量、低エネルギー消費で土地面積の節約可能な高速鉄道の迅速な発展が必要である」と述べている。毎年、中国の鉄道は運輸システムのわずか 20％のエネルギー消費で全運輸システムの 50％の輸送量を達成している。高速鉄道の発展は中国が成長モデルの転換、持続可能な成長を実現するための必然的選択である。

ここで鉄道の大量輸送能力を実現するためには二つの道しかない。一つは輸送量の増強であり、もう一つは高速化の実現である。ところが、旅客輸送にとっては、輸送量の増加よりも高速化がもっと重要であることは明白である。しかし中国の鉄道が時速 55 キロの低速運行から、時速 300 キロひいては 350 キロの高速化の実現を図ることは、当時の技術条件や国力の限界により、「アラビアンナイト」の物語のように、不可能に近かった。また、長い期間、鉄道は国家の基礎産業として、建設の計画や資金の提供の面ではすべて国家の投資が必要だった。これは投資多元化の矛盾をある程度回避したが、単一の投資は鉄道発展を制約もした。先進技術の導入、消化および独自開発に至っては、論争や異なる意見がずっと存在していた。いかに中国の広大な市場の優勢を生かし、世界の先進技術を導入・消化するか？いか

に独自開発によって民族産業を発展させ、先進的な技術の強みを勝ち取るか？そこで「市場をもって技術と交換する」という命題が再び水面に浮かび上がり、人々の目の前に現れた。

いわゆる「市場をもって技術と交換する」とは、つまるところ、いかに中国市場の優位性を発揮させるかという問題である。

中国の唯一無二の特徴は広大な国内市場を有することである。もし広い視野から比較優位を見れば、中国の市場規模は現在と未来において依然として重要な優位性であり、これは労働コストよりもさらに長く持続可能な比較優位であると言える。率直に言えば、巨大な国内市場の潜在力は中国の「切り札」として、中国企業の国際市場参与に重要な「底力」を提供する。同時に国内の自主開発能力育成のための必要な時間、技術および基礎的管理などの資源獲得のための最も有力な交換条件である。中国が国内のサプライヤーにますます注目するようになったことに伴い、この「交換条件」は、中国で業務を展開しようとする外国企業に中国への先進技術の移転—たとえそれが部分的移転または条件付き移転であっても—を促すため最も有利な条件となった。ある外国の投資家は「中国は有利な交渉条件を有する。それは中国が現代の世界における唯一の正常に運営されている大市場であるからだ」と言っている。国情および国際的環境から見れば、「市場をもって技術と交換する」方法が依然として中

国の自主開発のプロセスにおける一つの選択肢であることは疑いもないことである。特に甚だしい技術的劣勢下にあり、短期間にはたとえ部分的なブレークスルーであっても難しい産業にとってはなおさらである。同時に、独創性に基づく自主開発や導入、消化・吸収、再革新の過程においても、初級段階の基礎的方法としてこの手段に依拠する必要がある。実践が示している通り、「市場をもって技術と交換する」戦略を実施し、大国技術を導入する際に、必ず中国の国情を考慮し、中国の特色ある大国技術の「導入、消化・吸収、再革新」の道を歩まなければならない。この過程において、発生する数多くの問題を検討し、実践するなかで認識し、解決する必要がある。例えば、中国自らの技術と外国の先進的技術の互換性をいかにして実現し、学習・参考、消化・吸収の過程においていかに真にコア技術を身に付け、最終技術の持続的優位をいかに保つかなどである。

中国中車集団有限公司（以下、中国中車と略す）の丁叁叁チーフエンジニアは次のように考える。「供給サイドについていえば、これは経済発展の内発的推進力の需要および国家戦略の有力な支えである。需要サイドについていえば、中国は国土が広大で、人口が多く、人々の流動が頻繁である。外国技術の導入、消化・吸収と自主革新は高速鉄道の迅速な発展に実行可能なルートを提供する」

国際高速鉄道の「三国演義」

2004 年 4 月 9 日、この日は中国高速鉄道の発展史に刻まれるべき日だ。

春うららかに花開く北京。国務院は会議を開き鉄道機関車車両設備に関する問題について専門に検討した。この会議で「先進技術を導入し、共同設計・共同生産によって中国ブランドを立ち上げる」という基本方針が確認された。高速列車を突破口として、輸入の割合を抑え、国内で部品を組み立て、国内で生産するという高速鉄道プロジェクトの運営モデルを策定した。時速 200 キロからスタートし、導入・消化・吸収・再革新を経て独自開発を実現し、ついには時速 300 キロあるいはそれ以上の高速走行を可能にする。

外国メディアによれば、ある意味において、高速鉄道の建設と運営は一国の科学技術の実力を反映するという。真のグローバル競争は、鉄道がディーゼル機関車時代、電気機関車時代、特に今の高速鉄道時代にまで発展した時からあったのだ。中国政府がその会議において下した決定は、「金銭と市場」という二つの車輪を回転させて走り、中国高速鉄道の発展を目指すという志を示したものだ。

中国が高速鉄道の発展を目指すとき、他に頼らず自力で模索するとなれば、多くの時間を要し、コストもかさみ、技術的にも遠回りをしてしまう恐れがある。そうなると、発展のチャンスを逃がし、先進国に大きく後れを取ることになる。一方、完全に外国企業に依存するとなれば、価格操作されるばかりでなく、徐々に国内市場も奪われるようになる。そうなると、中国の設備製造産業の発展は停滞してしまう。

国務院が決定した鉄道設備現代化の方針に従って、鉄道部が真剣に議論し、十分に論証したうえで、具体的な実施案を策定した。それは、世界の中でも最先端の、最も安定し、信頼できる技術を追求していくこと。鉄道部が主導し、国内の企業を主体とすること。コア技術の掌握を目指して、中国の巨大市場を活用し、国内の科学研究、設計、製造を行う各企業との連携を図ること。低コストで先進技術を導入し、その技術を吸収しながらさらなる技術革新を図ること。国内生産の実現に向け、3 年から 5 年のうちに中国ブランドの先進技術設備を創り上げること。以上の各案である。

当時、高速鉄道技術の研究開発をリードしていた国は日本、ドイツ、フランスの 3 カ国であった。

1959 年 4 月 5 日に着工された、世界初の本格的な高速鉄道である日本の東海道新幹線は、5 年の歳月を費やして完成し、1964 年 10 月 1 日に開通した。それが世界高速鉄道時代の幕開であった。

その後、フランス、ドイツが次々と高速鉄道を建設し始め、ドイツのシーメンス、フランスのアルストム、日本の川崎重工の 3 社を中心に、それぞれ高速鉄道技術のシステムを作り上げ、東京、パリ、ベルリンなどの都市密集地域に高速鉄道網を整

備した。3カ国それぞれに長所があり、技術水準は互角だった。フランスのTGVは先進の技術を誇り、ドイツのICEは伝動装置の技術が一歩抜きんでていた。日本の場合は新幹線の運営および管理ノウハウに秀でていた。

1990年代、中国政府が高速鉄道の建設計画を打ち出して以来、高速鉄道技術の最も発達していた日本、ドイツ、フランスの3カ国は激しい競争を繰り広げた。当時、3カ国は経済、外交、文化および政治などあらゆる手段を使ってPR活動を展開した。その間、これに関したちょっとした情報があると、日本、ドイツ、フランスのメディアは大々的に報じた。

早くも1992年には、鉄道部は「高速鉄道弁公室」を設け、多くの専門家を集めて世界の高速鉄道、特に、高速列車に関する技術の発展と進歩について追跡し研究を始めていた。四方（青島四方機車車両）、長客（長春軌道客車）、唐山（唐山軌道客車）などの軌道客車製造企業は地下鉄、都市軌道車両などの研究開発プロジェクトを通して、この3カ国の企業との交流、協力を積極的に行い、人材育成、技術の確保、工業化改良において、大いなる進展を遂げた。

中国は世界最大の高速鉄道網の整備を計画していた。『中長期鉄道網計画』によると、今後15年間に2兆元を投じて、1万2000キロの高速旅客専用路線を建設する。改訂された計画では、2020年までに高速鉄道路線は1万6000キロを超える

ことになり、全長は北京とロンドンを往復する距離になる。

海外のメディアによると、中国政府は今後数年間、新しい鉄道の建設と旧鉄道網の再整備のために、年額1000億ドル以上の予算を計上すると決めた。世界銀行（WB）の推計では、その数字は同期の世界の鉄道投資金額の半分以上を占めると予想され、この魅力的な市場には、世界中の鉄道関連企業から関心が寄せられていた。

2004年7月、当時の鉄道部副部長の陸東福氏はメディアに対し、中国の鉄道建設コンサルタントの市場の開放について次のように語った。時速300キロ以上の鉄道建設においては外国側が技術の総責任を負う設計コンサルタントと施工監督を含む、中外合作の国際建設コンサルタントを導入する。時速200キロ以上の鉄道建設では、中外合作を採用して、難点建設コンサルタントの施工監督管理を含む総監を外国側が担当する。

その当時、中国企業が担当できるのは路床、橋梁、レール、枕梁、給電架などの基礎部分の施工と生産であり、高速鉄道の中核部分の技術はまだ持っていなかった。列車、通信、信号、給電などのシステムは国外から購入するしかなく、プロジェクトの設計、施工監督管理などの専門的分野では国外技術機関と協力する必要があった。

専門家によると、ブレーキシステム、動力システム、車両の技術、自動制御シス

テムという四つのコア技術において、ドイツ、フランス、日本は優劣がほとんどない。最終的には価格と技術移転という二つの要素が決め手となる。中国高速鉄道の長期的な発展からみれば、後者こそが肝要だ。

技術の導入と国産化の結合をいかに最もうまく実現させるかは中国高速鉄道にとって避けられない重要な課題だ。中国は外国の先進的な技術を導入する過程において、導入した技術を国内にいかに馴染ませるかが重要だと専門家は語る。

中国がどの技術を基盤として高速鉄道を敷設するかをめぐる論争は、実際に現在の世界で一番先進的な鉄道技術を持っている3カ国間の中国市場に対する争奪戦に反映された。中国の鉄道市場は高速鉄道の構想が浮かんだ時点から、日本、フランス、ドイツという3カ国が争う構図となった。京滬高速鉄道を例にとると、このプロジェクトを手にすれば、100億ドルの利益をもたらすと予想される。日本は、中国に新幹線の技術を推奨するため、1995年に政府と民間が共同で「北京―上海高速鉄道計画協力推進の委員会」を立ち上げた。

この3カ国の中で、もともとドイツは少し優位に立っていた。ドイツは鉄輪の技術が優れているのみならず、世界で一番先進的な磁気浮上式鉄道技術を有していた。客観的に見れば、中国は二つの優れた鉄道技術を持つドイツと一括商談を行えば、今後の鉄道網の全体的な計画、実施がス

ムーズに運ぶと思われた。しかし、事はそううまくはいかなかった。

当時（2004年4月、国務院が先進的な技術を導入することを決定した時）の状況から見れば、ドイツ、フランス、日本はいずれも鉄輪技術に優れていて、技術、工事見積、運営費用、輸送量と速度の面においてあまり差がなく、ブレーキシステム、動力システム、車両の技術、自動制御システムの面においても互角だった。

世界の高速鉄道の技術水準から言えば、フランスのTGVの技術が先進的だと認められていた。フランスは高速鉄道技術の輸出経験が最も豊富で、シェアが大きく、九つの国または地域をカバーしている。時速270キロの高速列車の市場シェアでは85％を占めている。それに次ぐドイツはICE技術の伝達部分において一歩リードしている。日本は新幹線の運営経験と管理において優位にはあるものの、輸出については2000年に台湾に高速列車を輸出したのみで、輸出実績の乏しさは否めない。

技術移転において、フランスのアルストム社は中国にフルセットでの導入であれ、部分的導入であれ、いずれも中国が決定していいと提示したが、日本は線路、車体、信号、制御という四つのシステムのフルセットでの導入を求めた。

アルストム社は漸進的技術移転においては経験豊富で、前後してスペイン、英国、韓国に、高速鉄道の敷設において必要な技術、工業と管理を移転し、また

工場の建設、技術者の養成に技術的サポートを行うなどの協力をした。同社はユーザーにすべての技術を移転することを承諾した。

　3カ国が高速鉄道技術において覇を争うなか、フランスとドイツは手を組んだが、日本は孤軍奮闘だった。フランスとドイツの高速鉄道の技術は世界一流で、英国海峡を横断するユーロスターという国際列車がこの技術の象徴であった。日本が中国に多くの優遇条件を差し出すと、フランスとドイツも中国に好条件を提示した。その時点では、中国はどの国の技術を導入するかをすぐには決められなかった。中国にとって最も重要なのは技術の移転だ。中国側から見て有効に働く技術移転であり、しかもそれを存分に差し出してくれる国でなければならない。その国こそが中国でのより大きなシェアを手にできるのだ。

中国高速鉄道市場をめぐる争奪戦

　2004年6月17日、すがすがしい初夏の北京。

　鉄道部の党グループ機関紙『人民鉄道』と「中国購買・入札募集ネット」は同時に次の入札募集の公告を発表した。「中華人民共和国鉄道部は時速200キロの動力分散式列車を購入する予定があり、その数は延べ200本。内訳は、電車の全体輸入と部品輸入がそれぞれ10本と20本、国内で組み立て、製造する電車が170本」。その公告は入札企業および入札者の資格を明記しており、入札者は国外からの先進的な技術サポートのある国内の企業に限るとある。

　公募入札は、中国の鉄道市場の扉を開くことを意味する。この入札公告の意義は、今後の商談を中国鉄道市場全体として一括して行うところにある。1本の列車も、一つの部品も切り離さない。35社の機関車の工場と各鉄道局は一心同体で、企業間の入札時の不正競争も避けられる。鉄道部が商談や発注などの唯一の窓口だ。こうした状況の中で、どの国際的な巨頭であっても、中国市場に進出するには以下の三つの要件が揃っていなければならない。つまり、中核技術の移転、優遇価格、中国ブランドの使用である。

　入札・応札から開札・入札審査と落札まで、『中華人民共和国入札・応札法』などの法律・法規と国際慣例に準じて行う。公開、公正、平等という原則を守る。入札の公募の過程において、中国は各国の技術を見極め、国外技術移転の内容、進捗、効率についての厳しい規定をもって臨む。中国のPDL（Passengers Dedicated Line、旅客専用線）プロジェクトを請け負う企業が全面的かつ系統的に国外の先進的な技術をマスターするように、国外の取引先はすべての先進的な技術を供与し、国内の企業に技術のサービスとトレーニングを提供しなければならない。そうして国内企業の設計、製造、品質管理を担任する関係者の技術レベルをアップさせる。

　多国籍企業が中国高速鉄道の巨大な市場に魅力を感じていることは明らかだ。一旦受注すると、中国市場において技術を供与する側となり、その後は車両販売に限らず、さまざまな部品の受注が続くことになる。ドイツのシーメンス、フランスのアルストム、日本の川崎重工、カナダのボンバルディアの四つの世界高速鉄道技術の大手は巨大な中国市場を前に、腕を鳴らし手ぐすねを引いていた。

　外国の多国籍企業はいずれも「創業100年以上の老舗企業」であり、実績十分であるのに対して、国内の車両工場はかなり見劣りがする。ある入札プロジェクトのみによって最先端の技術を国内企業に移転させるのが非常に難しいことは明らかだ。小さな魚が大きな鰐にどうやって対応するというのか。中国企業は多国籍企業に比べるといかにも貧弱だが、中国鉄道市場全体は非常に巨大で、もし「中国兵団」を組んだなら、多国籍企業と十分に渡り合える力量を備えることができる。

　真っ白な交渉テーブルを前にして、着席している人たちの表情はさまざまであった。控え目で礼儀正しい日本人は頻りにうなずき、ロマンチックなフランス人は明るく微笑んでいる。クールに構えるカナダ人は顔色一つ変えず、あの哲学者を輩出したドイツ人は「哲学式」の高潔さを保っていた。ドイツ人としては、このドイツの一流高速鉄道技術こそがもってこいの買いもののように思えるのであった。

　交渉時に、中国側は「戦略的バイヤー」作戦をとり、「兵法は偽りを厭わず」というテクニックを活用した。「一晩でフランスのアルストム会社のオファー額を15億元も値切る」という語り草ともなる交渉術を披露した。

　日本はずっと中国の高速鉄道市場を独占しようと考えていた。日本の多くの商社は関連部門、チームを組織し、このプロジェクトの開発に取り組んだ。例えば、三井物産、丸紅などの商社は大量の資金と物資を費やし、政府主導、民間受注という形で中国高速鉄道のオーダーを獲得しようとしていた。

　しかし、そのとき中国鉄道部が真に望んでいたのはドイツのシーメンスの技術だった。ドイツシーメンス社の時速350キロの「ヴェラロE」高速列車は現在世界の商業運行鉄道中、最速で、しかも馬力のある優れた高速列車の一つだ。中国はドイツとの提携によって中国高速鉄道の建設を推進しようと考えていた。このことはすでにドイツ側も見通していて、交渉の初期に、中国側に驚くほど高い値段の見積りを出した。それは各試作車の価格が3億5000万元、技術移転費用は3億9000万ユーロ（39億元に相当する）に達していた。加えて、入札書の中で彼らが応じないとする項目が50を超えていた。

　鉄道部の交渉代表は、もし試作車の価格を2億5000万元以下、技術移転費用を1億5000万ユーロ以下に下げなければ交渉決裂となる、と強く言い放った。ドイツ人は肩をすくめながら、どうしようもないと

いう顔をして見せた。シーメンス社の交渉団は唯一中国側に歩み寄ったりしない者たちだった。彼らは自信に満ちていた。

　中国側は資金と予算の差が大きすぎたために、やむなくシーメンスとの提携を中止し、次善の策としてフランス技術、カナダ技術、日本技術を含めた他の協力者を求めることにした。何度かの交渉を経て、最終的に中国は日本技術を主とした多方面の合成技術である時速250キロの新幹線技術を採択した。つまり、日本側の誇る東北新幹線技術だった。

　日本の川崎重工は最初から積極的な姿勢を見せていた。まず、中国側は日本高速列車の700系および800系の最新技術を持つ日本車輌製造（日車）および日立製作所と交渉したが、日車と日立はいずれも中国への車両販売と技術移転を拒んだ。鉄道部は日本鉄道の重要な製作・開発企業である川崎重工を誘致した。川崎重工は社内での激論の末、日車、日立および東日本旅客鉄道株式会社の反対をよそに、中国への高速列車の販売と技術移転を決定した。

　その要因を探るに、一つは川崎重工自身の生き残り作戦としての決断であった。日本国内の鉄道需要がすでに飽和状態にあったため、海外へ進出するよりほかなかった。それに加えて、厳しい経営状況にあり、倒産の危機に瀕していた。高速鉄道の技術は他国が容易に受け入れることができる類のものではないうえ、中国では地下鉄・都市交通システム

においても日本の技術を必要としており、その巨大な市場も川崎重工の存続にとって欠かせないものだった。もう一つは中国側からの圧力だった。契約の締結にあたっては、中国側は技術移転を必須の条件としており、もしそれがのめないのなら、シーメンスあるいはボンバルディアの技術にする、と中国側は日本側に圧力をかけたのだった。こうした状況から、川崎重工グループは時速250キロ以下の高速鉄道の技術を全部中国に移転することに合意した。

　「ドイツ人はまた中国の回転ドアから出た」とメディアに報道された後、世界の主だった株式市場でシーメンスの株価が暴落した。世界で最大、そして最速の発展を遂げていた中国高速鉄道の市場を放棄したのが戦略的なミスだったことは明らかだ。シーメンスの関連役員が辞表を提出し、交渉チーム全員が首になった。

　1回目の入札で最大の勝者となったフランスのアルストムは、当時経営不振が続いて莫大な債務を負っていて、2003年8月にパリの裁判所に破産保護を申請していた。しかし、2004年中国の6億2000万ユーロの発注により、バラバラに解体される運命をたどるはずの会社が救われた。アルストムは所有していたAGV高速列車7項目の中核技術を中国に移転した。

　2004年10月、川崎重工業は「日本企業連合」を代表して、中国の鉄道部と鉄道車両の輸出、技術移転についての契約を締結した。中国側は川崎重工業に60

本の時速 200 キロの高速列車を注文した。総額 93 億元。契約によると、幾つかの中核技術を中国に移転することとなっていた。そのうち、3 本は日本での完成車両。6 本は部品の状態で引き渡され、中国側でコンプリートノックダウンで生産された。残りの 51 本は青島の四方機車工場によりライセンス製造された。また一部の高度な技術を要する部品については日本から輸入した。

この年の冬、中国に初めて世界高速鉄道の先進技術がもたらされた。世界の最先端にある高速鉄道技術ステージに立ち、脚光を浴びる日が来たのだ。

面白いのは、中国と川崎重工業との時速 250 キロの契約締結によって、中国市場が日本の技術に独占されてしまうという状況にあって、窮地に陥っていたシーメンスは、翌年の中国鉄道部第 2 回の時速 300 キロ以上高速鉄道プロジェクトの競争入札をきっかけに、中国に戻ってきた。見積もりは 3 年前の時速 250 キロプロジェクトよりも安かった。試作車価格が 1 本 2 億 5000 万元まで下がったうえ、コア技術も 8000 万ユーロでの移転という話だった。結果として、中国側が提示した技術移転と価格の案を受け入れたシーメンスは、唐山軌道客車と連携することになった。こうしてシーメンスの技術を中国に導入できたのは、シーメンスが技術移転の費用を大幅に減じたからだった。

また、外国のメディアによれば、2005年 11 月、シーメンスは中国に 60 本の高速列車を 6 億 6900 万ユーロ（63 億 1000万元相当）で提供するという巨大な注文を受けることができた。胡錦濤国家主席のドイツ訪問中、シーメンスと中国鉄道部がこの契約をベルリンで締結した。これにより、ドイツは中国の高速鉄道プロジェクトの受注争奪戦で、他国を一歩リードした形となった。シーメンスが中国側に移転し、または中国側が共有するようにできたのは、一般的組み立て、車体、ボギー台車、けん引変圧器、インバーター、主電動機、けん引制御システム、列車ネットワーク制御システムなど八つの技術であった。高速鉄道における各分野の重要技術がほぼ含まれていた。

ドイツ側の 1 回目の見積もりからすると、中国側は 90 億元の仕入れ資金を節約できた。同時に、ドイツ側も額の大きい受注と巨大な中国市場に参入できたのだから、これはウインウインの戦争であったとも言えるだろう。鉄道網の全体としての互換性およびシーメンスからの技術移転などのことから見れば、シーメンスは中国のこの高速列車を受注ができたことで、付随する利益も少なくないのではないかと専門家は指摘する。

中国にとって高速鉄道の世界入札は、収穫の多いものとなった。中国南車青島四方機関車車輛株式有限公司（以下、南車四方公司と略す）、中国北車集団長春軌道客車株式有限公司（以下、北車長客公司と略す）、唐山軌道客車有限責任公司（以下、唐車公司と略す）がそれ

それ川崎重工業、アルストム、シーメンスから技術を導入し、共同で高速動力分散式列車の設計、生産を行った。

　具体的に言うと、ボンバルディア社はスウェーデン SJAB に提供した Regina をベースに、ボンバルディア・四方・パワー（BSP）で CRH1 型車を共同生産した。また、日本の E2-1000 型新幹線をベースに、CRH2 型車が南車四方と日本川崎連合体によって生産され、その電力けん引システムの開発と生産は南車時代電気と日本の三菱が共同で担当した。シーメンスの ICE3 型をベースにした CRH3 型車は、北車唐山公司がシーメンスの技術を導入して生産する。CRH4 型車は中国が独自開発し製造する。先に営業運転を開始したのは CRH5 型だ。CRH5 型車の原型はフィンランド鉄道の SM3 型車で、動力の設計はアルストムのペンドリーノ振り子式車輌をベースにした。契約では、アルストムが中国に 7 項目のコア技術を移転することとなっていた。また、CRH5 型車はベース型の車両を大きく改造した唯一の型だった。耐寒性という点では、CRH5 型車の運行可能な温度の範囲は ± 40℃にも達し、中国の東北部のような極寒の地でも運行できる。また、最新の高速車型 CRH380A 型車と CRH380B 型車は、時速 380 キロに達する CRH2 車型と CRH3 型車のグレードアップタイプである。

　2005 年の初め、日本の管理ノウハウと製造技術を習得するために、南車四方公司の研修グループが日本の川崎車両工場に派遣された。その年、南車四方公司は購買、設計など四つのグループを前後して外国研修に派遣した。その間、技術移転の契約に基づき外国企業 4 社もパートナーの中国設備製造企業に設計、技術、生産、管理などの部署の人材トレーニングを行った。

　中国は高速鉄道の市場を開き、高速鉄道の先進技術を体系的に導入してきたが、その費用はどれほどだったのか。元科技部研究センターの金履忠研究員は長く交通運輸とその設備および農業機械などの科学技術管理の仕事をしており、中国の鉄道設備の導入についての事情通と言える。その彼がこう指摘した。2006 年の末までに、鉄道部は 3 回の入札を行い、フランス、ドイツ、日本から 280 本の高速列車（160 本は時速 200 キロ、120 本は時速 300 キロ）を購入し、合計 553 億元を要した。契約では、その費用には高速列車の購入費用のほか、若干の中核技術の移転費用も含まれている。

　ちなみに、後に在来線の輸送能力をさらにアップさせるために、国際市場から購入した高出力の電気機関車、ディーゼル機関車と技術移転費はこれとは関係ない。

中国国産動力分散式
列車の頓挫

世界で最初の動力分散式列車は1903年7月8日にドイツのベルリンで旅客輸送に導入された。これは動力車と非動力車を組み合わせてつないだ列車であった。運転士は1人で全車両を操縦した。中国で最初に自主研究開発されたディーゼル動力分散式列車といえば、1958年四方機関車車両工場で製造された「東風号」である。これは600馬力、静油圧駆動方式の2両のディーゼル車両と4両の二階建て旅客車両の編成であった。

また中国の自主開発による最初の電気動力分散式列車は、1988年に長春客車工場と株洲電力機関車研究所、中国鉄道科学研究院の共同開発により完成された「KDZI型」と呼ばれるものである。2両の動力車と2両の非動力車で1セットになるこの高速列車の時速は140キロであった。

傅志寰元鉄道部長の記憶によると、北京環状鉄道試験線におけるこの動力分散式列車の試験の時、当時の李鵬国務院総理と鄒家華同副総理がわざわざ現地まで視察に訪れ、試乗もした。

1990年代後半、社会のより便利な輸送に対するニーズの高まりに応じ、中国の各鉄道局はそれぞれ鉄道車両製造企業と協力し、前後して多種類の電気動力分散式列車を研究開発、生産した。当時これをもって旅客輸送の市場を開拓していこうとするものであった。さらに1999年からは、中国国産の電気動力分散式列車「春城」「藍箭」「中原の星」「長白山号」が相次いで長春客車工場、株洲工場、四方工場で研究開発に成功しており、当時の設計最高速度はそれぞれ、時速120キロ、160キロと200キロ以上であった。

ここで、一つ特筆に値するのは、秦瀋旅客専用線のために特別に研究開発された高速動力分散式列車の「先鋒号」と「中華の星」のことである。

「先鋒号」は「第9次5カ年計画」で国家が重点的に推進した科学技術プロジェクトの一つである。2000年に浦鎮、長客、大同、永済の各工場および鉄道科学研究院、上海鉄道大学などで共同研究開発され、総出力は4800キロワット、設計最高速度は時速200キロであった。6両編成の動力分散式高速車両で、秦瀋旅客専用線における試験最高時速は292キロであった。また同年に、株洲電力機関車研究所、長春客車工場などは「藍箭号」の研究開発に成功している。

これらの試験車輌において、安定性に一番優れるのは「藍箭号」であった。その後の「中華の星」もこの「藍箭号」を基にして改良したものである。この「中華の星」高速動力分散式列車は、総出力9600キロワット、11両編成で設計最高時速270キロであった。株洲、大同、長春客車、四方工場と株洲所、鉄道科学研究院で共同開発され、秦瀋旅客専用線での試運転の時には最高時速321.5キロを記録してい

これ以前、唐山軌道客車有限責任公司と他の幾つかの企業は、共同で時速200キロの動力分散式列車を製造し、「大白鯊号」と命名していた。試運転はほぼ成功したが、商業運転には入らなかった。その後、時速200キロ以上の「長白山号」も開発に成功している。

これらの国産動力分散式列車は当初から中国の優れた科学研究能力を結集したものであり、特にボギー台車の設計、アルミニウム合金製車両の採用、空気力学の実験、けん引とブレーキおよび列車のネットワークシステムなどの面において画期的な成果を挙げていることは誰の目にも明らかである。とはいえ、これらの国産動力分散式列車は結局、その後の中国高速鉄道に応用されることなく終わった。中国高速鉄道のブランドCRHにも採り入れられなかった。その原因はまさに多方面にわたっているといえる。

「民族の夢」の星

「中華の星」には「中国の高速鉄道」という民族の夢が託されていたと多くの鉄道人が語っている。

改革開放後の中国ではあらゆる分野で復興が急がれ、各事業は力強く進展中であった。ここにおいて、鉄道の輸送能力不足が常に国民経済の発展を阻害する「ボトルネック」となっていた。鉄道輸送におけるこの課題の解決に社会中の注目が集まっていた。鉄道関係部門は世界中の鉄道の発展の方向性を真剣に分析し、中国の高速鉄道の建設を構想した。鉄道の輸送能力不足が深刻化し、乗車困難が世間から非難される背景の下、中国の高速鉄道の研究開発が重要な議題となった。

傅志寰氏は、「当時、空を飛ぶのはエアバス、ボーイングなどの外国製飛行機、

京広線の韶関－坪石間
を走る「藍箭（ブルーア
ロー）」動力分散式列車

地上を走るのはサンタナ、ビュイックなどの外国製自動車であっ
たが、われわれ鉄道人が誇りに思うのは、中国の数万キロに及
ぶ鉄道線路を疾走するのは、中国国産の中華ブランドの機関車
や車両であったことだ」と回想している。

　1992年から中国鉄道関係部門は自主開発に立脚し、同時に
一部のシステムや部品開発の国際協力活動を展開し始め、高速
列車の一連の開発事業へとまい進していった。一方、世界銀行
は中国鉄道部門が高速鉄道建設の研究開発を推進していること
を知り賛同し、これへの融資のため、何度も職員を派遣し、中国
高速鉄道プロジェクトに対する視察を重ねていた。

　「中華の星」は、中国の高速鉄道をめぐる論戦の産物であっ
たと言うべきだろう。

　早くも1990年代に、京滬高速鉄道の建設は中国の国家的協
議課題となっていた。鉄道部は技術的な成熟度ということから高
速鉄輪案を主張したが、中国科学院は将来の技術発展の可能
性という観点から、磁気浮上式鉄道案の合理性に固執した。こ
の双方の間で激しい論争が繰り広げられた。当時、「中華の星」

秦瀋旅客専用線を走る「中華の星」高速動力分散式列車

の研究開発は鉄道部の意地をかけてのプロジェクトであった。鉄道部はこの「中華の星」を前面に打ち出し主動権を勝ち取り、中央の上層部に高速鉄輪案を認めさせようとしていた。

「藍箭号」はヨーロッパの高速鉄道技術方式を基礎にした動力集中式高速車両である。1999年に外国と協力して「藍箭号」高速車両の研究開発に着手してから、「自主開発＋技術協力」の開発モデルは急速な発展を遂げ、2000年、中国は技術貿易と国際協力を通じ、国外の中核的技術部品であるけん引コンバーターを導入し、時速200キロレベルの「藍箭号」の設計と生産を完成させた。2001年には早くも広深線の商業運営へ投入された。

現在のわれわれは「中華の星」に関する認識はあまり深くない。しかし当時は「中華の星」は中国鉄道のスター的存在で、多くの人の関心を一身に受けていた。1992年、鉄道部科学技術司は、高速列車関係の重要な部品についての多くの研究課題を提出していた。当時の高速列車に関する研究課題の成果を集中的に開発し、一つの全体的な計画ともなった。この計画には列車のコンバーターシステムおよびその制御技術などが含まれ、しかもすべて中国企業によって自主研究開発することが要求された。

2000年の初め、鉄道部は国家計画委員会に『時速270キロの高速列車の産業化』というプロジェクト報告を提出し、国家計画委員会に承認された。この報告は、

国家ハイテク産業化発展計画プロジェクトに入れられ、南・北車集団公司、株洲電力機関車工場、大同機関車工場、長春客車工場などが共同して中国の高速列車を建設することとなった。完全な独自の知的財産権を有するこの高速鉄道は「中華の星」と命名された。

2001年4月、鉄道部は『時速270キロの高速列車設計任務書』を下達した。その中で「中華の星」の用途・目的について明確に説明している。つまり「中華の星」は京瀋快速旅客輸送の主要な任務を負い、また将来の高速旅客輸送における中・短距離高速列車であり、さらにまた路線をまたがって走る快速列車でもある。「中華の星」プロジェクトは「産業化」を目指し、2年後には年間15本の列車の生産能力を達成する計画であった。

任務書にはまた、「中華の星」プロジェクトの投資総額は1億3000万元、その中で国の投資額は4000万元、鉄道部の投資額は4000万元、企業の自己資金は5000万元と定められた。また「中華の星」の時速は270キロとされた。

また、中国工程院院士で株洲電力機関車工場高速研究所の劉友梅所長がプロジェクトの総設計師に任命された。こうして「中華の星」の研究開発が始まった。

「中華の星」は中国の鉄道の誇りであり、研究開発チームのメンバーの全員がこのプロジェクトに参加することができたことをこの上もない光栄だと思っていた。鉄道部がプロジェクトを立ち上げると、中国列車製

造業界の 4 大基幹企業もこのプロジェクト
に参加した。また、鉄道システムの 4 大科
学研究所、すなわち株洲電力機関車研究
所、中国鉄道科学研究院、四方車両研
究所、戚墅堰機関車車両技術研究所と鉄
道軌道技術が最強の二つの有名な大学——
——西南交通大学と中南大学も研究開発に
参加した。設計開発に関わった人員は数
百人に及び、このプロジェクトは「442」と
呼ばれ、中国の鉄道科学技術研究のトップ
クラスの組織となった。

株洲電気機関車工場と大同機関車工
場はそれぞれ動力車1両の研究開発を担
当し、また長春客車工場は付随車 4 両を
研究開発し、さらに四方機関車車両工場
は付随車 5 両を開発研究することとなった。

当時の傅志寰鉄道部長は、中国の高
速鉄道自主開発路線の提唱者であり、ゆ
るぎない支持者でもあった。1998 年から
2002 年まで、傅志寰氏が鉄道部長であっ
た間に、中国鉄道の科学研究の力を結集
し、より早い速度の高速鉄道の開発に全
力で取り組んだ。参加した専門の科学技
術者は実に数百人に及び、プロジェクトの
進行は順調であった。

1年後、成功の知らせが次々と伝わった。

2001 年 8 月、「中華の星」は技術設計
審査に合格し、試作段階に入った。2002
年 9 月、組立が完了した「中華の星」は
西南交通大学の国家けん引動力実験室
で時速 400 キロの動力学試験に合格した。
続いてまた、北京の東の郊外に位置する
中国鉄道科学研究院の環状鉄道試験線と

秦瀋旅客専用線において試験と列車編成
の調整を行った。

同年 11 月 27 日、「中華の星」は秦瀋旅
客専用線の最終実験で時速 321.5 キロの最
高時速に達し、「中国高速鉄道の最高スピー
ド」を記録した。これで、中国が独自に設
計し、知的財産権を所有する高速列車が誕
生し、当時のメディアの注目を浴びた。

このニュースが伝わると、当時の政治局
委員、国務院副総理であった曽培炎氏は
非常に喜んで、国家計画委員会の責任者
を率いて自らわざわざ現地に赴き、この高
速鉄道に試乗し、運転室に入って、高速鉄
道を十分に体験した。列車は絶えず加速し、
最後に時速 300 キロに達し、隣の高速道路
を走っている自動車をはるか後方に引き離
すのを見て、運転室は歓声に包まれた。

一方これに対して、日本のメディアはど
のような反応であったか。ある日本のメディ
アは次のように報道している、「中華の星」
の秦瀋線での試運転の成功は現場で観察
した関係者に無限の想像を掻き立てただろ
うが、これは取りも直さず、日本の新幹線の
国際市場における競争力に暗い影を落とす
ものでもあった。日本のメディアは、中国高
速鉄道が時速 200 キロの技術を十分にマス
ターしたら、日本の新幹線が導入される可
能性が今後必ず縮小するだろうと危惧した。

当時、この「中華の星」の輝かしい成
功は、全国の中学校の「時事政治科」の
試験問題にも取り上げられたほどである。

当時「中華の星」に参加した鉄道の専
門家は、「私たちもあの当時海外の技術を

学び、導入したが、決して模倣ではなく、機械部品の設計から電子回路の設計、パラメータ、図面に至るまですべてが自分たちのオリジナルであった」と回想している。

世にあまり知られていないことであるが、中国はオリジナルの高速鉄道を研究開発するにあたって、いわゆる「両条腿走路（2本の足で歩く）」という方針をとった。当時、日本の新幹線が採用していたのは動力分散式技術（機関車以外のすべての車両自体にも一定の動力がある）であった。それに対し、欧州諸国は動力集中式技術（動力が機関車に集中する）を用いていた。これらに対して中国は高速鉄道の新参者として、「中華の星」プロジェクトには、フランス式高速列車の動力集中方式を採用すると同時に、「先鋒号」の開発には日本の方式を取り入れ、動力分散式を採用していたのである。当時これは「高度機密」として扱われた。

あの頃、中国の高速鉄道の自主開発は自分勝手な判断で行うのではなく、外国の技術の導入、吸収、消化も行っていた。しかしその後の大規模な導入と違い、その技術の導入は少量で、国内の研究開発者が中心となり、技術導入してからの学習と吸収、ワンランクアップの革新をを重視していた。この間、中国の専門家はさまざまなルートでフランス、ドイツの鉄道専門家と頻繁にコミュニケーションをとり、中国の実際の鉄道状況を説明し、彼らも動力分散式技術の研究を行うことを望んでいた。中国鉄道科学研究院の専門家は「『中

華の星』の90％以上の技術は自主開発、自己革新の産物で、完全に自らの知的財産権を持っている」と述べている。現在中国の特許には、発明特許、実用新案特許と外観設計特許という三つの種類があるが、専門家によると、「中華の星」の自主技術の多くは前の二つに属するという。

「中華の星」は動力システム、ブレーキシステム、ボギー台車などの重要な分野において、システム統合と独力による技術開発を完成させている。しかしながら重要な部品の一部は外国からの輸入に頼っている。例えば、ベアリングは外国から輸入されたものである。当時の中国のメーカーで生産されたベアリングは材質の問題で、高速列車の荷重と回転速度に対応できなかった。

専門家によれば、自主設計や知的財産権の所有とは、100％純国産を使うことではない。列車の一部の部品を外国からの輸入に頼ることは世界的にごく普通のことである。例えば、ハイパワー電子部品を生産できるのは世界でもごく少数の会社しかない。当時のフランスの高速鉄道の電子部品はスイスや日本の大手メーカーから購入したものであった。

「中原の星」の不運

「中原の星」と「中華の星」は共に中国の高速鉄道の試作車であるが、前者は後者より開発が一年以上早い。「中原の星」の誕生と成長の過程を見てみると、「中華の星」にとっては身につまされる。

徐宜発という人物がいた。彼は中原（黄河中下流域にある平原）出身で、かつて鄭州鉄道局の機関区を主管する副局長を務め、その後また局長になった人である。彼は直接「中原の星」の研究開発、実験および旅客輸送の運営などの各事業に携わった人物であった。

徐氏は「中原の星」は完全に中国化された産物だと言っている。「中原の星」は動力分散式で交流伝達電気式を採用している。中距離、短距離の高速旅客輸送に適用するものである。これは鄭州鉄道局と株洲電力機関車工場、四方機関車車両股份有限公司、株洲電力機関車研究所が共同で研究開発し、生産したものである。初めての列車は 2001 年 10 月に生産を完了したが、ただ 1 編成だけであった。これは完成後、鄭州鉄道局に配属された。

当時、徐氏は至るところを駆け巡った。中国鉄道科学研究院北京鉄道実験センター、京広線の鄭州駅から小商橋駅までの試験区間、鄭州鉄道の機関区の中の検修庫内などで、時に喜んだり、時に沈み込んだりしていた。

それ以前、鄭州鉄道局は全局の範囲内でこの高速鉄道車両の名前を募集した。当時この車両は株洲電力機関車工場で最終段階の試験調整に入っていたのだが、まだ名前がなかった。工場では鉄道局に名前をつけてもらうことにした。これを受けて鄭州鉄道局の党委員会宣伝部は、高速鉄道のアピールおよび職員の意見を尊重するため、高速車両の名前の一般募集

を企画したのである。それは、鉄道局全局にわたって大反響を呼んだ。「新世紀号」「世紀の星」など 100 通りに近い名前が宣伝部に寄せられた。その日はちょうど局の党委員会中核グループの勉強会の日であった。機関区担当の徐宜発副局長が名前の募集状況を報告したところ、会場ではいろいろな意見が出て熱い討論になった。最終的に、組合の邢合栄主席が出した案が一番人気となった。それは「世紀の星」を「中原の星」に変えるという案で、そうすれば鄭州鉄道局の所在地をきわだたせ、また車両に使われた新技術を体現することにもなる。これに対して会場の人々は拍手で賛成の意を表した。こうして、「中原の星」が中原の大地を走るこの高速車両の正式な名前になったのである。

2001 年の夏、北京の東の郊外にある中国鉄道科学研究院の環状鉄道試験線で、「中原の星」の試験運行が行われた。

「中原の星」は全長 161 メートル、6 両編成で（一等席 2 両と二等席 4 両）、乗客定員 548 人であった。これまでの旅客車両の車体のデザインと大きく異なり、シルバーとディープグリーンのツートンカラーで明るく穏やかな感じがし、おしゃれで、品格があり、斬新なイメージがあった。営業最高速度は時速 160 キロに達することができた。この流線型の「中原の星」は、車内も広々として明るくしかも豪華な室内設計であった。座席はハイバックの航空シートを採用し、折畳み式のテーブルと透光 LED ランプが付いている。車両の両端

にはデジタル化された電子掲示板があり、各車両にはカウンター、新型の便利な荷物スペースおよび機能を完備した洗面室が設けられている。試験運転の日の時速は 170 キロに達した。

2001 年 10 月 23 日 7 時、「中原の星」は鄭州から出発し、許昌の小商橋に向けて初めての試運転を行ったが、出発直後に問題が発生した。苦労して修理し、辛うじて出直したが、ほどなくまた動かなくなってしまった。一回目の試運転は失敗に終わった。このように、その後の試運転でも成功する時もあれば失敗の場合もあった。

同年 11 月 18 日に、「中原の星」は正式に京広線の鄭州から武昌までの区間に投入された。その流線型の「弾丸」のような外観は京広線の名物ともなり、世間の注目を集めた。その翌日、『人民日報』(海外版) の 1 面が「中原の星」の写真で飾られ世界に向けて中国の高速鉄道の雄姿が披露されたが、「中原の星」はそれ以降の運行においても頻繁に故障し、動かなくなることがしばしばあった。

2001 年 11 月 18 日、鄭州駅で支度をして出発を待つ「中原の星」動力分散式列車

2002 年 10 月 1 日、車両編成を拡大した「中原の星」は第一陣の乗客を乗せ、鄭州から武昌まで運行された。その日、徐宜発は自ら運転士をかって出た。さらに、多くの記者を初運行の列車に招いた。その日の「中原の星」は順調に走り切り、かろうじてメンツを保ったが、これも長続きせず、何日もたたないうちに、またトラブルを起こしてしまった。当時の鄭州旅客部の乗務員は「中原の星」についてこう嘆いた。「この車両のせいで、さんざんお客様に叱られたよ」と。

鄭州鉄道局車両部で仕事をしたことのある業界関係者は、「『中原の星』がよく故障したのは、肝心の部位の材質に問題があったためだ。毎回の入庫点検の際には、軸箱から常に大量の鉄の削り屑が発見されていた」と振り返る。

「中原の星」はこうしてメンテナンスコストが高すぎることから、僅か半年の運行で終焉を迎えた。

「中華の星」のちょう落

2011 年の夏、株洲電力機関車工場の高速けん引研究所所長で中国工程院の劉友梅院士は鉄道部から招待を受け、京滬高速鉄道の開通式に参加した。同じく招待された人たちには、当時中国高速鉄道の自主開発に関わった 7、8 人の専門家もいた。「中華の星」の自主開発の成果が否定されて以来、彼らは初めての再会であった。

北京南駅の 1 番線ホームに歓声が溢れていた。流線型の CRH380 高速鉄道列車が準備を整えて静かに出発を待っていた。劉友梅院士は黙り込んでいた。彼は複雑な心境であった。10 年前、彼は中国高速鉄道自主開発の重要人物であった。

2003 年、鉄道部はすでに 10 年続いた高速鉄道自主開発試験を中止した。劉氏と彼の「中華の星」チームは中国の高速鉄道開発事業から外された。今に至るまで、彼は当時の決定を忘れることができない。彼の唯一の慰めは、「中華の星」チームの研究開発に関わった者が後に南車四方と北車長客という列車の製造会社で海外高速鉄道技術を消化・吸収する中堅として重要な役割を果たしたことだ。目の前にあるこの CRH380 高速列車にも彼らの心血が注がれたはずであった。

劉氏はいつもこう思う。当時の「中華の星」研究開発の中止は果たして正しいことだったのか、自主開発と海外の技術導入はどんな関係にあるのか、どのような製品を自主開発すべきで、どのような製品を技術導入すべきなのか。手段としての「市場をもって技術と交換する」という考え方は正しいだろうが、具体的にどのように交換すれば、なるべく小さい代償で大きい効果と利益を挙げることができ、その上で技術に縛られないようになるかが肝心であり、よく検討すべきだ。

「中華の星」は当初の計画を完成させ、世に問うてから、その後の失敗・挫折まで不運だったとしか言いようがない。劉友梅

氏もその都度、焦ったり、喜んだり、また悲しんだりした。

10年後の今日、劉友梅は既に完全にすっきりしている。

「『中華の星』はすでに歴史上のものになった。自分の手でデザインし、チーム全体の苦労が凝縮されてはいるものの、『中華の星』の時代はもう過ぎ去った。昨今の高速鉄道の製造技術は昔と比べると雲泥の差がある。今さら『中華の星』を復活させることは到底無理な話だ」。この「中華の星」高速列車のチーフエンジニアで、古希を過ぎた劉友梅院士は非常に理性的である。

楽しみ極まって悲しみが訪れると言うと、運命論めいてくるが、中国自主開発の希望を乗せた「中華の星」は、追い込み段階の実験で312.5キロの最高時速を出しながら翌日思わぬ「災い」に見舞われた。

2002年11月28日に、傅志寰部長をはじめ鉄道部の4人の指導者たちが、「中華の星」に乗って中国の最高速度を体験すべく、興味津々、秦瀋旅客専用線を訪れた。その前にチーフエンジニアの劉友梅院士は恒例のように「中華の星」の試運転を行った。時速が285キロに達した時、突然ボギー台車の故障診断システムの警報が鳴った。ベアリングの温度は109℃に達し、温度オーバーの1級警報であった。停車して検査したところ、B動力車の軸のブラケット軸受台の温度が高すぎることが分かった。

4人の指導者たちが到着した後、劉氏は傅志寰部長に事故の状況を報告し、その指示を仰いだ。傅部長は問題が生じた以上、その問題を解決してからにしよう、と即座にその返答をした。そこで、この指導者たちは「先鋒号」高速列車に乗り換えた。「先鋒号」の試運転は非常に順調で、270キロの時速に達した。

その後の調査の結果、輸入品のベアリングの破損が原因で、「中華の星」の軸の温度が上昇したことが判明した。

直ちに「中華の星」が4人の指導者たちの命を危うく奪うところだったとの噂があっという間に広まった。

「中華の星」をよく思わない人たちはこの事件について、列車の質の低さと危険の大きさを物語っている、と語った。考えてもみろ、高速運転中の列車の車軸が突然に折れたらその結果はどんなことになるだろう。車両が脱線転覆し、死傷事故に至ることは明らかだ。

劉友梅氏は憤まんやる方なかった。彼はかえってこの事件こそ「中華の星」の安全診断保障システムが甚だ有効であることを証明したものだと考えた。

これに対してある専門家は次のように反駁した。1980年代末から、鉄道はこの車載軸温度警報システムを採用し始め、90年代に至って既に定着していてた。この装置は低価格で、高い安定性と信頼性を保持している。1990年代半ばから、すべての新車両にこのシステムが導入され、旧式の車両の多くにもこのシステムが取り付けられた。軸温度が外より45℃高くなれば、このシステムの警報が鳴り、列車は停車し状

況確認をし、対応措置をとらなければならない。もし軸温度がまだ上昇する兆候があるか、あるいは軸温度が 90℃ に達した場合には、直ちに無条件で車両を停車させ、絶対に運行を継続してはいけない。

このことがあってからも、「中華の星」の試運転の距離は 53 万キロ以上に及んだ。

当時の試運転は人間の代わりにその体重の分だけの砂袋を載せて走っていた。「中華の星」の試運転は当時、中国高速鉄道の新車両試運転の中でも最も長い距離で行われ、速度も最も速かった。それは普通列車の試運転の 10 万キロの要求を遥かに超えていた。

2003 年 7 月 1 日に秦皇島から瀋陽に至る秦瀋旅客専用線が正式に開通した。しかし「中華の星」は予定どおりに正式に客を乗せる試運転には間に合わなかった。

2004 年、鉄道部は時速 200 キロの高速鉄道プロジェクトの購買・入札募集を開始したが、「中華の星」は除外された。それは鉄道部の入札要求が「成熟した時速 200 キロの高速鉄道の設計と製造技術を有する、あるいは外国の技術協力を得ている中国の製造企業」となっていたからだ。この前に「中華の星」は鉄道部が主催した研究討論会でその技術はまだ未熟な段階だと判断されていた。また「中華の星」は動力集中式の列車だが、最大 8 両の編成しかできないというのが多くの客を乗せるという鉄道部の要求に合っていなかった。

2005 年 6 月 26 日、中国工程院が主催した「設備製造業における自主革新の向

上をめぐって」という懇談会で、劉友梅氏は「中華の星」が直面している苦境を院士たちに報告した。徐匡迪院長は非常にこれを重視し、元の鉄道部傅志寰部長を含めた 52 人の院士が連名で書簡をしたため、中国工程院の重要公文書の形で、『院士が報告した「中華の星」高速鉄道の状況に関する署名書簡』を国務院に提出した。

この書簡によると、鉄道部は最近、日本、フランス、カナダから合計 140 編成の時速 200 キロの高速鉄道列車を導入した。しかしその設計技術、システム統合技術、AC/DC 変換、ネット制御技術はどれも技術移転を得たと言えるものではない。中国企業はただ組立製造のみを分担しているにすぎず、産業チェーンのローエンドに置かれ、国内の企業は独自革新を図るチャンスを逃し、せっかく育成した研究人材も流出する局面に至っている。

また、「中華の星」の状況は基本的に良好で、各技術指標が設計仕様書の要求を満たしており、わが国が自主開発した「中華の星」高速列車に対して迅速に鑑定を下し、産業化するべきであり、ここで国が立案した自主開発の成果をうやむやにすることは許されない、と同書簡は述べていた。

しかしながら、この署名書簡も結局大勢を変えることはできなかった。

国家ソフトサイエンス研究計画プロジェクトチームが 2005 年に作成した報告書『中国高速鉄道技術発展路線』によると、「中華の星」の意義は大きい。まだ幾つかの問題点が残り、信頼性に欠け、外国の技

術レベルとは相当な距離が存在している
が、深層的な意味合いから評価すれば、
このプロジェクトを通じて、中国は自身の
技術開発の基礎および高速鉄道技術の土
台を獲得した、と指摘している。

2006年8月2日、「中華の星」は80
万キロの試運転を終えて、瀋陽機関区に
封印・保存された。こうして「中華の星」
は中国の高速鉄道運行計画から完全に姿
を消した。

外国のメディアはこれについて次のよう
に報道している。日本、フランス、ドイツ
の技術を帯びたCRH高速列車が現在中
国の高速鉄道の線路を走っているが、そ
の陰で、かつて大きな期待をかけられてい
た国産の高速列車が車庫に封印され、埃
まみれのまま解体の運命を待っている。

「中華の星」と「和諧号CRH」の関係
性について次のように考える専門家もい
る。「中華の星」は2002年に開発された
もので、CRHは2004年に導入が計画さ
れたものである。その後、「中華の星」は
何度も修理、改善されたが品質は常に基
準に達せず、このことがCRHの導入をさ
らに促した原因にもなった。一方、「中華
の星」の存在自体が、交渉のカードとして
CRHの導入価格を引き下げる結果につな
がった。この点から見れば、「中華の星」
の功績を過小評価するわけにはいかない。

今振り返って見れば、当時の中国高速
鉄道に尽力した劉友梅院士をはじめとする
多くの先駆者たちの貢献を簡単に否定す
るわけにはいかない。かといって当時の「中
華の星」こそ中国高速鉄道にとってのベス
トチョイスだとも簡単には言えない、と専門
家は指摘する。当時の「中華の星」の研
究開発の状況から言えば、最新の技術を
所有していたかどうかの問題だけではなく、
材料、材質、生産設備、生産工程、労
働者の資質やスキルおよび情報化や産業
化の製造条件などすべてにおいて、非常
に大きな限界が存在していた。

中国高速鉄道の驚くべき発展速度は、
何よりも中国の総合国力の急速な向上、
そして「中華の星」研究チームを含む、
何世代にもわたる鉄道技術者による技術
の積み重ねにその大きな要因があるとこと
を否定することはできない。「中華の星」
の研究開発は中国高速鉄道が導入した海
外の新技術の消化とその再革新のための
基礎をつくり、好条件をつくり上げたと言え
る。当時、「中華の星」の安定性はすで
に非常に高く、320キロの時速を出したこ
ともある。しかも、多くの工場が研究に携
わり、技術者の能力も向上し、高速鉄道
の線路建設などの経験も積み重ねた。特
に後の技術導入において、「中華の星」
は国際市場の交渉における重要なカード
となった。そうでなければ、高速鉄道の技
術の導入、消化・吸収、再革新の代償
はさらに高くなり、中国高速鉄道開発のス
ピードとその効果もこれほどのものとはなら
なかったに違いない。

この意味から言えば、中国自身の技術
開発能力が中国高速鉄道の技術革新の
重要な支えであったと言える。

市場と技術の勝負

ここ数年来、「市場をもって技術と交換する」という悲劇は何度も繰り返されてきた。

中国民間航空、自動車産業など相対的に技術集約型の業界では、多かれ少なかれ「思わぬミスによる挫折」が起こっていた。そこで、「市場をもって技術と交換する」という戦略は一部の学者や専門家から絶えず激しく批判されてきた。彼らは鉄道部が同戦略によって中国の高速鉄道を発展させるやり方に対し、憂慮し、ひいては疑問を示していた。

商務部の呂福源元部長は「市場をもって技術と交換する」ことの意義について言及した時、次のように語った。中国は自らの基幹企業を持たなければならない。合弁企業は必ずウインウインの原則に基づき、中国の長期的な利益に立脚して経営されなければならない。われわれは巨大な市場を譲って、はじめて技術と利潤を求める資格ができる。しかし、どんな「市場」でも技術と交換していいわけではなく、外資企業が相対的に技術的優位性を持つ製品を供給でき、中国企業が「市場」を満足させることができないか、または完全には満足させることができない場合にだけ、交換できるわけだ。こうしてこそ、中国の民族企業の脅威とならないのである。

「市場をもって技術と交換する」というのは一律に論じることができないことが分かる。発展こそが揺るぎない道理である。

3大技術プラットフォーラムを創る

新世紀に入って以来、新参者として、中国は高速鉄道に関する研究開発におい

北京鉄道局北京高速列車検査整備基地の点検整備ピット

て直ちに科学技術イノベーション革命を巻き起こした。

中国製造業の全体的な水準は先進国に及ばず、高速鉄道動力分散式列車のような複数のシステムを持つ巨大なハイテク製品においては、その製造の難しさは設計の難度に劣らないということを認めなければならない。良好な技術集成能力、信頼に足る実験プラットフォームがなければ、国産化の実現は全く想像できないことだ。

戦略的には、中国高速鉄道の技術研究開発は重要な高速鉄道プロジェクトに依拠し、オリジナル・イノベーション、統合・革新と導入・消化・吸収・再革新を組み合わせたイノベーションモデルを堅持することである。戦術的には、中国高速鉄道の技術の研究開発は部門、業界、大学、企業の体制的な障壁を打破し、力を結集して重要なことを成し遂げるという体制的な優位性を発揮させ、各種の資源を統合し、全国に分散している科学研究設備、科学研究資金、科学技術人材を結集し、戦略的産業の公共のイノベーションプラットフォームを築くことである。

長年にわたって、中国高速鉄道科学技術革新の大舞台では、多くの優秀な科学技術者が活躍している。国家戦略というアピール力と知識人の報国の志、関心が結びつけば、必ず巨大な創造力を呼び起こすことができる。

中国工程院院士で、中国鉄路総公司チーフエンジニアの何華武氏はその中の傑出した代表である。この中国高速鉄道エンジニアリングのリーダーは、長期にわたり鉄道エンジニアリングの研究と実践に携わり、これまでの鉄道の6回にわたる大幅スピードアップのための改造・グレードアップ、現代的鉄道ハブの建設、中国高速鉄道建設などのプロジェクトの技術的な活動を主宰し、それらに参加してきた。2004年、鉄道部チーフエンジニアを担当して以来、彼は中国高速鉄道技術団体を率いて、自らに立脚し、皆の長所を広く吸収することを堅持し、世界の先進的な高速鉄道技術と中国の鉄道技術を集積して革新し、中国高速鉄道の一連の重要で、鍵となるエンジニアリング上の難題を創造的にクリアしてきた。

中国高速鉄道プロジェクトには全国の6社の大型中央国有企業、25の大学、11の研究院・研究所、51の国家重点実験室と国家工程センターの科学研究資源が集められている。院士68人、教授500人余りおよび科学技術者数万人が頼もしい「中国高速鉄道科学研究国家チーム」を作り、優位性の相互補完を行い、協同して取り組んだ。こうすることで、イノベーションリスクとコストを低減するとともに、成果の実用化の効率も高め、基礎的な研究開発から産業化生産までの時間を大幅に縮め、系統的に集積し、自らが使えるようにし、最終的に中国の国情と鉄道の状況に合う、世界一流の高速鉄道技術を持つ体系を形成し、中国高速鉄道の3大技術のプラットフォームを成功裏に築き上げた。

高速動力分散式列車技術のプラットフォーム

　高速鉄道は中国の戦略的な新興産業の一つであり、高速列車は中国の革新能力の代表作の一つである。

　中国の高速動力分散式列車技術のプラットフォームは、導入・消化・吸収・再革新という基礎の上に築き上げられている。高速動力分散式列車技術導入プロジェクトにおいて、機関車の購入者側として、鉄道部は中国南車集団公司、中国北車集団傘下の35社の機関車車両製造企業を編成し、南車四方、北車長客、北車唐山という三つの動力分散式列車技術の導入プラットフォームを設立した。中国鉄道の全体的な市場を切り札として、鉄道部は4社のグローバル企業と技術導入合意書に調印し、「導入・消化・吸収・再革新」というモデルを正式にスタートさせた。

　国家発展・改革委員会と科学技術部が率先して南車四方公司に高速列車システム統合国家プロジェクト実験室と国家高速動力分散式列車組立工程技術研究センターを設立した。目下の国内軌道交通業界で最も整った実験設備を持つこの実験室には、完成車ローリング試験台、ボギー台車疲労試験台、電磁両立性試験台、ブレーキ試験台、製品バチャールセンターなどがそろっている。

　引き続き、京津、武広、鄭西（鄭州と西安を結ぶ路線）などの高速鉄道の路線で、研究開発者たちは一連の総合的な試験を行い、高速の条件下でのシステム動作を全面的に研究し、動力分散式列車のけん引性能、車体強度とモード、ボギー台車などに対するシステム的なグレードアップと最適化を図り、スピードアップの限界を突破するカギとなる技術を開発した。わずか1年余で、時速300〜350キロのCRH2C型高速動力分散式列車の研究開発を完成した。

　数年にわたる努力を経て、基礎研究開発プラットフォーム、製造プラットフォーム、産学官連携の共同開発プラットフォームが各大型企業で急速に築き上げられた。中国は時速200キロの国産高速動力分散式列車車両の大量生産を実現したばかりでなく、世界でも先進的なCRH380生産の技術プラットフォームを築き上げ、中国で初めての時速350キロの高速動力分散式列車を独自に研究開発した。

　現在、「和諧号」動力分散式列車にはすでに三つの技術プラットフォームが築き上げられている。一つは時速200キロレベルのプラットフォーム。これには時速200〜250キロの一連の高速列車タイプが含まれている。二つ目は時速300キロレベルのプラットフォームで、時速300〜350キロの一連のタイプの高速列車が含まれている。三つ目は時速350キロ以上レベルのプラットフォームで、列車の最高運行時速は380キロ、持続的な運行時速は350キロに達する。一つ目と二つ目のプラットフォームは導入・消化・吸収・再革新という基礎を踏まえて築き上げられたもので、中国第1世代の高速動力分散式列車（国

産高速動力分散式列車「中華の星」は別のシリーズとなる）と称されている。中国が独自にイノベーションし築き上げた三つ目のプラットフォームは、中国第 2 世代高速動力分散式列車である。

　2015 年 6 月 30 日、正式に市場に投入された「中国基準高速動力分散式列車」は、中国第 3 世代高速動力分散式列車だということができ、中国の高速列車の研究開発が独自設計時代に入ったことを象徴している。これが中国の高速動力分散式列車生産の四つ目の技術的なプラットフォームだと考えられる。その意義は以下の四つに表れている。一つは、全体的な設計は国産を主にし、完全に独自の高速動力分散式列車技術のプラットフォームを築き上げた。二つ目は、動力システム、変流システム、ネット制御システムなどを含むキーシステムの部品の独自化を実現した。三つ目に、グローバル調達については、一社独占からの脱

鄭西高速鉄道線の黄土高原の山と谷の間を走る高速列車

却を堅持し、自主調達を実現した。四つ目に、中国の高速動力分散式列車基準システムを築いた。

高速軌道技術のプラットフォーム

　中国鉄道の独自イノベーションによるレール、ロングレール、スラブ軌道、高速用分岐器などの技術で、高速鉄道線路の高速性、乗り心地性能を保証し、旅客が穏やかで快適に乗ることができるようにしている。

　従来のレールの下にはすべて砂利が敷いてある。つまり枕木の下に砂利が敷いてあるが、スラブとはレールを耐久性の強いコンクリート製の板に敷くことだ。いったいどちらの技術のほうがいいのか？砂利を敷くのは敷設のための費用が安上がりだが、スピードが速ければ速いほど、列車の揺れが激しくなり、後のメンテナンスには大量の投資が必要になる。スラブなら、電車の高速と安定を保つことができ、メンテナンスの面倒が少なくてすむ。スラブ軌道のコストは 1.3 ～ 1.5 倍になるが、10 年ほど運行すれば、このコストは元利共に回収できる。

　日本、フランス、ドイツは国土面積が狭く、気候と地質の条件にも大きな変化はないが、中国は国土面積が広く、地形が複雑で、複数の異なった気候と地質の地域にまたがっていて、高速鉄道の実際の建設において、日本、フランス、ドイツの技術を完全にまねすることはできず、技術上のイノベーションが必要だ。

　長い間にわたる鉄道建設工事で、中国は大鉄橋、トンネルを含む鉄道工事技術において豊富な経験を蓄積し、明らかな技術的な優位性があり、相次いで秦瀋旅客専用線、遂渝旅客専用線などの快速鉄道路線の工事を成功裏に実施した。鉄道部は技術者を何度も日本やドイツなどへ派遣し、高速鉄道技術を視察した上で、中国の実情と積み重ねた技術を結び付け、「中国の軌道技術の優位性を十分に生かし、先進的なスラブ技術を導入し、国内の短距離鉄道にスラブ軌道を構築する」という考えを確立した。

　設計速度が時速 350 キロの京津都市間軌道の試験現場で、研究者たちは半年にわたる 17 大分類 1800 余種の運行状況の異なる科学試験と研究を行った。武広高速鉄道の試験現場では、そのトンネルが多く、鉄橋が多く、運行距離が長いなどといった路線の特徴に合わせて、11 カ月にわたって、高速運行空気力学などに関する項目の研究と実験を行った。京滬高速鉄道では、類似の実験がより密集していた。

　2007 年春、鄭西高速鉄道の工事現場。この中国西部にある高速鉄道の 90％の路線は黄土地域にあり、世界で唯一黄土地帯に敷設される高速鉄道であった。黄土は支える力が弱く、雨が降ると黄土が沈下変形し、水に浸したパンのようになってしまう。もしうまく固定化できず、地盤が変形してしまうと、線路が崩れ再建する必要がある。中国工程院院士で、鉄道部チーフエンジニアの何華武氏の統率の下、十数人

の国内のトップレベルの院士が現場に集まり、地形を調査し、資料を調べ、データを集め、具体的な問題に応じた解決の手段を講じ、ついにこの難関を突破した。

　洛陽龍門高速鉄道駅の地盤は、地質が最も陥没しやすい湿原で、1 メートルごとにコンクリート杭を打ち込む必要があった。龍門駅の建築面積は 200 万平方メートルもあり、このような長さ約 10 メートル、直径 40 センチの杭を合計 50 万本も打ち込んだ。これらの杭を打ち、モルタルを注入すると、釘を打っても入らないほど地盤が固くなった。路床上は大理石のようになめらかで、ローラースケートをすることができるくらいになった。

　高速軌道の技術的優位性を十分に生かし、次々にやって来る、武広線のカルスト地盤、広州・深圳・香港と寧波・台州・温州の汚泥地盤、合寧線（合肥と南京を結ぶ路線）の膨張地盤、哈大線（ハルビンと大連を結ぶ路線）の高地寒冷地の軟弱地盤など、複雑な地質的な難題は、いずれも中国鉄道人によって、一つ一つ解決され、中国高速鉄道路線の「沈降ゼロ」を実現した。

　その後、中国はまた相次いで軟弱土、湿陥性黄土、カルスト地形、沿海地区の軟土、高地寒冷地帯などでの一連の高速鉄道土木建築工事における技術的難題を相次いで克服し、また、大きな川や険しい山岳地帯をまたぐ深水基礎施工、大重量鉄骨変形制御などの高速鉄道橋梁建設の技術的難題を克服し、また、大断面の黄土トンネル、

長江・黄河の下を通るトンネル、高圧多量湧水帯のあるカルスト地形のトンネルなど複雑な地質的条件下のトンネル設計、リスク評価、施工技術の高速鉄道トンネルのカギとなる技術的難題を克服し、大勝関長江大橋など世界の先端的水準の代表的工事を成し遂げ、地盤沈下、レールの熱膨張冷収縮の問題を成功裏に解決し、レール全線の高低誤差を効果的に制御した。

　2012 年 11 月、京広高速鉄道の全線開通の直前、鉄道部は国内外から多くの専門家を京広高速鉄道試験車の試乗に招待した。「列車の時速が 350 キロに達したときでも、車内に置いていたグラスの水は少しも揺れ」ず、中国高速鉄道の「高平穏、高安定」性能は世界の同業者から異口同音の称賛を得た。

　軌道技術は中国の高速鉄道の全体的技術が世界のトップレベルに達したことの縮図である。十数年にわたる努力を経て、大量の工事試験と実践を通して、中国は寒帯、熱帯、強風、砂漠、ツンドラなどさまざまな気候や複雑な地質的条件下での高速鉄道建設の技術を掌握し、複雑な路床、長大な橋梁、大断面のトンネルなどの工事の設計・施工はいずれも世界先端レベルにあり、世界先進レベルの中国高速鉄道の技術基準体系と一式の工事技術が形成されている。

高速鉄道通信信号技術のプラットフォーム

　通信信号は高速鉄道の指揮制御シス

テムである。導入・消化・再革新の過程において、高速鉄道通信信号のカギとなる技術は移転される範囲には含まれていなかった。早くも2000年には鉄道部がZPW-2000A型区間自動信号閉塞システムの研究開発に成功し、国産の信号指令集中運転指揮システムを改善・革新し、秦瀋旅客専用線で運用され、効果は際立っていた。2007年末から、鉄道部は通信信号公司、鉄道科学院、北京和利時公司を提携させて難関突破チームを組織し、外国の列車制御システムの先進技術に依拠し、中国の国情と結び付け、直ちに高速鉄道信号技術シミュレーション試験室プラットフォームを築き上げた。専門家たちは馬力全開のエンジンのように、24時間連続の交替制でシミュレーション試験に取り組み、問題点を探し出しては、データを修正し、再び実験し、4000余ケースのシミュレーション試験を実施した。

この基礎の上で、中国はCTCS-3級列車制御システムの研究・開発に成功した。この中国高速列車運行制御システムは、無線伝送方式を応用して、列車の運行を制御するもので、現在、世界で最も先進的な高速鉄道列車制御システムであり、現在、京滬高速鉄道、武広高速鉄道はじめ、その他多数の高速鉄道路線で試験運用されている。

数年にわたる努力を経て、中国鉄路総公司の主導下で、連合難関突破チームは完全に独自の知的財産権を持つ列車集中制御装置（CTC）システムの中国高速鉄道の運行指揮プラットフォーム（略称はCTCS信号技術システム）の開発に成功した。このプラットフォームはCTCを核心とし、運行指揮のオートメーション化を目指し、中国鉄道現代化の運行指揮受理システムを築き上げている。

こうして、中国は高速鉄道の軌道設備製造企業、土木建築企業、国内の関連企業が共に発展し、冶金、機械、建築、ゴム、電力、情報、コンピューター、精密機器などの産業の急速な発展をも促進してきた。おおまかな統計によると、中国の高速動力分散式列車の部品生産設計の中核的な企業だけで140社余りあり、緊密な関係にある企業が500余社あり、20余りの省・直轄市・自治区をカバーし、巨大なハイテク研究・開発製造産業チェーンを形成している。

このように、「車両、線路、信号」という巨大な高速鉄道システムの技術プラットフォームは、中国人によって構築されている。秩序ある導入とその持続的な消化によって、中国の高速鉄道はすでに技術的にリードする自らの優位性を形成している。政策決定においても、技術と管理のモデルにおいても、中国の高速鉄道は間違いなく「後の者が先の者を追い越す」という現代的な絶好の解析モデルとなっている。

現在、中国はすでに設計・施工、設備製造、システム集積、運営管理などを含む、時速250キロ、時速350キロおよびそれ以上のレベルの高速鉄道の一式の技術を掌握し、建設工事、通信信号、け

ん引給電、制御指揮、旅客サービスなどの各専門システムの統合的革新の展開に成功し、機関車車両の製造においてもかなり良い基礎を築いている。独自の知的財産を持ち、世界先端レベルの中国高速鉄道技術標準システムを構築し、時速 300 キロおよびそれ以上の高速鉄道の技術を取得した世界で 4 番目の国となっている。

2016 年の年初、中国鉄路総公司の業務会議で、盛光祖総経理は次のように語った。十数年にわたる高速鉄道建設の実践を通じて、われわれは、高速鉄道の複雑な路床処理、長大橋梁工事、大断面トンネル工事、軌道工事、けん引給電、通信信号、新旅客駅などの高速鉄道建設技術と運行管理・保守技術を体系的に取得し、京津、滬寧、京滬、京広、哈大など一連の設計速度が時速 350 キロで、世界先端レベルの高速鉄道を建設し、ほぼ完備された高速鉄道技術のシステムを構築してきた。

「和諧号」高速動力分散式列車

2004 年下半期から、中国南車青島四方、中国北車長客、唐車公司は、前後してカナダのボンバルディア、日本の川崎重工、フランスのアルストム、ドイツのシーメンスから技術を導入し、高速動力分散式列車の共同設計・製造をスタートした。

同年 10 月、川崎重工は「日本企業連合」を代表して、中国鉄道部と輸出鉄道車両、技術移転に関する契約を結んだ。

同契約の規定によれば、日本側はいくつかのカギとなる技術を中国の会社に移転しなければならないことになっていた。2005 年 8 月、鉄道部は南車四方、川崎重工、三菱電機、株洲所、株洲南車電機および石家荘国祥運輸設備の 6 社と 51 編成の CRH2A 型高速動力分散式列車の機械・電気製品技術移転契約を結んだ。2007 年 1 月 24 日、日本組立の高速動力分散式列車が膠済（青島と済南を結ぶ路線）線において試験運行を開始した。

このようにして、中国側企業と公的機関は日本側が移転した基幹技術を頼りにして、困難な国産高速動力分散式列車の再革新的製造を開始した。これにより、中国鉄道部門は重要な科学研究課題 110 項目を確立し、高速鉄道技術の革新を展開してきた。

2006 年 9 月 28 日、南車青島四方が生産・製造した初めての CRH2「和諧号」高速動力分散式列車の組立が完了した。

青島にある南車四方公司には長い歴史があり、「新中国機関車の揺りかご」と呼ばれている。その前身は 1900 年に創業した四方機関車車両工場だ。新中国成立後、この古い機関車車両工場は活気に満ちあふれ、中国初の蒸気機関車「八一号」がここで誕生した。「八一号」は米国式機関車を模して改造したもので、南車青島四方の技術導入と革新の道は、早くも蒸気機関車の時代から始まっていた。

2007 年 4 月 18 日、国産「和諧号」は中華の大地に華々しくデビューした。それ

<blockquote>
広州東駅で出発を待つCRH1型動力分散式列車
</blockquote>

は中国人の集団的知恵の結晶だ。1編成の「和諧号」動力分散式列車の部品は140余りの独立したサブシステムからなり、製造企業は12省・直轄市に及び、直接参加した大きな企業は140社余りあった。

　同日、全国鉄道の第6回大幅スピードアップが達成され、その後、時速200キロの走行能力を持つ在来線および白色の「和諧号」が、同時に中国鉄道発展史に書き込まれた。「和諧号」のヘッドは今までと完全に異なる「弾丸型」で、庶民の間で、熱い議論を呼んだ。

　多くの大都市間の移動時間が一気に大幅に短縮された。運賃は2倍になったが、当時は多くの特急列車、普通列車が依然として運行されていたのに、例えば、上海―南京のような人気路線は、旅客の需要が大きく、切符1枚でさえ手に入れるのが難しかった。

　「和諧号」には英語の「CRH」という名前が付けられるが、これは「中国鉄道高速列車（China Railway High-speed）」の英文頭文字を使った略語だ。「CRH」という略称には、中国高速動力分散式列車の独自のブランドが確立され、国際的慣例とリンクし

京広線を走る CRH2
型重連動力分散式
列車

たという意味が含まれていると同時に、時速 200 キロおよびそれ以上の高速動力分散列車が中国鉄道独自の知的財産権を持ち、所有権が鉄道部にあることも表明している。

2007 年 12 月 22 日、中国で初めての国産化時速 300 キロおよびそれ以上の「和諧号」高速動力分散式列車が南車青島四方で組立を完了した。南車青島四方は急速に中国高速列車の産業化基地となり、時速 200 ～ 350 キロの「和諧号」CRH2 型シリーズ、世界初の動力分散式長大寝台列車を相次いで開発し、新世代の高速列車 CRH380A の研究開発・製造を主導した。

2008 年 2 月 26 日、北京の釣魚台国賓館。

科学技術部と鉄道部は共にここで『中国高速列車の自主革新共同行動計画協力協定』に調印した。これは科学技術部が一つの業界と共同で構築した史上初めての自主革新の国家級プラットフォームだった。その核心的な目標とは、時速 380 キロの新世代高速列車を設計、製造し運行・営業することにあった。その営業最高速度はドイツ、フランスの高速列車より 60 キロ、日本の新幹線より 80 キロ速く、省エネ・環境保護、総合的快適性もトップレベルに達するものだった。

天津駅を出発する CRH3
型動力分散式列車

『共同行動計画』に調印した半年後、科学技術部は「973」「863」「科学技術支援」という3大国家科学技術計画プロジェクトの形式で、新世代の高速動力分散式列車の科学研究の任務を通達した。そのうち、「973」は空気力学の基礎研究に、「863」は車輪の材料と検査・測定技術の研究開発に、「科学技術支援計画」は高速鉄輪と列車の研究開発に重点を置くものだ。

「共同行動計画」の10大難関突破課題の一つである「高速列車の空気力学最適化設計および評価技術」を受け持った機関である中国科学院力学研究所は中国航空宇宙事業のために重要な貢献を果たしてきた。今回彼らはさらに高速列車の抗力軽減、騒音低減や安全運行の課題を引き受け、CRH380Aの研究開発に参加した。彼らは2836コアのコンピュータークラスターを使って、4カ月かかって300以上の稼働状況下の空気力学シミュレーション分析を行い、一連の試験の成果を収めた。

時速380キロの高速動力分散式列車の設計に際しては、世界に準拠すべき前例がなく、すべて、独自に研究開発するほかなかった。列車の先頭部の形状は列車の空気抵抗性能に関わるカギとなる。航空機と比べると、高速列車は地面の気流の影響、列

京哈線を走る CRH5 型
動力分散式列車

車同士がすれ違う際の空気振動および車体がトンネルを通る際の
気流変化の影響も受けるため、高速列車の先頭部の設計は飛行
機の場合よりも大きな課題となっている。

　そのために、研究開発スタッフは CRH380A のために 20 種類
のコンセプト的な先頭部を設計し、その中から 8 種類を選び、5
種類の先頭部に改造し、試験を重ね、最終的に 2 種類を候補
案として選定し、CRH380A 型の先頭部の斬新な設計となった。
380A は構造上、コア技術を突破し、先頭部の形状を変え、空気
抵抗力と高速下での安全性を向上させ、中国の路線環境により
適合するようにさせた。

　最も肝心なのは、しかし「みばえ」ではなく、「性能」である。
調整して最適化させた後の CRH380A の先頭車の各項目の性能
はずば抜けていた。空気抵抗が 15.4％、トンネル内交差圧力波
が 20％、圧力波が 18％、空力騒音が 7％低減し、いずれも世
界先端レベルに達した。また、先頭部の両側に「導流槽」と呼
ばれるものを採用し、後続車の空気力学的揚力は「導流」によっ
て発生された下向き圧力と相殺され、ゼロに近づき、それはまる
で力強い両手のように、しっかりとレールをつかみ、列車が飛び

京滬高速鉄道線を飛ぶように走る CRH380A 動力分散式列車

あがらないように押さえつけている。

　中国中車の首席専門家の丁叁叁氏の紹介によると、CRH380Aの先頭部の設計は、前後してコンセプトデザイン、シミュレーション、風洞試験、サンプル車の試験製造などの研究開発プロセスを経てきた。国内の多くの一流科学研究所が参画した。南車青島四方が全体をたばね、設計案、最適化、製造を主導して完成させた。清華大学と北京大学は横風安定性の計算を担当し、中国空気動力研究開発センターは空気力学風洞試験を担当し、同済大学は空力騒音風洞試験を担当し、鉄道科学研究院、西南交通大学などは実車テストを行った。

　高速列車の気密強度は世界的な難題であり、それは高速走行中、どのようにして列車がほこりを吸い込まないことを保証し、旅客に鼓膜の不快感がないようにするかに直接関わっている。中国の設計者は車両に差圧制御モードの全密閉加圧を採用し、設備は列車のスピードの緩慢に基づき車内気圧を絶えず調整し、気密強度を4000パスカルから6000パスカルまで引き上げ、この難題を解決した。

　日本では、列車がすれ違う時の車外気圧を測るため、通常は車体に穴を開ける方法を使っているとのことだが、外観の美しさに影響し、しかもコストも高い。研究者たちは中国の宇宙航空分野の先進的な成果を参考にして、コインぐらいの大きさの感圧センサを作り、車体に貼ればすれ違い時の気圧の波動を測ることができるようにした。

　南車青島四方の試験記録と電子データ記録によると、同社だけでも動力分散式列車「和諧号」に対し、6万キロに及ぶ走行試験を実施し、110項目の最適化設計を完成させ、編成形態、動力配分、車体型の設置、旅客のインターフェース、振幅の軽減、騒音の低減などの面で大胆な革新を行い、導入した技術が中国の鉄道環境の「気候風土になじめない」という問題の解決に成功し、産学官のより深い提携による動力分散式列車研究開発プラットフォームを構築した。

　ネットワーク制御システムの研究開発の成功によって、動力分散式列車「和諧号」は「中国の芯（心）」を持ち、絶縁ゲート・バイポーラ・トランジスタ（IGBT）研究におけるブレークスルーによって、「中国の脳」を持つようになり、車体拡幅改造によって、「中国の身体」を持つようになり、高速列車先頭部の斬新な設計によって、「中国の顔」を持つようになった……

　CRH380A動力分散式列車は京津、武広、鄭西、滬杭、京滬高速鉄道で、累計152種類2800余りの項目の試験を行った。それは地球を50周余り回り、200万キロ余り走行したことに相当し、CRH380Aの各項目の技術の性能を全面的に検証し、CRH380Aの研究開発の成功を確保した。

　2010年5月3日、上海万博の中国鉄道パビリオンが開館した。パビリオン前に展示された1両の美しく落ち着いた外観を

持つ新型動力分散式列車が特別人目を引き、多くの来場者を引き付け、記念写真を撮るために人々が行列を作った。1カ月前に、この新世代の高速動力分散式列車 CRH380A は南車青島四方で組立が完了したのだった。メディアによる報道の後、CRH380A の流線型の先頭部は中国の新世代の高速列車のシンボル的イメージとして広まり、「世界で最も速い車輪のある列車」だと称えられた。

この時、時速 380 キロの新世代高速鉄道研究プロジェクトが立ち上げられてからわずか 2 年であった。

CRH380A 動力分散式列車の外観を詳しく観察すると、日本の新幹線の機関車の弾丸型と比べれば、その先頭部は、波形ウェッジ構造の上部に一つの丸い突形の回転放物面が設計されている。このデザインコンセプトは中国の長征号ロケットに由来し、先頭部の造型が丸みがあってなめらかで、輪郭線が流麗で、充実した形態となっている。

2010 年 12 月 3 日、CRH380A 動力分散式列車は京滬高速鉄道の棗荘－蚌埠区間の総合試験で時速 486.1 キロのスピードを出し、世界の鉄輪式高速鉄道の営業最高速度を記録した。

現在の世界の鉄輪式高速鉄道の最高速度は時速 574.8 キロ。これは 2007 年 4 月 3 日に、フランスの最新型「V150」高速列車が走行試験で記録したものだ。これによって 17 年前にフランスの高速列車が記録した時速 515.3 キロの世界記録を更新した。しかし、その速度は試験速度で、試験車が特定の条件下で達成した極限の速度であった。それに対し、京滬高速鉄道が試験でこの時速を出したのは、実際に運行している高速動力分散式列車が営業線で達成した最高速度である。後者が実際の応用においてより意義があることは明らかだ。

報道によれば、フランス側は、記録を突破するために、高速列車に対して専門的な改造を行ったという。フランス高速鉄道の実際に運行している列車と比べれば、その高速列車は 2 両のけん引機関車と 3 両の車両で編成され、車輪の直径を 920 ミリから 1092 ミリにまで大きくし、けん引力も 2 倍にしている。

多数の科学技術の革新的成果が結集された CRH380A の誕生によって、南車青島四方は国家科学技術計画実行優秀チーム賞を獲得した。科学的で厳密な研究開発プロセス、共同革新の効果的なプラットフォーム、完璧な試験検証システム、階層構成が合理的な研究開発チームが、南車青島四方の強大な革新的能力を生み出した。

肯定するに値すべきなのは、中国が国内の優位性のある力を結集し、国内の各方面の資源を統合し、導入・消化・吸収・再革新によって、中国の動力分散式列車の研究開発設計、製造工程、調整・試験などの技術を急速に向上させ、比較的短期間の内に高速動力分散式列車の量産に成功し、鉄道輸送の需要に応じて、

「和諧号」CRH380 型の新世代列車を開発して、中国高速鉄道の発展のために十分な設備保証を提供したことである。

「国家一等賞」を受賞

2010 年 1 月 11 日、国家科学技術奨励大会が北京で開催された。

南車四方が受け持った「時速 250 キロの動力分散式列車の高速ボギー台車および応用」の科学研究プロジェクトが光栄にも 2009 年度の国家科学技術進歩賞一等賞を獲得した。

国家科学技術奨励審査委員会は表彰状に次のように書いている。CRH2 高速動力分散式列車のボギー台車の開発の成功によって、材料、機械・電気、制御、けん引・ブレーキ、情報などの技術の進歩と産業のグレードアップが促進されただけでなく、これによって中国の鉄道は「普速（普通の速度）」から「高速」時代に突入した。

ボギー台車は高速動力分散式列車の走行装置であり、自動車のシャーシに相当するもので、システム全体が車輪、緩衝、伝達、ブレーキ装置などによって構成されていて、車両の走行性能と安全性に関わるカギの部分であり、列車の運行速度と運行品質を決定付ける。

道路に比べ鉄道のレールは平らであるが、実際には絶対的に平らであるわけではない。研磨機で磨いた高速列車のレールであっても、非常に微細な起伏がある。列車が高速で運行される時、そうした起伏は列車の振動を増幅し、横方向の「蛇行運動」が現れ、縦方向の「レールの激しい振動」を生じさせる。列車が高速ですれ違う時発生する瞬間的な気流の変化によって、この種の振動が激しくなり、列車が安定性を失い、甚だしい場合は脱線する可能性もある。

専門家によれば、外国の高速列車は通常 4 ～ 6 ミリの車輪とレールの隙間限度値を取っているが、中国の高速列車は、在来線でも、客車専用線でも安全走行できることが要求されているので、自らのレールにマッチする技術基準を制定する必要があった。

この一連の難題に直面し、南車四方の技術者たちはまず精確な動力学モデルを築き上げ、また中国の高速ボギー台車にマッチした技術基準を確立した。その上で、研究者たちは臨界許容速度の向上、脱線係数低減、安定性改善という 3 大指標をめぐって、シミュレーション分析を通じて、一連の反復最適化を行い、動力学、構造強度、摩耗、潤滑、温度上昇など数十項目の分析と計算を行った。

高速列車の中核的な技術として、時速 250 キロの動力分散式列車の高速ボギー台車の重量が軽く、動力学的性能が良く、構造的な安全性が高く、適用性が強く、保守が簡単であるなどの特長があり、技術全体が世界先進レベルに達している。

2007 年 4 月、全国鉄道の第 6 回大幅スピードアップの際に、南車四方が開発した高速ボギー台車はまず京広、京滬な

ど 9 本の合わせて約 6000 キロ余りの主要幹線で使われ、後にさらに京津、武広など新しく敷設された路線に用いられ、累計営業キロは 9000 万キロを超え、旅客の旅行時間を平均 30 ～ 40％短縮し、旅客輸送能力を大幅に向上させた。それはまた、地域経済の協調的発展を大いに促進し、大きな経済・社会的利益と効果をもたらし、中国高速鉄道ボギー台車のメイン製品となっている。

　関連資料によると、CRH2 型高速ボギー台車は、従来の車両運動力学である単車と複数剛体の仮説を打破しただけでなく、システムダイナミクスの理論を発展させた。しかも、高速ボギー台車の振動緩衝サスペンションのマッチング技術や構造的安全性を保証するための軽量化技術で、いずれもシステマチックな革新を行った。

　この研究成果を踏まえて発展してきた CRH380A のボギー台車はもちろん「完全な独自の研究開発」と称されている。この点については外部でほとんど論議を引き起こしてはいない。CRH380A 動力分散式列車の研究開発中に、設計チームは CRH2 型ボギー台車の基礎の上で、京津、武広高速鉄道での累計 100 万キロの路線での追跡試験のデータを体系的に分析し、さらなる最適化設計案を打ち出した。統計によると、合わせて 45 項目の動力学および構造強度のシミュレーション分析、52 項目のボギー台車試験、15 回の線路試験を行い、そのほか、ボギー台車に空気バネとシリーズ振動緩衝装置を取り

付け、列車がより高速度で運行する時の安定性問題を効果的に解決した。

　列車は時速が 1 キロアップするごとに、それによってもたらされる摩耗も大きくなる。この難題に対し、CRH380A 動力分散式列車の研究・開発者は困難に立ち向かい、車輪の材料に十分工夫を凝らしたほか、さらに基準制限以上の負荷条件を加え、ボギー台車に対し延べ 1000 万回に達する疲労強度実験を行い、試験機の台上試験と完成車の線路の反復試験を通じて、最終的にボギー台車の各種のパラメータを確定した。

　ボギー台車のベアリングの温度が高すぎることで自動車の「ロック」などに似た現象の発生を防止するため、設計者は車輪、モーターやギアボックスのベアリングに温度センサーを取り付け、いったん温度が高すぎるようになると、車両制御システムが働き、自動的に速度を制限するようにした。これらの補助装置は、ボギー台車の安全性と信頼度をさらに高めた。

　試験によって、以下の結果が出た。CRH380A 動力分散式列車の運行速度が時速 380 キロの時、脱線係数は 0.1 以下であり、0.8 をはるかに下回り、性能が優れている。列車の振動快適度は 1.5 以下であり、優良状態に達している。「踏面の接触面圧強度」はヨーロッパ基準より 10 ～ 12％低下し、安全係数が 2.7 にまで向上し、部品の疲労寿命は 20 年の使用要求を満たすことができた。速度がより速くなると同時に、ボギー台車の各項目の性能

が低下するどころか、大幅に向上し、全体の技術性能は世界先端レベルに達している。

2010年6月27日、京滬高速鉄道開通を間近にひかえて、100社余りの内外のメディアの記者が列車に乗り、中国速度を体験した。外国メディアは今回の高速鉄道の旅に大いに興味を示し、大勢の外国人記者が撮影道具を担ぎ、スーツケースを引っぱって、「完全武装」で今回の体験型取材に参加した。統計によると、113社の海外メディアから205人が、党中央対外宣伝弁公室、外交部、国務院香港・澳門弁公室、国務院台湾弁公室、鉄道部が共同で行った今回の京滬高速鉄道の走行試験に参加した。

記者たちにとって最も印象深かったのは二つの面で、一つは速いということ、もう一つは安定しているということだった。オランダ国際ニューステレビ局のマリア記者によると、彼女はフランスと日本の高速鉄道に乗ったことがあり、今回は高速鉄道の技術を体験する3回目だ。「時間をつかむ」という高効率の感じが好きだという。また京滬高速鉄道にはハイテクの要素が多く、乗り心地が良く、飛行機みたいに速いという感想を述べた。多くの外国人記者がCRH380Aを体験した後発表した報道で、「卵は転がらず、グラスの水もこぼれなかった」と感嘆した。これらの称賛は得がたいもので、列車の車両の下にある独自の革新の成果である「高速ボギー台車」の功績は否定することができない。

中国中車の関係責任者は次のように語った。中国の高速動力分散式列車は振動緩衝の性能が良い高速ボギー台車を使用し、車両内振動、騒音が小さい。それらはすべて独自に研究・開発したもので、世界先端レベルに達している。

再革新の難しさ

中国の高速鉄道は、世界に注目される成果を挙げた。しかし、中国の高速鉄道のコア部品は果たして中国製のものだろうか、この問題は常に関心を呼んでいる。

高速列車技術の導入過程において、外国側はボギー台車、ネットワーク制御、変換装置、空気ブレーキなどのコア技術や中核的なパーツに対して、技術移転を拒否、あるいは条件付の移転を要求した。これは西側の会社が中国の機関車車両製造の並でない実力に対して警戒心を抱いていたからだ。そのカギとなる計算分析、試験データおよび関連のソフトウェアについてはより厳しく守秘していた。当時、シーメンスの関係者は「コア技術は決して移転しない」と言明した。これに対して、長春客車公司のある技術者は強い感触を得た。彼はコア技術について、われわれが「最後の『障子紙』に少しでも近づけば、外国人は敏感にその上に『鉄板』を被せる」と語った。

日本とヨーロッパの高速鉄道会社が中国に先進的な高速列車の技術を推薦したのは、盛んに発展している中国の新市場

に進出し、数十億ドル規模の契約を獲得し、距離が史上最も長く、発展の余地が最も大きい高速鉄道システムを建設し、自らの声望を確立しようとしたからだ。もちろん、彼らは中国企業が自国のライバルになることを決して望んでいない。

シーメンスの技術者はメディアのインタビューを受けた際、高速列車のけん引システムの中で最も中核的で、技術的価値が高いのはソフトウェアシステムで、シーメンスは決して移転しないと語った。この技術者はまた、列車のコア技術はけん引システムとボギー台車、ブレーキシステムという三つの部分しかないと述べた。そのうち、最もカギとなるのはけん引システムで、これが「高速鉄道の心臓」だ。

周知のように、当今、コア技術について言えば、西側諸国は常に厳重に警戒しそれを死守している。例えば、宇宙開発技術分野で、中国はずっと米国から排斥されてきた。話によると、早くも2000年末に、中国は国際宇宙ステーション計画に参画するつもりだった。2007年10月、中国は宇宙飛行分野で米国と協力を行い、国際宇宙ステーション計画の17番目の協力パートナーになることへの期待を表明した。しかし、米国は中国の宇宙飛行技術の台頭に対してずっと深く懸念し、警戒心を抱いていた。宇宙飛行技術の拡散を防止するために、米国は国際宇宙ステーション計画に中国が参加するのを拒否し続けている。

中国は自らの力で、自主独立で宇宙開発技術の研究と開発を行っている。神舟1号から7号までの宇宙船の打ち上げに成功した後、2010年10月、中国は正式に中国有人宇宙ステーションプロジェクトの始動を表明した。2011年11月、神舟8号と天宮1号の「ドッキング」は中国が米、ロに次ぐ世界で3番目の宇宙ドッキング技術を完全に確立した国となったことを示した。

深刻な現実は、中国の設備製造企業は資源依存型からイノベーション駆動型への転換を加速し、いくつかの重要分野でコア技術を確立し、独自の知的財産権を持ち、科学技術の進歩とイノベーションの成果によって経済発展を推進し、人民に恵みをもたらす必要があることを物語っている。

2010年、鉄道部は「時速200キロの動力分散式列車の国産化率は70%以上だ」と宣言し、「Made in China（中国製）」のラベルが付いた高速鉄道を伴って海外進出を始めた。中国は南米ひいてはヨーロッパに高速鉄道技術と製造力を輸出し始め、これは一部の高速鉄道製造国に脅威を与えた。

2010年11月17日、日本の川崎重工は『ウォールストリートジャーナル』のインタビューで、川崎重工と日本の高速列車メーカーは中国高速鉄道がオリジナル技術を創出したという言い方を認めず、「多くの列車は特許輸出国のものとほとんどそっくりで、車両の外部デザインと内装に微かな変化を加えただけで、そのほかは、

推進システムの改善によってスピードアップしただけだ」と指摘
した。

　当時、中国の鉄道部門は現在販売されている高速列車が国外
技術を用いて研究開発したものだと認めた。しかし、中国南車、
北車公司などの国内企業は製品を研究開発する際に、オリジナ
ル要素を加えることによって、生産した最終製品を「中国製品」
にした。中国の鉄道業界が生産した新世代の高速列車は、外国
の高速鉄列車技術を習得し参考にした上で、システム統合と再革
新によって研究開発されたものだ。

　中国工程院の王梦恕院士は、中国はまず外国から輸入した
少数の完成車を分解し「逆向き設計」を行い、国内の技術者が
自ら組立てとスピード調整を行い、その後、加工図に基づいて、
ノックダウンを行い、最後に逐次に自主製造を行い、外国の技術
をもとにイノベーションを実現したと考えている。

　中国のこのやり方は関連規定に違反してはいないが、ただ海
外の高速鉄道の競争入札で中国とライバル関係にある技術輸出
側を不愉快にさせた、とある外資系企業は指摘した。

中国中車集団の高速列
車製造生産基地

　実際、電力けん引駆動システムとネットワーク制御システムという二つのコア技術は高速分散式列車の「心臓」と「脳」と呼ばれ、外国企業が移転しないと明確にしているコア技術だ。これほど複雑な技術を消化・吸収し、わがものにするには間違いなく一定の時間とプロセスが必要だ。

　いわゆるコア技術と呼ばれるものを詳しく調べると、これは分散式高速列車の心臓と脳の「ソースコード」で、つまりプログラミングソフトを通して見ることができるコードのことだ。しかし、外国企業が中国に移転するのはコンパイルされたソースコード、つまりバイナリコードで、通常、直接に開くことができず、コード内容を直接調べることもできない。その結果、そうであることは知っているが、なぜそうなのかは知らない、ということになる。

　もしカギとなるソフトウェアのソースコードを把握していなければ、技術的な弱点とハッキング防止の対処能力があるかどうかが分からない。ウイルスによるサイバー攻撃で機能停止にされたイランの核施設、スノーデンが告発した米政府「プリズム暴露」事件は共にその戒めだ。比較してみれば、米国人はインターネットセキュリ

ティー対策において非常に高い警戒心を持っている。当時中国南車公司と提携しようとした米国のGE（ゼネラル・エレクトリック）は、米国政府が安全保障上の審査を行うことに備えるために、中国側にソースコードの提供を求めた。

けん引システムのようなカギとなる技術は動力分散式列車の1編成の車両価格に占める割合がどのぐらいなのか、と聞く人がいる。話によると、20～30％占めるそうだ。そのうち、列車の自動制御システムはけん引システムの半分以上を占め、利益が最も高い。制御システムは主にドイツのクノールブレムゼに独占されている。2004年末、香港クノールブレム遠東有限公司は蘇州市ハイテク産業開発区で会社を設立した。2010年末、当該会社の収入は35億元近くに達し、純利益は7億7千万元だった。

ブレーキシステムは外国側から生存の根源と見られ、けん引システムと同様に技術移転を行わず、外国側が中国の合弁工場で生産することになっている。合弁工場の場合、技術移転が行われず、中国側は設計図すら見ることができない。コア技術の移転を望まない一部の外国企業は、ほとんど合弁生産の形をとっている。

3大システムの中で、コア技術移転の契約を結んだのはボギー台車の製造だけだ。据付図だけを売り、設計の原理を説明しないから、そうであることは知っているが、なぜそうなのかは知らない。「現在導入している高速動力分散式列車技術で

は、このような状況が数多く存在している」と「中華の星」動力分散式列車を研究開発した劉友梅氏は指摘し、見える部分なら外国側は中国側に設計図を渡し、これらは中国側はすべて模造できるが、ソフトウェアとコア部品に関わると、つまり見えない部分に対しては外国側は簡単には秘密をもらさない、と語った。

2011年、鉄道部は導入技術の消化状況について調査を行ったが、コア技術は依然として外国企業に独占されていることが分かった。傅志寰院士は、中国高速鉄道が真に技術突破を遂げ、コア技術を確立したのは主に中国共産党第18回全国代表大会以降のここ数年の成果だと指摘した。

当時、技術移転に参加したアルストム、シーメンスなどの数多くの技術者たちは、ドイツの技術導入契約にはコア部品の設計技術の移転が盛り込まれておらず、移転されるのは製造技術だけで、つまり外国側は中国側に据付図を移転し、技術者を派遣して中国側に組み立て方を教えるだけだと指摘した。その他、いわゆる技術移転契約には大量の直輸入パーツの調達が盛り込まれていて、南車集団のある副チーフエンジニアは「実際のところこれはコア部品の調達契約だ」と語った。

南車時代電気公司のエンジニアの姚遠氏によると、時代電気と日本の三菱電機が共同出資し設立した合弁会社の時菱公司は、双方がそれぞれ50％の株を所有した。この会社は主に動力分散式列車の

車両、都市地下鉄のけん引コンバーター、補助コンバーター、制御システムなどを生産する。動力分散式列車のコア部品は三菱電機から調達し、プログラム調整も三菱電機が行っている。実際のところ、最も重要なソフトウェアとプログラムは外国側にコントロールされている。その後、中国側が自らプログラムのパラメータを修正しようと彼らに求めたが、プログラムのソースコードをどうしても明かしてくれなかった。

日本の三菱は時菱公司の収益の分け前において大部分を占めた。三菱の収益は主に三つの部分からなる。一つ目は時菱公司が購入する三菱のコアパーツの収益、二つ目は製品に問題が発生した際に三菱が提供するサービスの料金、三つ目は製品が販売された後、三菱はさらに50％の収益をとる、と姚遠氏は話した。導入した三菱の動力分散式列車を例にすれば、多くのパーツは従来日本から調達したが、中国の路線で使用するとよく問題が発生し、部品の摩耗も事前に話されていた40万キロではなく、20万キロで修理が必要になり、その費用も高かった。その後、CRH380A はヨーロッパ系になった。ヨーロッパ系のものは中国国内のメーカーが生産していて、そのメーカーも合弁会社だったが、中国側の主導権ははるかに大きかった。

厳しい状況のもとで、われわれは自主革新を加速せざるを得ないように迫られていた。これは国を愛するかどうかの問題だけではなく、生存・発展にも関わる問題となり、「国産化」の歩みを加速しなければならなかった。当時のコア部品・技術がみな外国側に握られている状況では、コストがあまりに高いので、国内の企業は生存していけない、と姚遠は考えていた。

そこで、多くの専門家は、高速鉄道には基礎的、戦略的価値があるので、政府から科学技術業界にいたるまで、自主革新とコア技術の把握に対する要請は非常に明確で差し迫っていると見ている。またコストによる圧力を受けて、国内の機関車企業には続々と「国産化」の考え方が芽生えている。

劉友梅氏は、導入、吸収・消化、再革新を経た高速鉄道の技術基盤は当時の「中華の星」の技術基盤レベルより高いことに間違いなく、技術的に大きく進んでいる、と率直に認める。「中華の星」はもう歴史博物館に陳列すべきだ。ただ、中国の機関車製造技術は「コア」から始めるべきで、簡単にパーツの取り替えをするような古いやり方を繰り返してはならないとも彼は指摘する。

コア技術は「先行開発」する必要があり、導入のカギは消化と再革新にあると専門家は分析する。日本は1960、70年代に技術導入を行った際、平均1ドルで導入し、約7ドルで消化、吸収、再革新することによって、急速に自らを技術輸出国に仕立てた。韓国は、同類技術の導入は1回だけで、大事なのは導入後の消化・吸収と自主革新に取り組むことだと明確に規定した。

関係の専門家は次のように指摘した。ここ数年、中国は間違いなく動力分散式列車の量産と製造能力を持つようになり、技術導入によって進んだ製造技術を数多く習得し、例えば溶接の精度は大幅に向上し、車両の製造もできるようになった。例えば、CRH3型動力分散式列車の国産化率はとても高い。元はシーメンスから技術を導入したものだが、導入・消化する過程で革新を実現し、ほろ装置の増設、空気抵抗の低減などCRH3型動力分散式列車のパラメータを大きく改善し、国産化を加速させた。

市場をもって技術と交換しても最先端のコア技術を必ずしも手に入れることはできないが、外国の直接投資が生んだ技術の波及効果を通して、中国の合弁企業は製品の設計、生産、販売などの模倣と応用によって、やはり外国の先進企業の成熟した技術を獲得し、格差を是正し、「門を閉ざして車をつくる（客観的状況を無視し、主観のみに頼って物事を進めること）」というどうしようもなさから脱却したことを認めるべきだ。傅志寰院士は、技術は導入できるが、イノベーション能力は買うことができるものではなく、技術導入と自主革新を同時に推し進めなければならないと指摘する。導入、消化を通して、模倣、コンパイルを行い、最終的にソースコードを把握して、イノベーションを行う。自分のために用いるように変え、自分の所有とさせ、「中国製造」から「中国創造」への逐次転換を実現する。その意味では、買えなかっ

たとしても、永遠に手に入れることができないわけではない。

先進国の日本もこのように外国技術を利用し、改造する道を歩んだことがある。戦後、日本は外国技術に対して逆向き設計を行った。これはある程度、日本が転換を実現するのを助け、最終的に数多くの科学技術会社、鉄鋼会社、造船会社、自動車メーカーを育て、それにはホンダやトヨタも含まれる。韓国も後に同じような道を歩んだ。

同済大学の孫章教授は、独自化は飛躍的にはいかないもので、ハードウェアは導入可能だが、ソフトウェアは完全に消化して、独自化を実現しなければならないと指摘する。国産化は国内生産ということを解決するのみで、国産化は独自化と概念が異なる。中国の高速鉄道は目下、世界の先進的なレベルに達しているが、ソフトウェア、ハードウェア統合のコア技術はまだ完全な独自化が実現されていない。コア技術がすべて手中になければ、世界をリードするレベルだとは言えない。

一般的に言って、西側諸国のコア技術は移転が可能なものではなく、金をいくら出しても買うことはできない。これは彼らが生存していくための元手だからだ。思いのほか、互いに納得がいけば、商売には例外もある。コア技術の移転において、決して移転しない会社もあれば、急いで技術を金に変える必要のある会社もある。例えば、日本の川崎重工、フランスのアルストムは中国へのコア技術の移転に合意した。

条件付きだったが、双方は共に利益を得た。実際、高速鉄道のコア技術の移転に対する認識と実践は完全に発想を転換し、二つの方面から認識し、行うことができる。一つの技術システムの場合は、最新成果をあまねく導入、消化、吸収し、自分のために活用し、自主革新を実現し、独自の技術プラットフォームを構築すべきだ。一つのハイテク製品の場合は、必ずしも自らのものである必要はなく、国際調達によって手に入れることができる。

高速鉄道のけん引給電システムを例に取り上げれば、このシステムのコア技術の一つはシーメンスが生産する27.5キロボルトの真空遮断器で、10万回使用しても故障しない。しかし、シーメンスは技術移転を拒否し、もし移転すれば会社の株価が急落し、国の経済的利益にも関わると言った。高速鉄道の給電は区間毎に電力を供給するので、列車が異なる区間を通過する時は、遮断器によって連続給電を維持する必要がある。高速鉄道では行き交う列車が多く、真空遮断器の品質は直接に高速鉄道給電システムの故障に結びつく。そのため、外国の多くの高速鉄道会社がシーメンスの同製品を使っており、シーメンスが生産する真空遮断器は世界市場シェアの75%を占める。

もう一つの面からみれば、高速鉄道はシステム工学で、このようなシステム工学においては一つの技術だけに頼って完成できるものではない。携帯電話のようなローエンドの電子製品にしても多くの技術特許が関係している。世界最大、最先端の企業でもこれらすべての技術を手に入れることはできず、大量に購入し、導入し、技術交換を行う必要がある。高速鉄道に関わる技術特許はもっと多く、外国企業が特許を保有している状況下では必要な技術導入を行うのは合理的なことだ。このようなシステム工学においてはカギはある技術にあるのではなく、各技術の統合にある。統合を通して新しい技術と知的財産権を形成し、独自の新技術基準を作る。

中国の高速鉄道モデルとは実際のところ、総合的で、各社の長所を取り入れるモデルで、自己発展を踏まえて確立し、数多くの技術の集成を実現するシステム工学だ。連結と統合そのものが大きな革新で、各国、各企業の異なるシステムに散らばっていた技術を選択し、最高、最強の会社の先端技術を買い、「強者連合」を実現し、それを中国の高速鉄道システムに連結、統合させれば、元の技術より高水準の新しいシステマチックな技術が必ず創出される。連結、統合、再革新は中国の高速鉄道技術の核心的価値だ。部門、業種、学校、企業の体制の障壁を乗り越え、全国の科学技術を統合し、高速鉄道という戦略産業のパブリックイノベーションプラットフォームを作り上げた。中国高速鉄道への自信は中国の制度への自信、道への自信の具現だ。

中国高速鉄道のコア技術のイノベーションの現状は簡単に言えば、次のようになる。レール・橋梁・トンネル・暗渠などの

基盤的施設の90％以上は「オリジナル」だ。通信信号、けん引・給電システムは「システム統合開発」で、すなわちプラットフォームイノベーションだ。運転指令と旅客輸送サービスシステムは中国企業を中心とした自主革新の成果だ。動力分散式列車の製造は市場をもって技術と交換し、導入・消化・吸収・再革新によって、一部のコア技術を掌握し、一連の自主革新プロジェクトを完成したのである。

高速鉄道は銀の糸で真珠をつなぐように駅をつなぐ

駅はよく「真珠」と呼ばれてきた。もし鉄道の線路を銀の糸にたとえるなら、駅は銀の糸でつながっている真珠だ。駅は鉄道の最も重要な付帯中枢施設であり、一つの都市のランドマークであり、またその都市の風格を体現してもいる。

1本また1本の高速鉄道の開通につれ、数多くの近代的な高速鉄道の駅が建設された。有名な詩人林莽氏の話によると、真新しい高速鉄道の駅は一つの都市に到着する終点ではなく、その都市に入る起点だという。駅にはそれぞれの風景があり、それぞれの特色がある。創意工夫に富んだ設計、人と自然の調和は、高速鉄道の駅を中華の大地に彫刻された一個一個の美しい芸術品のようなものにし、古い文明と歴史を持つ国にはめ込まれたきらきら輝く文化の真珠のようなものにしている。

中国の高速鉄道駅は多くの旅客に便利な乗降サービス、心地よい待合室、人にやさしいサービス施設を提供するとともに、人々にこの都市を知るための窓を開いている。新しく建設された高速鉄道駅と都市との関係はより密接であり、より調和がとれていて、都市の総合的な交通ないしは経済・社会の発展に対し重要な役割を果たしており、都市の新しいイメージを表わすランドマークとなっている。

『中長期鉄道網計画』に基づき、駅と鉄道路線の能力一体化原則によって、2015年末までに、中国はすでに628の現代的な高速鉄道駅を完成しており、旅客流動の特徴に適応し、旅客流動の需要を満たした、旅客輸送の手配に便利な、都市の発展に利する中国現代化高速鉄道駅システムをほぼ築き上げた。

これらの新しく建設された高速鉄道駅は、駅空間の計画、機能配置、交通の流れ、建築造形、コア技術においてであれ、サービス理念、サービス施設においてであれ、従来の鉄道駅に比べ大きな革新と進展を遂げていて、根本的な変化がみられる。高速鉄道の駅を中心として、鉄道と都市の地下鉄、バス、タクシーなどの交通手段とのシームレスな乗継を実現し、能力の完備、機能の充実、乗り換えの便利を確保している。

歴史を振り返ってみれば、中国の鉄道駅の建設は、およそ三つの発展段階を経てきた。第1段階の鉄道駅は、1980年代の初め以前に完成されたもので、主な機能は単純な鉄道輸送にあり、列車の到着

京広高速鉄道の武漢駅

と出発、旅客の乗車と下車サービスに限られていた。第 2 段階の鉄道駅は、改革開放から今世紀の初めまでに建設されたもので、社会発展の需要に応じて規模を拡大し、サービス機能を広げ、関連付属施設を増やした。第 3 段階の鉄道駅は、旅客専用線を建設しはじめた後の、北京南、武漢、広州南、上海虹橋を代表とする高速鉄道の駅である。これは中国鉄道の旅客駅建設史上の革命的な変化であり、高いスタートライン、高基準、高いレベルに軸足を置いて、世界トップレベルの数多くの大型高速鉄道駅を建設し、旅客駅のライフサイクルにおける旅客の待合方式と旅客輸送量の変化の要求を満たし、都市の急速な発展の要求を満たし、また都市の土地開発、機能の拡大、空間構造の合理化の需要を満たしている。

中国の高速鉄道駅の建設は、先進国の旅客駅の進化と発展の動向を十分に研究し、中国の鉄道駅建設の発展過程と経験・教訓を系統的に総括した上で、人間本位の設計理念を堅持し、鉄道網の計画、都市発展の配置、総合的交通の連結、関連ビジネスや生態の付帯条件を総合的に検討した後、「機能性、系統性、先進性、文化性、経済性」という中国の高速鉄道駅建設

の位置づけを決めたものである。

　機能性とは、旅客重視を強調し、旅客に便利で快適な乗車環境、スピーディーで便利な乗り換えや人にさやしい上質なサービスを提供することである。系統性とは、システムの統合、全体の最適化の原則に照らして、高速鉄道駅を所在都市の現代化された総合交通中枢の中心に建設することである。先進性とは、駅が将来のかなり長い期間にわたる輸送サービスの需要を満たすことを十分に考慮し、先を見込んだ計画を立て、建築の省エネ・エコの要求を十分に考慮し、先進的な建築技術を十分に利用し、高速鉄道駅の内在的品質と将来性を高めることである。文化性とは、高速鉄道駅の交通機能、時代の特徴と地域文化との完璧な結合を実現し、形も精神も備わり、和して同せずということを追求し、文化的ランドマークを打ち立てることである。経済性とは、建築のライフサイクルコストを系統的に考え、駅の規模と建設基準を合理的に把握し、直近と長期の結合を重視し、資源節約型で環境に優しい駅を建設することである。

　総合交通中枢の機能の位置づけ、立体化された配置モデル、動力分散式列車の高速通過による駅への要求、とりわけ大きな空

　間、大きな径間の空間構造システムに基づき、張力と動力分散
式列車の高速通過による振動力に耐える必要がある。中国の高
速鉄道の駅の建設者は科学技術の進歩をよりどころにして、勇敢
に革新し、難関を克服し、特大型の駅の空間構造、省エネ・エ
コ、環境制御、消防・防災など一連の技術的難題を相次いで解
決し、高速鉄道駅建設の順調な推進を確保した。

　　駅の構造において、中国高速鉄道駅は立体化された空間配
置を通じて、空間の最大限利用を実現し、貴重な土地資源を節
約した。「駅橋合一（駅舎と跨線橋の一体化）」と無柱櫛形屋根
ホームの新型の空間構造を大胆に採用し、「地上から駅に入り、
地下から出る」という設計理念によって、駅舎を地上階、プラット
ホーム階と高架に分けた。1階は鉄道橋の構造で、上層は大き
な径間空間の流線形の鋼構造物となっている。車両は高架橋上
で出入りし、旅客は駅前の立体交差橋から2階に上がって列車
に乗る。それぞれの道を利用し、安全で便利だ。大きな待合ホー
ルは、広々として明るく、視野が広い。緑色植物が飾られて、生
気に満ちあふれていて、心が安らぎいい気持ちになれる。

　　総合的な機能においては、中国の高速鉄道の駅では「ゼロ

距離乗り換え」理念を積極的に実行し、都市の多様な交通総合
機能を大いに充実し、複数の高速鉄道、地下鉄、バスと道路の
シームレス接続を実現し、高速鉄道と航空の一体化も遂げている
所もあり、現代化旅客輸送中枢と旅客の乗り継ぎ、乗り換えセン
ターを形成し、旅客の便利な乗り換え、心地よい待合の需要を満
たしている。例えば、広州南駅は京広高速鉄道、広深高速鉄道、
広珠（広州と珠海を結ぶ路線）都市間高速鉄道および地下鉄、
道路などが連結する総合交通センターだ。西安北駅は、徐蘭（徐
州と蘭州を結ぶ路線）高速鉄道、西成（西安と成都を結ぶ路線）
高速鉄道、大西（大同と西安を結ぶ路線）高速鉄道、西銀（西
安と銀川を結ぶ路線）高速鉄道および関中都市間鉄道網のハブ
ターミナル駅だ。滬杭高速鉄道、滬寧高速鉄道、京滬高速鉄道
の合流点に位置する上海虹橋駅は、上海虹橋総合交通中枢の
重要な構成部分であり、同時に1万人の旅客の待合いが可能だ。
上海虹橋国際空港の第2ターミナル（T2）と隣接していることで、
「天地合一」の誉がある。
　　省エネ・エコの面においては、中国の高速鉄道の駅は省エ
ネ技術を大量に採用し、その壁体や屋根は省エネの新材料を用

京広高速鉄道の広州
南駅

い、照明は自然光を十分に利用し、また高効率の省エネランプとインテリジェントコントロールの新技術を使用している。音声、光、温度など一連の室内環境制御技術を使用し、待合環境の質を大幅に高めた。北京南駅は大型の高速鉄道駅の中で率先して太陽光発電を採用した。高架の待合ホールの屋根の中央採光エリアにソーラーパネルを設置し、総出力は350キロワット（kW）に達し、駅の電気消費の解決のために補助的な役割を果たしている。上海虹橋駅は7万平方メートルの無柱櫛形屋根ホームの屋根を利用して、ソーラーパネルを2万3885枚設置し、年平均発電量630万キロワット時（kWh）を実現し、二酸化炭素の排出量を1900トン余り削減し、標準炭を8000トン近く節約した。これと同時に、各大型駅は冬季は都市の未処理汚水の水温が気温よりも高く、夏季は水温が気温よりも低いという特徴を利用して、冬季には汚水からの熱を暖房に活用し、夏季にはそれを排熱・冷房に用い、エコ・リサイクルの暖房と冷却を実現した。

建築の美しさにおいては、中国の高速鉄道の駅は格調が高く、中国の成果・風格を表現した美しい風景となっている。高速鉄道の駅の建築の外観の美しさは人々に身も心も気持ちよくさせる時代感を与えてくれる。各大型駅は伝統文化を十分に吸収した上で、地域文化と近代的な科学技術との融合を堅持し、機能が先進的であると同時に、典雅で美しく、科学技術の革新と調和のとれた文化の特色を体現し、

都市文化の新しいランドマークをそびえ立たせている。

「文化の回廊」という誉のある京滬高速鉄道を例に挙げると、全線には24の駅が設置されており、24都市をつないでいて、「環渤海」と「長江デルタ」の2大経済センターの都市間の5時間快速交通圏を形成した。沿線駅の建築文化にはそれぞれに特徴があり、風格と趣は異なっていて、人々は高速鉄道文化が与えてくれる喜びと快感を思う存分に体験することができる。

まず北京南駅から出発することにしよう。北京南駅は中国の高速鉄道の起点であり、また京滬高速鉄道、京津都市間鉄道の始発駅だ。駅の建物の外観は楕円形であり、天壇を見下ろす効果を基本的な形とし、中間は三つの層に分けられていて、中国の皇室の建築のレイヤー感と地位を隠喩している。

済南西駅は、済南市の「山、泉、湖、川、城」という五つの特徴を背景に、山と水の相連なる蝋山を介し、龍山湖と蝋山湖をよりどころとして、山と水が入れ違いになっている駅の風景に仕上げ、絵のように美しい。

孔子の古里として知られる曲阜、そこにある曲阜東駅は、正面は薄い灰色を基調とした石材の壁と透き通ったガラスの壁が互いに照り映え、篆書の「礼、楽、射、御、書、数」という六芸を表わす六芸群像が彫刻され、伝統的な味わいと現代的なファッションが入り交じり、文化の息吹が濃密に漂っている。

魯班（春秋時代の魯の工匠）の古里である滕州の滕州東駅は、斗拱、花窓（透かし窓）、線脚（線や面の高低変化によって形成した効果）など中国の古典的な建築様式を総合的に運用し、建築の輪郭と線をアピールし、主体を際立たせ、工法が精緻で、中国の匠の心を顕著に示している。

南京南駅は、科学技術、文化、景観を総合した現代建築の代表的なものである。宮廷建築の重檐木構造、雨花石の彩りの豊かさと中華門の三重空間構造をエレメントにし、巧みな発想が人々に驚きと喜びを与え、古都としての趣を受け継ぎながら、新しい時代の駅のありかたをも表している。

最後に上海虹橋駅に着くが、長方形のブロック状の建築構造は、線がはっきりして、重厚感があって堂々としている。ロマンチックな上海スタイルに、大都市のモダンと物静かさが融け込み、まるで東中国海に停泊している総合的な交通用の「空母」のようだ。

高速鉄道のレールに沿って歩けば、その文化は豊かで、驚かされっぱなしだ。銀の糸が真珠をつないでいるように、キラキラ輝いていて、素晴らしいものが多すぎて見切れないほどだ。

また、バショウの葉をかたどった広州南駅には、温かい風が吹きわたり、濃い嶺南（広東・広西一帯）の特色があり、人々に好かれている。鼎の形をした鄭州東駅は、数千年前の商の都の重厚感を凝縮

し、中原文化の荘厳で、落ち着きのある、広大な気位を示している。翼を広げた大きな鳥のような形をした武漢駅は、波の形の重檐がデザインされ、列を作って飛んでいるツルのようだ。千年のツルが帰ってくることを意味していて、武漢の有名な景勝地である黄鶴楼と呼応するものだ。この駅は米国のシカゴ・アテナイオン建築・デザイン博物館のグッドデザイン賞を受賞した。

路教授の一家言

2013年12月、週刊誌『瞭望』は王健君記者の文章『中国高速鉄道の10年の発展 市場をもって技術提供を求めるという言い方は事実にそぐわない』を発表した。この文章は高速鉄道を包みこむ深い霧を突き破る力があり、中国の高速鉄道の自主革新の能力を大いに称賛していて、国民を奮い立たせ、多くのメディアによって争って転載された。

文章は単刀直入にある奇異な現象を指摘した。それは米国のディスカバリーチャンネル（Discovery Channel）が京滬高速鉄道を紹介するドキュメンタリー映画を放映して中国の高速鉄道の技術に対し敬意を表し、ドイツのメディアは「アジア人はすでに西洋から高速鉄道のつくり方を習得し、今では独自研究開発もできるようになった」と感嘆しているのに、一方では、中国の一部の経済学者とメディアは文章を発表して中国の高速鉄道技術を「見かけ倒しの自慢話、あるいは完全なありもしな

い作り話である」と厳しく責めていることである。

王健君記者の文章のすべての論拠はある学者の研究論文にあった。その学者は北京大学政府管理学院の路風教授だ。

2012年末と2013年の初めは、中国高速鉄道の発展の低迷期であった。この時に、中国の産業・経済発展を長期にわたって追跡研究していた路風教授は、中国の高速鉄道の技術に関心を寄せ、それを調査研究しはじめ、そして2013年3月に報告書を書き上げた。王健君氏は路教授のいくつかの論文を選び、ポジティブな角度から中国の高速鉄道の発展の成果を認め、とりわけ中国の高速鉄道の技術の発展経路に対する路教授の独特な見解を紹介したのであったが、それは耳目を一新するものであった。

路教授の研究報告書は、「中国が自主革新の道を堅持せねばならぬ理由は、コア技術はお金で買えないからというわけではなく、能力は買えないからだ。能力は買えないものだから、中国企業と中国産業の中国の技術向上に対する役割は外資系企業に取って代わられるものではなく、従って技術発展に対する中国政府と中国産業の主導権は他のいかなる要素によっても取って代わられるものではない」と指摘している。

周知のように、中国が高速鉄道の技術を大規模に導入した時から、いやというほど世の中の多くの疑問の声をずっと聞かされてきて、論争の焦点は中国の鉄道は世界の先進的な高速鉄道の「コア技術」を真に導入したか否かにあった。多くの中国の高速鉄道事業に携わってきた人やそれを見守ってきた人もそのような疑問の声に悩まされ、またこの苦境から抜け出そうとしてきた。

路教授が分析した結果は、中国は世界の最も先進的な高速鉄道の技術を身につけたが、中国高速鉄道の技術を徹底的に向上させたのは中国の鉄道設備工業の技術力であり、世に言う「導入、消化、吸収、再革新」ではないと語る。このような技術力は技術導入によって生じたものではなく、技術導入の前にすでに存在していたものだからである。このような意表をつくような結論は、確かに中国人の意気を高めた。

路教授が下した結論は、われわれが誇りとする中国高速鉄道の発展のカギとなる問題に関わり、それは具体的に以下の二つの方面にまとめられる。

第1に、中国高速鉄道の発展は「市場をもって技術提供を求める」ことを通じて獲得したものであるのか?

中国高速鉄道の技術の急速な進歩は、ずっと「市場をもって技術提供を求める」ことの成功例として見られてきた。だが、路教授はこの言い方は事実にそぐわないと言う。高速鉄道においては「市場をもって技術提供を求める」ようなことをしたことはなく、中国の鉄道市場は終始一貫して自らの手に握られている。2004年から2006年までは海外の先進技術を大規模に導入

したとしても、「市場をもって技術提供を求める」モデルには当てはまらず、完全な「お金で技術を求める」ことだったのであり、一般的な技術貿易にすぎなかった。

路教授の観点を支えるものは、以下の点にある。まず、中国の鉄道市場を支配できる外国企業は存在しない。鉄道の機関車車両は消費財（例えば自動車）ではなく、外国企業は中国消費者の習慣や観念を直接形作る機会はなく、従って中国の鉄道の運営部門に対し消費者側からの圧力をかけることもできない。次に、資本所有権の介入がないため、中国企業の技術学習のプロセスをコントロールできる外国企業が存在しない。彼らは一度，中国企業に技術と製品を販売してしまえば、中国企業がどのようにこれらの技術を使用するかの意思決定に対し影響力を失うことになる。

路教授は、鉄道市場が外国の企業に対し開放できないのは鉄道の性質と国家体制によって決められることだと強調している。鉄道のような国家主権に関わる大型の複雑な技術システムに対しては、中国が植民地・半植民地国家にでもならない限り、鉄道市場を外国企業に全面的に開放することはありえない。それでは、中国の鉄道市場は本当に外国に開放することができないのか？実は、中国が世界貿易機関（WTO）に加盟した後、鉄道は一つの経済部門として、相応の義務を果たさなければならず、鉄道設備市場の開放もそれに含まれている。市場の開放は、国家主権の問題と関係がないのだ。実のところ、中国がフルセットの動力分散式列車を輸入することであれ、先進的な高速列車の技術を購入することであれ、市場行動そのものだ。さらには、元の鉄道部が高速動力分散式列車技術について国内外に向けて入札募集を行った措置は、中国の鉄道設備市場の開放そのものだ。

第2に、中国の高速鉄道技術は「導入、消化、吸収、再革新」から生まれたものであるのか？

路教授は、自国の技術能力は革新の核心的根源だと主張している。このような技術能力は、技術と技術変化を「会得」する能力を指し、100年来中国が工業現代化を実現するため苦労して求めているコア技術の能力である。路教授はまた、中国の鉄道設備工業はまだ試作車両の技術の「消化、吸収」の段階の時に、すでに「再革新」を始めていたと考えている。国外企業が「移転」したものはただ「生産能力」だけで、技術能力ではないと言う。彼は次のように説明している。いわゆる買ってきた技術は、すべて決まった製品設計の決まった技術であり、すなわち製品に体現されている生産技術であり、「設計能力」ではない。

路教授は、いわゆる中国の高速鉄道技術の急速な進歩は「導入、消化、吸収、再革新」を踏まえて得たものだという言い方は完全に間違っていると主張している。

　実際のところ、中国高速鉄道の技術の形成には少なくとも三つのルーツがある。一つ目は国外の先進技術であり、二つ目は自国の開発能力と技術の蓄積であり、三つ目は生産能力の形成の過程における多種の技術の融合と革新である。必ず認めなければならないのは、「導入、消化、吸収」は重要な前提であり、さらに根本的な役割を果たしていたことだ。自国の技術革新能力を強調するために、この重要な前提、根本的な役割を否定することは、明らかに事実にそぐわない。

　考えてもみよう。もし中国高速鉄道の技術に「導入、消化、吸収」という重要な前提がなければ、再革新が可能だろうか、現在のような重要な技術成果を挙げることができただろうか。答えはノーだ。もちろん、再革新の過程における自国の技術能力の後発の優位性の積極的な役割について、われわれは否認しない。

　さらに考えてみよう。なぜ中国の自動車は自らのブランドを持っていないのか？改革開放以降、中国の自動車産業は外国の先進的な技術を大量に導入し、中国の自動車産業の急速な進展を推進したが、現在に至っても、中国で走っている自動車はほぼみな外国ブランドである。それはなぜだろう。中国の産業の技術能力は自動車産業を支えず、高速鉄道だけを重視しているとでも言うのか。同じく後発の優位性を持っているが、一つは成功し、もう一つは失敗した。結局のところ、その原因はコア技術を真に把握したかどうか、吸収、消化と再革新を真にやり遂げたかどうかにある。コア技術を把握することができれば、自分のブランドを立ち上げることができ、そうでなければ、他のブランドを模倣するのがせいぜいだ。

　また、巨大な市場はコスト上の優位性を提供していることを認めるべきだ。中国の高速鉄道のコストパフォーマンスの優位性は、サプライチェーン全体に対するコントロール能力、強いコスト管理能力および量産化の工業製造能力から来ている。周知のように、同じ製品は生産量が多ければ多いほど、単位当たりのコストが下がることになる。中国の巨大な市場を背景に、われわれは量産化を実現することができ、これは外国の企業でオーダーがあったりなかったりする場合の生産ラインのコストとは違ってくる。このコスト上の優位性をうまく利用すれば、世界の先進技術を獲得するための手持ちのカードが増える。中国高速鉄道の技術の形成経路に対する路教授の分析は、一家言であるにすぎないことは明らかだ。

合（肥）福（州）高速鉄道の建設現場

第章

高速鉄道外交

今や高速鉄道は多くの人々の移動・旅行の最も
便利でスピーディーな交通手段の一つとなって
いて、中国の設備製造業の「黄金の名刺」とも
なっている、と李克強総理は語っている。

中国高速鉄道の「対外展開」の実施に伴い、中国は「ピンポン外交」「パンダ外交」「借款外交」に続いて、再度注目を浴びる新たな外交形式、「高速鉄道外交」を始めた。中国に目を向け続けてきた国際社会にしてみれば、これは明らかに新鮮な「名刺」である。優位性を失うことを恐れる日本にしても、スタート地点から出遅れることを心配する米国にしても、「高速鉄道ブーム」は中国の「高速鉄道外交」に促され、どんどん加熱している。

李克強総理はかつて、「中国の高速鉄道技術は先進的で、安全で信頼性があり、コスト的にも競争の優位性を持つ」と語った。

その後、この言葉は中国高速鉄道の競争力の優位性に関する最も洗練され

た概括ともなった。

「中国高速鉄道」ブランドの世界における認知度は飛躍的に上昇し、ますます多くの国や地域が中国の高速鉄道の発展に関心を持ち始めている。中国の高速鉄道は、橋やトンネル、路床などの軌道下部の土木建築工事において、すでに国際的にトップレベルにあり、軌道構造技術も同じく国際トップレベル、高速動力分散式列車技術も世界トップクラスにあり、高速鉄道の全体設計、施工、運行、ハイスピードの建設技術も、安全性、信頼性、適用性、経済性、先進性という5大指標を比べてみると、技術全体がすでに世界をリードしている。

中国工程院の院士で高速鉄道の専門家である王夢恕氏は、「中国の高速鉄道

技術はすでに多くの国が公認するもので、これも中国高速鉄道があえて対外展開を図る理由です。高速鉄道技術は本質的に中国の科学技術の全体レベルも反映しており、中国の自慢であり、誇りです」と語る。

2013年以降、「中国の高速鉄道」は国家指導者の外国訪問の際の新たな外交の「名刺」となり、習近平国家主席が「一帯一路（シルクロード経済ベルトと21世紀海上シルクロード）」を提唱し、アジアインフラ投資銀行（AIIB）が設立されるにつれ、インフラの相互連結がますます重視されるようになった。中国高速鉄道もまた、未曽有の速度と範囲で海外へ行き渡り、われわれの認知を刷新し続けている。

2015年4月22日、習近平国家主席はジャカルタでインドネシアのジョコ大統領と会見し、双方は両国の高速鉄道プロジェクトの協力文書の締結を見届けた。習主席は、中国はさらに多くの実力ある中国企業が、インドネシアのインフラ整備や運営に参加することを奨励したいと語った。近年、習主席は各国首脳を訪問・会見するさまざまな機会を捉え、国際社会に中国の高速鉄道をアピールし、高速鉄道協力プロジェクトの模索・推進を行い、積極的に中国の高速鉄道の対外展開を図っている。

「スーパー高速鉄道セールスマン」とも「最強のマーケティング総監」とも言われる李克強総理は、外国に中国高速鉄道を薦めることが各国訪問の際の必須の業務のようになっており、これは同時に中国政府の高速鉄道を国際市場に売り込む決意と自信を示している。

2015年11月25日、李克強総理は、第4回中国－中東欧国家指導者会議に招かれて訪中した中・東欧16カ国の指導者と共に中国高速鉄道に乗った。李克強総理は、今では高速鉄道は多くの人々の移動・旅行の最も便利でスピーディーな交通手段の一つとなっており、中国の設備製造業の「黄金の名刺」である。中国は同じ需要を持つ国々とこの成果を分かち合い、中・東欧国家と手を携えて協力し、交通インフラなどの分野において生産能力協力を行い、高速鉄道や鉄道設計・建設において、中・東欧国家にその国にふさわしいプランや製品を提供し、各国の工業化と地域の一体化の進展を後押ししたいと語った。

中国の高速鉄道の発展はまた、多くの国の注目を集めている。2015年末までの段階で、中国鉄路総公司は50余りの国々と高速鉄道協力についての接触を行い、そのうち米国、ブラジル、ロシア、英国、ベトナム、ルーマニア、ポーランド、インド、マレーシア、シンガポールなどの20カ国余りの高速鉄道の潜在的市場と深い交流を行った。

高速鉄道とこの世界

1985 年、米国の児童文学作家、クリス・ヴァン・オールズバーグの小説『急行「北極号」』が一世を風靡した。2004 年にはこの小説が映画化された。物語の主人公の少年は、サンタクロースの存在を堅く信じていて、クリスマスイブに夢の中で北極に向かう急行列車に乗った。果てしなく延びるレールの上を、雪に覆われた大地の中を、にぎやかな列車が一路猛進し、とうとうこの少年と彼の旅行中に出会った仲間たちを北極に送り届ける。

この映画の幻想的な美しいイメージは、未来のレールが、まるで血管のように「地球村」を結び付けるところにある。これにより、この世界はこの上なく精彩を帯びたものになり、さらに多くの物語で満たされるのだ。

1825 年に英国で世界初の公共サービスを行う鉄道が建設されてから今日まで、鉄道はすでに 200 年近い発展の歴史を持っている。1964 年 10 月 1 日に開通した東京と新大阪間の東海道新幹線から数えても、高速鉄道は半世紀を越えた。

世界の鉄道は、大建設期を経て、また停滞期も経て、高速鉄道の出現により、再び高速発展のチャンスを迎えた。日本は世界で最も早く高速鉄道が発展した国であり、1950 年代後半、日本が経済復興を遂げると、政府は工業・経済の発展地域に東海道新幹線という高速鉄道を建設する賢明な決断を下した。高速鉄道は戦後の日本が高く飛翔するための翼となった。

高速鉄道は、現代の経済と社会生活の輸送の量と質に対する新たな需要に応えて、人々に鉄道の価値を見直させることに

なった。日本に続いてドイツ、フランス、イタリア、スペインなどの国で相次いで高速鉄道が建設され、逐次高速鉄道ネットワークが形づくられた。高速鉄道は速度の速さ、輸送能力の大きさ、安全性、エネルギー消費の少なさなど、その他の交通手段では対抗できない利点を持ち、ますますこの世界への影響を強めている。

世界に目を向ける

1991年6月、北京メディアセンター。

高速鉄道に関する国際シンポジウムがここで開かれた。

シンポジウムに参加したのは2カ国のみで、一つは主催国である中国、もう一つは講演国であるフランスである。会議のテーマは、いかにして旅客列車の速度を上げるかであった。両国の鉄道専門家が一堂に会し、旅客列車の高速度の問題について、さまざまな発言や提案を行った。

この年、フランス高速鉄道は700キロ余りしかなかったものの、中国の鉄道関係者はこれを羨ましがった。フランスのTGVは一貫して「ハイスピード」ということで世界に知られていた。この1年前の1990年5月18日、フランス高速列車（TGV）は時速515.3キロという鉄輪式鉄道での走行試験の世界最速記録を達成したのだ。

フランスは高速鉄道の発展チャンスをうまくつかみ、率先して交通輸送手段多様化の時代に突入した。中国とフランスは国情が違い、経済・社会の発展段階も異な

るが、重要な地域と大都市間の主要輸送経路内の動力分布が高度に集中し、旅客と貨物の運送量が集中化する状況を呈していることでは一致していた。中国の鉄道人はフランスの同業者に教えを乞い、学びたいと思っていた。

専門家は皆、世界の高速鉄道の発展がすでに抗えない歴史的潮流となっており、経済的で省エネ、クリーンで秩序だった強大な輸送力を基幹とした交通手段なくして新時代の輸送の大動脈をつくり上げることはできず、繁栄した都市間の輸送の大動脈なくして経済の急速な成長を推進することはできない、と考えていた。

この中仏高速鉄道国際シンポジウムの後、中国の鉄道部門はさらに相次いで日本やドイツ、フランス、スペイン、スウェーデンなどの国を中国に招いて高速鉄道技術シンポジウムを開催し、世界銀行の専門家も何度も中国を訪問し、中国の高速鉄道の建設という課題について共同研究を行った。

周知のように、交通輸送は大口のエネルギー消費先であり、全世界で40％を超える石油が交通輸送分野で消費されている。

1940年代以前の100年余りの間、鉄道はその輸送量の多さ、エネルギー消費の少なさ、全天候型などの技術的特徴によって世界中で広くもてはやされており、同時に陸上輸送の王者として、各種の輸送手段の中でも絶対的で主導的な地位を保っていた。

　自動車技術が改善され続け、高速道路が大量に造られたことに伴い、さらに民間航空が急速に発展すると、斜陽産業とみなされるようになった鉄道は、全面的に衰退期に入った。それは1964年10月、世界で初めての高速鉄道である日本の新幹線が開通し、鉄道が再び世界の注目を浴びるようになるまで続いた。

　その後の30年間、高速鉄道はその安全性、速さ、時間の正確さ、快適さ、省エネ、汚染の少なさなどの一連の技術・経済的な利点により、社会・大衆の広範な支持と歓迎を受け、今日の世界における鉄道発展の第2次繁栄期をけん引した。特に高速鉄道は二酸化炭素排出が少なく、それがゆえに交通発展新技術の勝利者となった。

　速度の速さ：最高時速300キロで計算すると、自動車の2倍以上、亜音速飛行機の3分の1で、短距離飛行機の2分の1の速さとなり、旅行時間の節約から見ると、100〜700キロの範

海南島西環高速鉄道線
を走る高速列車

囲で高速道路や航空機よりも優れている。

　輸送能力の大きさ：日本の東海道新幹線の年間最高輸送量は
1 億 7000 万人に達する。輸送能力は航空機の 10 倍で、高速道
路の 5 倍である。しかし輸送コストは航空機の 4 分の 3、高速道
路の 5 分の 2 でしかない。旅客輸送と貨物輸送の路線を分けた後、
貨物輸送をメインにして在来線を使えば、貨物輸送能力と貨物輸
送速度を共に向上させる二重の効果がある。

　安全性：高速鉄道は普通の鉄道やその他の交通手段に比べ
事故率が極めて低く、日本の東海道新幹線は 29 年間に 34 億人
の旅客を輸送したが、死亡事故は一つも起きていない。

　自動車と航空機は土地使用面積が大きく、輸送量が少ない。
双方向 4 車線高速道路の土地使用面積は、複線の高速鉄道の
1.6 倍で、大型空港の敷地面積は 1000 キロの複線の高速鉄道に
相当する。

フランスはヨーロッパで最も早く高速鉄道を持った国である。1972 年のテスト運行中、フランスの高速列車 TGV は時速 318 キロを達成し、当時の鉄輪式高速鉄道における最高記録となった。1978 年、フランス初の高速鉄道、パリからリヨンまでの TGV 南東線が完成・開業し、最高営業速度が初めて時速 270 キロを実現した。その後、フランス TGV 高速鉄道の技術速度は次々と最高速度を更新し、鉄輪式高速列車の速度として首位を保ち続け、高速度の列車として世界的に知られた。2007 年 4 月 3 日、フランスの試験列車はさらに時速 574.8 キロという速度で鉄輪式列車の世界最速記録を打ち立てた。

今では、フランスはヨーロッパ大陸で唯一の営業キロが 1000 キロを超える高速鉄道運行路線、カレーからマルセイユに至る TGV 高速鉄道を持つ。列車の平均時速は 300 キロを超え、極めて安定した状態で運行されている。現在、フランスではパリを中心にして、各都市および周辺国を放射状につなぐ鉄道網がつくり上げられている。

日本やフランスに比べると、ドイツの高速鉄道のスタートは遅かった。ドイツの ICE 高速列車の研究は 1979 年に始まったが、正式に開業したのは 1991 年のことで、かつ建設当初には基本的位置づけは旅客と貨物を同じ線路を使って輸送するというものだった。

ドイツ ICE 高速鉄輪式列車のスタートと進展が遅かった一つの重要な理由は、ド

イツがずっと高速鉄輪式と磁気浮上式の二本立ての作戦戦略をとっていたからである。後者は技術的に固体摩擦がないという先天的な利点を備えているため、ドイツは磁気浮上式に重点を置いていたのだ。

フランスの TGV が順調に運行され、かつ速度が当時の磁気浮上式に引けをとらないのを見て、ドイツ人はようやく高速鉄輪式の重要性に気づいた。1988 年、ドイツ ICE は最高速度の時速 406.9 キロを記録した。ドイツの ICE は世界高速鉄道技術分野で高い評価を受け、ベルギー、オランダ、スイス、オーストリア、中国などがすべて ICE 高速鉄道技術を採用した。

ドイツの高速鉄道の建設は、既存の技術状態が比較的良い線路に改造を加えるというのが基本で、その他にいくつかの新線を建設しただけであった。現在ではすでに全長約 1500 キロの高速輸送路線が建設されている。旅客輸送と貨物輸送を時間帯によって使い分ける方式を採用し、昼間は時速 200 ～ 250 キロの高速列車を運行し、夜間には時速 120 キロの貨物列車を運行している。1991 年 6 月にドイツ高速鉄道 ICE が開通して以来、その速さ、快適さ、便利さがますます多くの乗客を引き付け、年を追って、その利潤は増えている。

1992 年 4 月、バルセロナ五輪の開催直前、スペインのマドリードからセビリアに至る初めての高速鉄道が開通した。これにより、世界高速輸送の発展の歩みに追いついた。この高速鉄道はフランス、ドイツ両国の技術を導入し、最高速度は時速

300キロに達した。その後、スペインは引き続き高速列車を急ピッチで発展させ、新たな鉄道ネットワーク計画を定め、現在も多くの高速鉄道が建設・計画中である。

1992年6月、韓国ではソウルからプサンに至る高速鉄道の建設が始められ、線路はすべて自らが設計し、国際入札によりTGV高速列車技術の導入が決まり、提携方式で韓国において生産・製造され、最高速度は時速300キロ以上に達し、線路全長は420キロであった。2004年3月31日に完成し、建設期間は12年であった。

世界の高速鉄道の発展を縦覧すると、その成功には二つの基本条件を備えている必要があることが分かる。一つは人口が密集した都市と地域にあり、社会・経済の発展レベルが全体的に高く、十分な旅客輸送量があり、かつ人々の輸送サービスの効率性、安全性、快適性などに対する要求がかなり高く、同時に高めの運賃を受け入れることができることである。そうであれば、高速鉄道の建設、運営、保守における経済バランスの実現に有利となり、高速鉄道の発展が財務的にも継続できる保証となる。もう一つは、優れた科学技術的基礎と優秀な人的資源の備蓄があることで、高速鉄道の技術面の関連要求において保証できることである。

高速鉄道は中国の国情に適合し、その技術・経済的な強みは中国において最も存分に発揮できると思われた。中国人の1人当たりの資源は不足しており、1人当たりの平均耕地面積は世界の平均値の3分の1でしかなく、エネルギー資源はわずか半分である。生態環境問題が際立っていて、交通安全の情勢も深刻で、最大の問題は人口が多く、旅客輸送能力がひどく不足していることで、高速鉄道の建設により、十分にその大きな能力の強みを発揮できると思われた。

現段階の中国社会の消費レベルから言うと、航空よりも相対的に廉価な高速鉄道による輸送は多くの人々に受け入れられやすい。このため、21世紀初めの中国経済・社会の条件の下では、高速鉄道の一連の技術的・経済的な強みが最大限に発揮できる。特に経済が発達し、人口が密集し、旅客輸送量が非常に集中する北京と上海間の輸送大動脈において、高速鉄道を建設することは間違いなく最も良い選択であった。中国の人口や資源的特色に合致した交通運輸システムの建設には重要な意義がある。

世界の高速鉄道の発展を顧みると、大まかに3回の建設ブームがあったことが分かる。

第1次ブームは高速鉄道のスタート発展段階で、1950年代末から90年代初までの時期である。日本をはじめとする第1世代の高速鉄道が完成し、人々の交流往来の時間的距離が大幅に短縮され、地域経済、特に鉄道沿線地域の経済の高速発展を大いに促進し、不動産、産業機械、鉄鋼、冶金などの関連産業の全面的進歩をけん引した。高速鉄道の出現により、一時急落していた鉄道の市場占有率も大

幅に回復し、鉄道輸送企業の経済効果も明らかに好転し、鉄道は斜陽産業というマイナスイメージを完全に払しょくした。統計によると、フランスのパリーリヨン間のTGVが開業した翌年には、純利益がプラス成長となり、投資回収率は12%を超えた。

第2次ブームは、高速鉄道がヨーロッパで大きく発展した段階で、1990年代の初めから終わりまでである。高速鉄道の急速な発展と技術の絶え間ない進歩につれ、高速鉄道の多くの方面における優位性が日増しに明らかとなり、ヨーロッパの一部の土地資源が少ない先進国、例えばフランス、ドイツ、イタリア、スペイン、ベルギー、オランダ、スイス、英国などでは、高速鉄道の建設ブームがさらに熱を帯び、大部分の国では国内あるいは国際高速鉄道の大規模建設に力が注がれ、次第にヨーロッパを覆い尽くす高速鉄道ネットワークが形成された。ヨーロッパ大陸で引き起こされた高速鉄道の建設ブームは、鉄道自体の発展や内部の収益レベルを向上させる需要だけでなく、国と地域のエネルギー・環境などの方面における総合的要求を、より多く反映するものであった。

第3次ブームは、高速鉄道が世界的に大発展する段階で、1990年代末から現在までで、これからも続いていく。1990年代末以降、高速鉄道がもたらす巨大な経済効果と社会利益は、国際社会のより広い範囲において高速鉄道の建設・発展を認可させることになった。2003年10月12日、中国で初めての旅客専用線、秦瀋旅客専用線が正式に開通した。2006年1月、中国初の時速300キロの高速鉄道が台湾で運行を開始した。2008年8月、中国初の時速350キロの高速鉄道、京津都市間鉄道が正式に開通した。中国を代表とする高速鉄道の急速な発展は、世界の高速鉄道の発展にまた新たな歴史的ブームを巻き起こした。

ある意味からすると、第3次ブームにおいて、中国の高速鉄道は世界の潮流をけん引している。高速鉄道は中国において、経済地理学的な革命だと言う人がいる。また、高速鉄道は中国人にとって、時空概念の上での革命であり、高速鉄道によって中国は小さくなり、世界は大きくなっていると言う人もいる。現在、米国、ロシア、オーストラリア、サウジアラビア、ブラジルなどの国では次々に空前の規模の高速鉄道発展計画が制定されている。特にフランス、スペインなどの「高速鉄道の元老国」を含むヨーロッパの国々も、再び高速鉄道の発展を急ぐ遠大な志を示している。世界の高速鉄道の発展は間もなく次なる「黄金期」を迎えようとしているのだ。

「世界島」という考え

スウェーデンEU研究所のエレナ・カールソン研究員は、かつて文章の中で、「中国が高速鉄道を発展させるのはとても賢明な選択で、新たな経済的支点を見つけたと同時に今後の新エネルギー利用の要を押さえたと言える」と記した。

　国際政治学において、一つの重要な分野は地政学説である。地政学の学説の中で最も有名な論点の一つは、マッキンダーの「世界島」論である。このかつてのオックスフォード大学地理学院院長は、有名な地政学の概念を提唱し、ユーラシア大陸とアフリカを併せて「世界島」と呼び、世界島の最も辺鄙で遠い場所を「奥地」と呼んだ。世界地図を見ると、この陸地の周囲は大海原によって囲まれており、まさに島である。

　マッキンダーのこの名言は「ハートランド（中軸地帯）」という思想を集中的に表現しており、その中の「イースト・ヨーロッパ」は、字面では「東欧」だが、中央アジアも含まれていて、比較的よく言われるのは、広い海への出口のないユーラシアの奥地のことを指すというものである。この理論は、ユーラシア大陸の両端の間にあり、東西世界に分けた時の、あの広大で人のあまり住まない

高速鉄道とこの世界（ポスター）

地域を連想させるものだ。

マッキンダーの表現によれば、赤鉛筆で世界地図の上に以下のような曲線を描くことができる。それは、ロシア北部の白海からスタートし、モスクワ、さらに黒海とカスピ海の間のコーカサス地域を抜け、イランの奥地、そしてさらに北東に転じて中国国内に入る線である。このとき中国の新疆と内蒙古をすべて含め、あるいはさらに中国のチベットも入れる必要がある。大興安嶺に至った後、山脈に沿って筆を走らせ、最後に北に向かってロシアの東シベリア海に至る。この曲線にロシア北部の海岸線を加えると、一つの閉じられた空間ができ、これがマッキンダーの唱えるユーラシア大陸の「ハートランド」である。

そして、この「ハートランド」の外側にさらに一つの弧を描く。この曲線はヨーロッパ、アフリカのサハラ砂漠以北の地域、トルコ、イラク、サウジアラビア、イラン、パキスタン、インド、中南半島（インドシナ半島）、中国南部の沿海地域、中国東部の沿海地域、朝鮮半島などの国や地域を内部に含む（あるいは通過する）ものである。「ハートランド」の境界線とこの新しい線との間にできた地域は、見たところ三日月のようなので、マッキンダーはこれを「内側の三日月地帯」と呼んだ。

「世界島」の考えでは、中国は実際には世界島と周辺地域（すなわち内側の三日月地帯）にあり、辺境地域の多くが世界島の中心地域となり、地政戦略的地位はとても重要である。マッキンダーからす

れば、海洋における機動性は、大陸のハートランドのウマとラクダの機動性の天敵となる。

1492年8月3日、コロンブスは船隊を率いて、スペインのパロス港を出発した。10月28日にキューバに到着し、彼はこれを中国大陸の一部で、大ハーンの領域に属すると考えた。彼は現地の国王にイザベルとフェルナンドの国書を手渡した。

1493年3月15日、コロンブスはスペインに戻った。人々は彼がアジアへ向かう道を発見したと思い、コロンブスは英雄となり、熱烈な歓迎を受けた。スペイン国王夫妻は感動のあまり目に熱い涙が溢れ、神から尽きることのない富を賜ったとして、腕を振り上げて喜んだ。マルコ・ポーロ曰く、中国は黄金だらけの土地であったからである。

これは美しい誤りであった。1497年にヴァスコ・ダ・ガマが喜望峰を回ってインドに到着したことで、ようやく本当のアジアに到達した。1519年から1522年にマゼランの船隊が南アメリカを回って地球を一周した後、人々は地球が丸いことを知った。こうして広く無限に広がる海はもはや人々の恐れるところではなくなり、世界は密接につながることになったのである。

コロンブス以後の時代、現代のロシアは組織的、暴力的にかつてのモンゴル人に取って代わり、ロシアはコサックを通じて、ユーラシア内陸部の大草原全体を支配し、蒸気機関車とユーラシア大陸横断鉄道がかつてのウマの機動性に取って代わった。

すぐさま、大陸横断鉄道は陸上の強国の状態を変えた。鉄道は、閉されたユーラシアの「ハートランド」にさらに偉大な奇跡をつくり上げた。なぜならそれは直接ウマやラクダの機動性に取って代わったからである。言い方を変えれば、鉄道の発展はユーラシア大陸を本当の勢力を持つ統一体とし、国家あるいは国家連盟の形成を促したのである。

中国の西部、北部、西南部はユーラシア大陸の「ハートランド」の一部だと見なされる。マッキンダーの大英帝国の視点から使われたこの「ハートランド」という概念は、中国の地理的視点からしてみても、この地域は歴史的に地理的要衝と考えられており、その理由は、中国のこの広大な地域が、いくつかの大文明が交わる場所であったからである。世界的にみても、この地域と比較し得る地域を見つけることはできないかもしれず、ここは重要な力の源泉であり、その他の地域に比べてはるかに多くの奇跡を生み出すことのできるところである。

西側の地政学理論に詳しい人なら皆、文明史全体がすなわち陸上と海上の文明史であり、陸の権力の担い手は鉄道で、海の権力の担い手は船隊で、世界で最も主要な物流、人流、資源流は、鉄道あるいは海を通じて達成されるということを知っているだろう。

ユーラシア大陸で高速鉄道ネットワークが建設され、中央アジア、西アジア、西ヨーロッパ、東南アジアなどの地に向かう高速鉄道ネットワークも造られ、将来的には北アフリカにまで延びると仮定してみることができる。大陸に支えられた海洋国家として、中国は関係国と手を取り合って高速鉄道ネットワークを建設し、高速鉄道のシルクロードをつくり上げなければならず、これは間違いなく賢い選択である。また別の面から見れば、アジア・ヨーロッパ・アフリカの三大陸に高速鉄道を建設することは、中国の高速鉄道の対外展開にとっても、間違いなく巨大なビジネスチャンスで、沿線各国の発展にも極めて重要な意義があるだろう。

今後の世界は、海洋を飛び越える大陸間長距離飛行が大きな飛行機に頼らざるを得ない以外は、国内交通、ひいては一部の国際交通においても、かなりの部分がより安全な高速鉄道に取って代わることになるだろう。そうなれば、高速鉄道産業の世界市場はとても巨大なものとなる。先進的高速鉄道技術を持つ者は、必ず主導権を得て、市場を勝ち取り、国際産業のスタンダード、高速鉄道技術のスタンダードの創設者としての位置に立つことになるだろう。

ユーラシア大陸をつなぐ構想

鉄道によってユーラシア大陸をつなぐことは、「鉄のシルクロード」だと言うことができる。

19世紀末に早くも「ユーラシア・ランドブリッジ」という言い方があり、それはロシ

アのシベリア鉄道を指すものだった。

帝政ロシア期、はるかに離れた東部と西部をつなげるため、ロシアはシベリア鉄道を建設した。この鉄道は、東は太平洋沿岸のウラジオストックから、西はウラル山脈東麓のエカテリンブルグまでで、全長9288キロだった。1891年に、この鉄道の東西両端から同時に工事を開始、1905年に完成し、ユーラシア大陸を横断する交通の大動脈となった。この後、シベリアと極東地域の開発を急ぐために、ソ連政府は2本目のシベリア鉄道（バイカル・アムール鉄道、通称バム鉄道）を建設することを決めた。この新たな鉄道は、西はシベリア鉄道のタイシェト駅から、日本海沿岸のソビエツカヤ・ガバニに至る全長4275キロだった。ソ連鉄道兵部隊の努力のもと、1984年末にバム鉄道は完成し、1985年に開通した。

「新ユーラシア・ランドブリッジ」とはかつてのユーラシア・ランドブリッジに対しての言い方で、それは、東は太平洋西岸の連雲港など中国東部沿海地域の港に始まり、西は大西洋東岸のオランダのロッテルダム、ベルギーのアントワープなどの港に達する、ユーラシア大陸の中部地帯を横断するものだ。この東端は直接東アジアおよび東南アジア諸国につながり、それの中国区間の西の端である新疆の阿拉山口（アラ峠）駅で貨物が積み替えられて出国し、中央アジアに入り、カザフスタンのドストゥク駅に接続し、西に進んでアクタウに至ると、そこから北・中・南の三路線に分か

れてヨーロッパの鉄道ネットワークに接続してヨーロッパに向かう。

2004年、カザフスタン鉄道は100歳の誕生日を迎えた。この時、カザフスタン政府はまさに、西はヨーロッパ各主要都市につながり、東は中国を経て太平洋沿岸につながる「ユーラシア横断鉄道幹線」の建設に力を傾けていたところだった。

カザフスタンの案によれば、「ユーラシア横断鉄道幹線」は、中国東部沿海地域から西に向かい、新疆の阿拉山口を経てカザフスタン国内に入り、さらにカザフ全体を横断して西のカスピ海のアクタウに至り、その後南に向きを変え、トルクメニスタンに入る。その後、「ユーラシア横断鉄道」はトルクメニスタン、イラン、トルコを通り過ぎ、さらに新たに建設される14キロのボスポラス海峡横断鉄道を経てヨーロッパの鉄道と接続し、最後はEU本部のあるブリュッセルに到達するという全長8000キロ余りである。全幹線は基本的に各国内で現在運行されているレールを使い、そのうち新たに建設する必要のある鉄道は3923キロ（カザフスタン国内の3083キロ、トルクメニスタン国内の770キロ、イラン国内の70キロ）となっている。

高速鉄道が登場すると、ヨーロッパでは、ヨーロッパ全体を結ぶ高速鉄道ネットワークをつくり上げるという夢が生まれた。数年来、多くのヨーロッパ国家が皆自国の高速鉄道を持ち始めたが、これらの鉄道システムはほとんど各自が別々に開発したもので、技術的差異がかなり大きく、国際

高速鉄道の開通を難しいものにしていた。

2007 年 5 月 25 日、ドイツから出発した 2 両の高速列車が独仏国境を越え、フランスの首都パリに到着した。列車の時速は 320 キロに達し、フランクフルト－パリ間の鉄道旅行に必要な時間は開通前の 6 時間余りから 3 時間前後に短縮された。米国の『シカゴ・トリビューン』の報道によれば、TGV 東線全線はフランス、ドイツ、ルクセンブルク、スイスの 4 カ国をつなげ、フランスの 20 都市とその他 3 カ国の 10 の駅を結ぶことになる。AP 通信は、この国際高速鉄道は長年温めてきたヨーロッパをつなぐ高速鉄道ネットワークの夢が徐々に現実となりつつあることを示すものだと報道した。

世界の主要先進国の高速鉄道が急速に発展するのに伴い、ヨーロッパの高速鉄道技術は系統化、スタンダード化、一体化、成熟性などの面で全体として世界トップクラスにあり、ヨーロッパ横断高速鉄道の路線計画もすでに浮上してきている。AP 通信によれば、長期計画では、高速鉄道幹線は 2 本造られる予定で、1 本はフランスの首都パリ、ドイツのミュンヘン、オーストリアの首都ウィーン、ハンガリーの首都ブダペストを結ぶもの、もう 1 本はドイツのハンブルグ、フランクフルト、フランスのリヨン、スペインのバルセロナを結ぶものである。

現在、カザフスタンのプロジェクトのほかに、中国はさらに中国、キルギスタン、ウズベキスタンを結ぶ鉄道建設を積極的に推進しており、それにより、中央アジア国際輸送の大動脈をつくろうとしている。中国側は道路設計、施工、生産設備などの方面での協力に興味を示しており、ロシアとベラルーシ両国もまた、バラーナヴィチからブレストに至る試験運行区間の入札に中国の参加を望んでいる。中国は今まさにロシアとの貨物輸送路の建設を急いでおり、それにより北東アジア国際輸送路を形づくろうとしている。

今日の世界には、すでに二つのランドブリッジが存在し、一つはニューヨークからサンフランシスコに至る米国ランドブリッジを指し、それはパナマ運河経由の海運に比べ半分の距離になっている。大西洋と太平洋を結び、ロシア、ドイツ、フランス、英国などの国をつなげる第 1 ユーラシア・ランドブリッジは早くから有名である。もう一つは、東は中国の連雲港から西へ阿拉山口を越え、ヨーロッパに入り、オランダのロッテルダムに達する全長 1 万キロである。1990 年、中国西部の都市ウルムチから阿拉山口までの 465 キロの北疆鉄道が完成し、カザフスタン国内の鉄道と接続した後、第 2 ユーラシア・ランドブリッジ（またの名をユーラシア新海ランドブリッジという）が形成された。中国西部地域の製品がこのルートによってヨーロッパに入れば、時間と運賃を半分に節約できる。もし、ユーラシア横断鉄道が形成されたら、第 3 のユーラシア・ランドブリッジとなり、その意義、役割および距離はいずれも現在あるランドブリッジよりも大きくなるだろう。なぜならそれは、東は中国の上海、広州、香港など

を起点とし、あるいはシンガポール、ベトナムなどを起点にして、昆明、大理、瑞麗を経てミャンマーに入り、インド、パキスタンを通ってイランに至った後、二つのルートに分岐し、一つは続けて北西に向かってイスタンブールに達し、ヨーロッパの鉄道ネットワークと接続する。もう一つは、南西に向かい、イラクなどの国を経て、エジプトのポートサイドに達し、アフリカの鉄道ネットワークと接続し、地中海にも行くことができる。上海から出発して、イスタンブールに行こうと、ポートサイドに行こうと、どちらも1万1000キロあり、距離的には第2ユーラシア・ランドブリッジを超える。

国際高速鉄道協力国の間で実際に守り従わうのは、「自由、平等」を特徴とした市場権益関係であり、もし中国の高速鉄道発展の成果自体がグローバル化に恵まれた結果だと言うならば、同じ道理で、中国が国際高速鉄道に参与し建設することもまた、協力国とこの種のグローバル化の利益を分かち合うということになるだろう。

高速鉄道自体が持つ技術、経済の波及効果から見ると、中国の国際高速鉄道への参与とその建設は、必ずや「時空の圧縮機」の役割を発揮し、それにより中国の西部、東北部、東南部とそれに隣接する周辺国をつなげ、一つの技術、経済、貿易の共同体とし、さらにはすべての参与、建設の協力国に共に利益を受けさせることになる。この種の効果は巨大で、大いに称賛するに値するものである。

「一帯一路」の魅力

前漢時代、中国の張騫は2度西域に赴き、中国と外国との交流の新世紀を切り開いた。この時から、各国の使者、商人のラクダ隊は張騫の切り開いた道にそって、中原、西域とアラビア、ペルシャ湾そして地中海を緊密につなげ、世界的な陸上の東西大交通路を形作らせた。輸送された貨物の中でも、シルク製品の影響が最も大きく、そのために「シルクロード」と名付けられた。

隋・唐代には、大きな貨物船が広州、泉州、杭州、揚州などの沿海都市から出発し、中国のシルクを南洋やアラビア海、さらにはるか遠くのアフリカ東海岸にまで運んだ。秦・漢代に形成された「海上シルクロード」は、この時、繁栄期を迎えた。宋・元代には、磁器、香辛料の輸出がしだいに主要貨物となり、この海の道は「陶器の道」とも「香辛料の道」とも言われるようになった。

長きにわたって、シルクロードと海上シルクロードは、古代中国と世界のその他の地域が経済・文化の交流往来を行うルートとして、人類の文明の進歩を極めて大きく推進した。

2013年9月と10月、習近平主席はカザフスタンとインドネシアを訪問した際に、「シルクロード経済ベルト」と「21世紀海上シルクロード」を共に建設しようという提案を行った。

「シルクロード経済ベルト」は中国から

西アジア、さらにはヨーロッパに至るもの
で、「21世紀海上シルクロード」は、中国
から東南アジアを経てインド洋、アラビア
海や湾岸地域にまで延びるものである。中
国の「一帯一路」を共に建設するという提
唱は、古代シルクロード精神の継承と発揚
を旨とし、それに時代的精神を与え、時
代の活力を奮い起こし、時代の価値を実
践し、人類社会のために新たな物質と精
神の富を創造するものだ。

「一帯一路」は東アジア、中央アジア、
南アジア、西アジア、東南アジアおよび
中・東ヨーロッパ、東アフリカ、北アフリカ
などの国と地域を含み、その総人口は約
44億、経済規模は約21兆ドルで、それ
ぞれ世界の約63%、29%を占める。この
ように巨大な経済規模と人口数に対して、
「一帯一路」で貨物の順調な輸送や人の
自由な往来を実現するには、輸送量が大
きくて高速の鉄道交通は、間違いなく最も
現実的で最も経済的で最も確かな選択で
あろう。

このため、中国と関係国は国境をまたぐ
交通のインフラ整備を積極的に探求し、一
歩一歩アジアの各圏地域およびアジア・
ヨーロッパ・アフリカ間の交通輸送ネット
ワークをつくり上げ、つながっていない、
つながっているけど通じていない、通じて
いるけどスムーズではないなどの問題を適
切に解決する。「一帯一路」という大舞台
の上で、高速鉄道が十分に重要な役割を
果たすことは間違いないだろう。

目下、中国はすでに中央アジア、ロシ

アおよび東南アジアなどの方向に通り抜け
る3本の高速鉄道ネットワークの建設計画
を立案している。現在、ロシア、ラオス、
ミャンマーなど17の周辺諸国と協議を進
めているところである。すでに多くの国と
の合意を達成しており、技術面での討議
段階に入っている。2030年までに、中国
からヨーロッパに向かう2本、東南アジア
に向かう1本の高速鉄道が完成する見込
みだ。

計画によれば、中央アジアルートは、
新疆ウイグル自治区の区都ウルムチから出
発し、キルギスタン、カザフスタン、イラ
ンなどを経由し、東ヨーロッパまで延びる。
東南アジアルートは、中国南部の昆明か
ら出発し、ベトナム、カンボジア、タイ（あ
るいは昆明からミャンマーを経由し、タイに
至る）を経由し、シンガポールに至る。もう
1本の計画は、中国北部の黒龍江省か
ら出発し、シベリアを通り抜けて西ヨーロッ
パに至るものである。これは中国からロシ
アのモスクワに至る通常の鉄道の方向と基
本的に一致しており、「2本目のユーラシ
ア大陸棚の道」と言われる。

英国『インデペンデント』の報道によれ
ば、中国では夢のような巨大な変化が起
こり、京滬高速鉄道が中国台頭の最新の
シンボルとなっている。中国はすでに世界
最大の高速鉄道ネットワークを持っていて、
このプロジェクトはさらに「鉄のシルクロー
ド」へと拡大しようとしている。もしすべて
順調にいけば、2025年にはハルビンから
列車に乗り、叙事詩のような旅を始め、ロ

高地・寒冷地区にある哈大高速鉄道線を走る高速列車

シアを経て東ヨーロッパ・南ヨーロッパに入り、最終的にロンドン
まで到達できることになる。

　2014年6月17日、李克強総理はロンドンのダウニング街10
号の首相官邸で英国のキャメロン首相と共に中英首相の年度会
合を行った。2003年に英国で初めての国境をまたぐ線となる高速
鉄道（HS1）が開通し、ロンドンからイギリス海峡を通り抜け、フ
ランスのパリに至る有名な「ユーロスター」はまさにHS1の軌道
を使っている。2012年、英国のキャメロン首相は英国の2本目の

北京からモスクワに向
かう国際列車に乗る外
国人旅客

高速鉄道（HS2）プロジェクトをスタートさせることを発表した。李総理の英国訪問中、中英両国政府は、双方が互いの市場で軌道交通（高速鉄道を含む）設計コンサルティング、工事建設、設備供給、施設保守などの分野の実質的な協力を促進することに合意したとの共同声明を発表した。中英の関係部門は『鉄道交通分野の協力についての了解覚書』に署名し、協力の政策枠組を確定した。もっと具体的な協力文書はないにしても、外界は一般的に、中国側がHS2の運営権の入札を申請する、あるいは沿線の駅周辺開発などの付属プロジェクトに投資するとみている。

カナダの『エドモントン・ジャーナル』の報道によれば、中国は今まさにヨーロッパと高速鉄道ネットワークの建設についての折衝を行っていて、英仏海峡トンネルを利用し、この鉄道ネットワークは最終的に乗客をロンドンから北京まで、その後、さらにシンガポールまで運ぶことができる。この記事では、「新しい高速鉄道ネットワークは航空機による旅行よりもっと良いかもしれない」と記されている。乗客はロンドンで列車に乗れば、2日後には直線距離で8100キロ離れた北京に到着でき、さらに続けて列車に乗れば3日後に1万800キロ離れたシンガポールに到着することができる。一方、飛行機でロンドンから北京に行くにも10時間かかるのだ。

2014年10月13日、李克強総理がモスクワでロシアのメドベージェフ首相と共に中ロ首相第19回定期会合を行い、共同声明に署名した。李総理は、中国側はロシア側と経済貿易協力を強化することを望んでおり、2015年の2国間貿易額が1千億ドルに達する目標を実現し、貿易協力の質と量を絶えず向上させ、鉱物採掘、化学工業、農業、インフラなどの分野における重大投資プロジェクト協力を強化し、北京からモスクワに至るユーラシア高速輸送路の建設を推進し、優先的にモスクワからカザンに至る高速鉄道プロジェクトを実施し、双方向の投資を増やして、経済貿易と投資という二つの車輪の同時回転を促すと語った。

李総理とメドベージェフ首相が共に立ち会う中で、中国の国家発展・改革委員会とロシアの運輸省、中国鉄路総公司とロシア国家鉄道の4者が高速鉄道協力の覚書に署名した。中ロの高速鉄道協力覚書への署名は、中国の高速鉄道がロシアの地に建設され、「モスクワ—北京」のユーラシア高速輸送路建設の希望が見えてきたことを意味する。

2012年12月1日には早くも、中国初でかつ世界初の高地寒冷地帯長大高速鉄道のハルビンから大連に至る線が開通している。この高速鉄道の営業キロは921キロ、設計速度は時速350キロで、遼寧、吉林、黒龍江の3省を縦断し、全線に23の駅がある。最近30年間の気象観測記録によれば、東北3省の年間温度差は80度に達し、中国で最も寒く、また温度差が最大の地域である。中国高速鉄道はこのような寒い場所での検証を経て、世界

に高地寒冷地帯での高速鉄道建設のモデルを示したのである。

2015年5月8日、大祖国戦争勝利70周年記念式典に参加するためロシアを訪問した習近平主席は、モスクワのクレムリン宮殿で、ロシアのプーチン大統領と会見した。中ロ間では会見を両国元首サミットとした。双方は衛星測位システムGLONASSと北斗の共用、情報セキュリティの政府間協議、モスクワからカザンまでの高速鉄道建設などを含む数十の合意書に署名した。中国鉄路総公司の盛光祖総経理とロシア鉄道のヤクーニン総裁は高速鉄道覚書にそれぞれ署名した。

モスクワから北京に至る高速鉄道の全長は7000キロを超え、途中、ロシア、カザフスタン、中国の3国を経由する。モスクワ－カザン高速鉄道プロジェクトはユーラシア高速輸送路のパイロットプロジェクトであり、このプロジェクトは、西のモスクワから東南に向かい、タタールスタン共和国のカザンに至るもので、途中、ヴラジーミル州の州都ヴラジーミル、ニジニ・ノヴゴロド州の州都ニジニ・ノヴゴロドとチュヴァシ共和国の首都チェボクサルなどの重要な都市を通る全長770キロ、設計速度が時速400キロのものである。全線開通後、モスクワからカザンまでの列車の運行時間は現在の11時間30分から3時間30分に短縮される。プロジェクトの計画では、2018年ワールドカップの開催前に工事を開始する。この高速鉄道は最終的に北京まで延び、北京からモスクワまでの鉄道所要時間は5泊6日から1泊2日に短縮される。また、これにより、「モスクワ－北京」ユーラシア高速輸送路が造られる。モスクワからカザンまでの高速鉄道建設のプロジェクト総費用は1兆683億ルーブル（約213億ドル）で、中国は一部のプロジェクトの融資を提供する予定だ。先駆けとなる「モスクワ－カザン」高速鉄道プロジェクトの優先的実施に伴い、中国の高速鉄道は間もなくロシアの広大な大地の上を駆け抜けることになる。

中ロ間の歴史図鑑を整理すれば、鉄道は一貫して避けることのできない重要なものである。1954年1月31日、北京からモスクワへの直通旅客列車が正式に開通した。数十年もの間、この列車は両都市の間の多くの時代の記憶を乗せてきた。二つの異なる国の少女2人がこの国際列車の車両に並んで座って、ほほえんでいる可愛らしい当時の白黒写真が広く流布していて、隣国友好の記憶の証拠となっている。

この片道9050キロ近い国際列車は、ユーラシア大陸を横断し、世界の国際列車での最長距離のもので、北京とモスクワ間をすでに62年にわたって運行している。これは全ロシア鉄道ネットワークにおいても最も歴史のある国際列車で、「中ロ友好の象徴」とされている。

2015年6月18日、中ロ投資協力委員会の第2回会議の枠組みの下で、中国中鉄二院工程集団有限責任公司が入札に参加したロシア初の高速鉄道の計画設計

契約がサンクト・ペテルブルグで正式に署名され、中国高速鉄道のさらなる対外展開となり、これはまた、中ロがシルクロード経済ベルト共同建設の実践の中で踏み出した深い意味を持つ一歩を象徴するものでもある。

「アジア横断鉄道」の推進

「アジア横断鉄道」のコンセプトはヨーロッパ横断鉄道のコンセプトに端を発しており、最初に出現したのは1960年のことだ。当時アジアの数カ国が、シンガポールからトルコまでをつなぐ鉄道建設の可能性について研究を進めていた。当時の目標は、全長1万4000キロにわたる完全な鉄道の提供であり、中南半島を縦断し、シンガポールとトルコのイスタンブールをつなぎ、さらにヨーロッパやアフリカまでつなげる計画であった。しかし、その後の国際社会の政治・経済的障害に阻まれ、行き詰ってしまった。

1976年、アジア横断鉄道の構想が拡張され、都市以外の地域や港をつなげる鉄道もまた計画に繰り入れられた。アジア横断鉄道の名前が明確に提起されたのは1995年のことである。その年の12月の東南アジア諸国連合（ASEAN）第5回首脳会議の席上で、時のマハティール・マレーシア首相がメコン川流域の範囲を超え、マレー半島の南端のシンガポールから、マレーシア、タイ、ベトナム、ミャンマー、カンボジアを経て中国の昆明に至る「アジア横断鉄道」を提唱したのだ。この提唱はすぐさまASEAN首脳と中国政府の賛成を得た。当時、ヨーロッパはヨーロッパ各国を結ぶ鉄道が建設されたために、各地域の経済・社会が急ピッチの発展を遂げていた。もし東南アジアないしはアジア全体の鉄道がつながり、鉄道大ネットワークが形成されれば、世界で3本目のユーラシア・ランドブリッジが機運に応じて誕生することになる。

数百年前、東方はヨーロッパに彼らが渇望する素晴らしい宝物、シルク、玉などを提供した。砂ぼこりが舞い上がる商業の道、すなわち有名なシルクロードに沿って、これらの産物がヨーロッパに運ばれた。今では、中国は世界の工場となり、ヨーロッパの中国への輸出製品にも止まることを知らない需要がある。港が込み合えば込み合うほど、製品受け渡しの時間がより重要となり、中国や周辺の国々は改めてアジアを貫く古い陸地路線に視線を向けた。

2010年4月10日、アジア18カ国の代表が韓国のプサンで正式に『アジア横断鉄道網政府間協定』に署名した。その協定の計画によれば、4本のアジアを横断するゴールデンルートを建設し、ヨーロッパとアジアの2大陸を一体化するという。この「鉄のシルクロード」は28のアジアの国と地域をつなげ、全長は約8万1000キロとなる。

2004年1月、アジア横断鉄道は早くも中国の『中長期鉄道網計画』に盛り込ま

れた。アジア横断鉄道の中国雲南省区間は雲南・ベトナム鉄道の昆明－ハノイ区間に取って代わり、三つの路線案が立案されている。1番目は東線で、シンガポールからクアラルンプール、バンコク、プノンペン、ホーチミン、ハノイを経て昆明に至る。この案の全長は5500キロで、中国国内で北は雲南の玉渓から、雲南の河口港を通じてベトナムに貫通する。2番目は中央線で、シ

雲貴高原の山間を通り
抜ける高速列車

ンガポールからクアラルンプール、バンコク、ビエンチャン、尚勇、祥雲（玉渓）を経て昆明に至るものである。3 番目は西線で、シンガポールからクアラルンプール、バンコク、ヤンゴン、瑞麗を経て昆明に至るものだ。もしこのような広大な計画が最終的に実施されたら、中国と周辺国の相互接続が大幅に促進・強化され、沿線国や人々に多くの経済的利益をもたらすことだろう。

広西チワン族自治区を走る高速列車

アジア横断鉄道の東南アジア区間の東、中央、西の3本の路線はすべて中国の雲南省昆明から出発し、ベトナム、カンボジア、ラオス、ミャンマーなどの国を経て、タイのバンコクで合流した後、クアラルンプールを経て終点シンガポールに直接到達する。そのうちの中国国内の玉渓から河口、昆明から大理の区間はすでに開通しており、昆明から玉渓、大理から瑞麗区間は現在建設中で、中国・ラオス、中国・タイを結ぶ鉄道の玉渓から磨憨までの区間はすでに2015年末に先行工事が行われる区間の入札を終えており、現在建設が急がれているところである。

アジア横断鉄道の視点から見ても、第3のユーラシア・ランドブリッジの視点から見ても、昆明はどちらにおいても要所で、ハブの位置にある。これは全国の鉄道の末端にあり、鉄道ネットワークが少なく、偏っていて、劣っていた雲南の鉄道が、今後配置・位置づけし直され、「一帯一路」の新たなハブとなる見込みがあるということを意味している。同時にこの発見によって初めて、アジア横断鉄道への理解がより深まるだろう。

これにより、新たな「シルクロード」あるいは「茶馬古道」が中国西部の門戸となるだろう。中国が必要としている石油やガスなどの資源はもはやすべてを船での輸送に頼る必要はなく、大幅に輸送時間を短縮することができる。この「鉄のシルクロード」は中国の西部発展に大きな促進作用があり、東ヨーロッパ各国の文化・科学技術交流、物資輸送の方法を急速に拡大することもできる。「鉄のシルクロード」が経由する国もまた、融資モデルなどの問題を含む研究の計画を立て始めているようだ。

東南アジア全体の枠組みと中国の戦略的枠組みからみると、中国と利益が最も関係する西方行の国はブルネイ、フィリピン、マレーシアなどの国である。中国に対しては、タイを通じて陸路が南北を貫き、水路で東西に達する。このため、タイは地理的に中国にとって極めて重要な戦略的意義を持つ。

実際のところ、中国・タイ鉄道は中国が提唱するアジア横断鉄道ネットワークの重要な一部で、タイからすると、アジア横断鉄道はタイから各地への旅行時間を大幅に短縮する。タイには良港が多いが、現在のタイの輸出量はすでに港の受け入れ能力を超えてしまっている。このため、多くの物資はマレーシアのペナン港に中継輸送し、そこから海上輸送している。アジア横断鉄道が今後物資輸送のための準備をすることができるなら、タイとマレーシア両国間の物流効率を大幅にアップさせることができる。

もし、中国がタイの鉄道システムに接続するとしたら、二つの選択肢がある。一つはチェンマイ、もう一つはノーンカーイでつなげるものだ。2006年11月10日、韓国のプサンで締結された『アジア横断鉄道網政府間協定』のアジア横断鉄道計画

の中央線案は、ラオスのビエンチャンから
タイに入るもので、ノーンカーイを走る路
線だ。

　アジア横断鉄道の計画によれば、タイ
はアジア横断鉄道の中央線に位置し、ア
ジア横断鉄道が中南半島を通る要所と
なっている。中国・タイの両国が締結した
了解覚書によれば、中国はタイで 2 区間
の鉄道を建設する。一つはタイ北部のノー
ンカーイからラヨーン県のマープタープッ
ト工業港までのもので、その間にナコーン
ラーチャシーマー県やサラブリー県のカエ
ン・コイを通り、この鉄道の全長は 734 キ
ロである。またもう一つは、カエン・コイと
バンコクをつなぐ全長 133 キロである。

　『ザ・タイムズ・オブ・インディア』によ
れば、インドの鉄道部門は現在高速鉄道
建設を提案する研究をしており、高速鉄
道は将来的にインドと中国をつなげるだろ
うとのことである。中国もインドのマニプル
州を通り、中国とインドとをつなげる鉄道
の建設に強い興味を示している。インド鉄
道委員会のある政府関係者によれば、鉄
道部門はすでにマニプル西南地区のジリ
バムからミャンマー国境のモレーまで広軌
レールを敷設しており、この鉄道はインド・
ミャンマー国境地域に建設される予定の鉄
道とつなげられ、両国がさらに多くの製品
を中国に運ぶのに便利となるだろう。

　この記事ではさらに、中国がニューデ
リーなど、西南地区の多くの都市とつなが
る高速鉄道路線を建設しようとしていると
報道している。最近、中国はすでに中央

アジアの数カ国と合意に達しており、この
意気込みに満ちあふれたアジア横断鉄道
プロジェクトを推進することができ、インド、
パキスタン、イラク、シンガポール、ロシ
アとその他の国が直接つながることになる。
そして中国の最も重要な提案とは、昆明
から出発し、ニューデリーに至る鉄道路線
の建設である。

　中国政府は、まず昆明からシンガポー
ルに至る全行程の所要時間が 10 時間の
高速鉄道の建設を構想している。この高
速鉄道は、北は中国の昆明を起点に、途
中、中国・ラオス国境の磨憨と有名な観
光都市であるヴァンヴィエン、ラオスの首
都ビエンチャンなどを通る。

　目下、ミャンマー国内区間の踏査・測
量は終了している。地形が複雑なため、
中国からミャンマーに通じる鉄道は時速
170 キロしか出せず、一般の鉄道より速い
ものの、高速鉄道の速度にはまだ及ばな
い。マレーシアの首都クアラルンプールか
らシンガポールに至る高速鉄道は、アジア
横断鉄道の最南端の路線として、すでに
議事日程に上がっている。

　技術基準が統一されておらず、加えて
投資が不足しているため、2006 年に締結
された『アジア横断鉄道網政府間協定』
はずっと机上の空論のままだ。シルクロー
ド基金とアジアインフラ投資銀行（AIIB）
の設立によって、「一帯一路」沿線国家
のインフラ整備に新たな融資プラットフォー
ムが造られた。また、今年正式に実施さ
れた初の中国高速鉄道の国家基準は、各

国間の鉄道相互接続の有力な技術的支柱となるだろう。

国家発展・改革委員会など三つの部・委員会が連合して発表した「一帯一路」のビジョンと行動では、「沿線諸国はインフラ計画と技術基準システムの結合を強化し、共に国際的な幹線通路建設を推進しなければならない」と提起されている。これは締結されて10年近くになる『アジア横断鉄道網政府間協定』に巨大な推進力を注ぎ、国際鉄道建設プロジェクトは現在、絶えずその速度を速めている。

IZPテクノロジーのビックデータによれば、「一帯一路」沿線地域において、鉄道などのインフラ整備への注目度トップ3の地域は、東南アジア、中央アジア、南アジアで、このデータから、中国に近ければ近いほど、相互接続への願望が強いことが分かる。中国の陸続きの隣国のうち、すでにロシア、モンゴル、カザフスタン、北朝鮮、ベトナムなどの国と中国を結ぶ直通列車は開通している。ラオス、ミャンマー、ネパール、インド、キルギス、パキスタンなどの国は中国の鉄道につなげる工事が現在進行中か、あるいは間もなく始まる予定だ。

『アジア横断鉄道網政府間協定』の計画によれば、ユーラシア大陸をつなぐ4本の鉄道ネットワークはすでにその形ができている。それらは、朝鮮半島、ロシア、中国、モンゴル、カザフスタンなどの国からヨーロッパに直接達する北部路線、中国南部、ミャンマー、タイ、マレーシアなどの国を結ぶ南部路線、ロシア、中央アジア・ペルシア湾をつなぐ南北路線、中国、ASEANおよびインドシナ半島を結ぶ中国－ASEAN路線である。この4本の路線は28の国・地域をつなげ、総距離は8万キロ以上に達する。

アジア横断鉄道は、高速鉄道を主とし、普通鉄道を兼ねた快速鉄道だ。これは、中国南西部の大理からミャンマー、ラオス、タイに至り、その後分かれて西はマレーシアを経てシンガポールまで、東はカンボジア、昆明を経てベトナムのハノイ、ホーチミンまでで、東南アジアをつなぐ経済の大動脈である。アジア横断鉄道は区間ごとに建設される計画で、南西から中国を出て、北上してインド、パキスタンなどの地に至り、「鉄のシルクロード」とイランで交わり、東欧から東南アジアに至る快速鉄道ネットワークを形成し、中国と東南アジア各国との友好・互助関係をより密なものとするだろう。

アジア横断鉄道が建設されれば、中南半島東側のベトナム、カンボジアと西側のタイ、ミャンマーが一気につながる。中国大陸とメコン川流域の3億人の政治・経済関係がより緊密となり、これを「世界的な意義のあるルート」とするだろう。アジア横断鉄道は物資と人の流動を便利にし、それは必ず経済活動効率を引き上げ、さらにはより平和で安定した地政学的環境をつくり上げることだろう。

かつての鉄道王国

2

米国の鉄道の営業キロは世界一で、現在、28万3000キロの鉄道を有している。しかし、米国は現在、世界で唯一の高速鉄道のない先進国となっている。

2014年2月3日、中国の旧暦1月4日、米国・ニューヨークのタイムズスクエアでナスダックの大スクリーン上で、中国で製造されたCRH380A高速列車が華々しく披露された。これは「世界の交差点」と呼ばれる場所における中国のハイテク設備の最新イメージの展示であり、中国の高速鉄道の米国に向けた宣伝の目玉でもあった。

1840年代、米国は野心的に絶えず西部に向かって己の領土を開拓し、全北米大陸を占拠し、東は大西洋、西は太平洋に至る国家をつくり上げようとしていた。1830年5月24日、米国初の鉄道が開通し、ボルティモアからエリコットまでの全長

21キロだった。その後、鉄道建設の規模は拡大し続け、すぐさまブームとなった。1916年時点では、米国の鉄道の総営業キロは史上最高の計40万8700キロに達した。

鉄道が生まれてから、世界の交通運輸の主役は、「らせん式」の上昇過程を経てきた。つまり、「鉄道−道路−高速鉄道」である。1825年に鉄道が英国で誕生してから100年の鉄道時代を経ており、1930年時点では、米国の鉄道は全国の60%以上の旅客輸送量と80%以上の貨物輸送任務を担っていた。しかしこの後、道路がしだいに鉄道に取って代わって主要な輸送方法となり、世界は自動車時代に突入した。

州と州をつなぐ道路が大いに発展したため、1940年代には、米国は鉄道を取り

壊し始め、鉄道は一時27万3000キロに
まで減少した。この時から、鉄道は「斜陽
産業」とまで言われるようになった。

米国の旅客輸送構造は典型的な「自
動車＋飛行機」である。米国運輸省の統
計によれば、2001年に80キロ以上の移
動をした米国人の中で、56％が自家用車、
41％が飛行機、2％が長距離バスを選択
し、鉄道を選択したのは1％であった。専
門家によれば、米国が世界の5％を占め
る人口で、世界の26％のエネルギーを消
費するのは、かなりの部分が交通輸送構
造の不合理さによってもたらされたもので
ある。

CNNがふざけて「遊園地の小型機関
車」と呼ぶアセラ・エクスプレスは、米国
の鉄道旅客輸送会社が経営するワシント
ンD.C.とボストンの間を走る北東の回廊線
で、平均時速は109キロ、最高速度は時
速240キロである。これは米国で唯一の「高
速鉄道」と呼べなくもない鉄道である。

米国の週刊誌『タイム』には、中国人
はすでに弾丸のような速さの列車をたくさ
ん持っているが、米国の鉄道の平均時速
はいまだ116キロにすぎず、鉄道システム
において、米国は中国に学ぶべきだと記
されている。

中国人労働者と大陸横断鉄道

1784年、米国商船の「エムプレス・オ
ブ・チャイナ号」が中国に来航し、近代
中米交流の幕が開いた。

この後、中国人船員やミッションスクー
ルの子どもたちが米国に渡ったが、その
数は限られたものだった。

1820年、広東の多くの農民が苦力
（クーリー、肉体労働者）として遠い海の
彼方へ渡り、米国で生計をたてようと、最
初は金の採掘に携わった。

1840年、中国と英国との間でアヘン戦
争が勃発した。閉ざされていた中国の門
戸が大英帝国の艦船と砲弾によって穴を
開けられ、中国人は奴隷のようにこき使わ
れると同時に外の世界を見ることとなった。
一山当てようと、中国人が大量に米国に
押し寄せ始めた。

太平洋の対岸にあるカリフォルニアの金
山は、大きな魅力を持っていた。ゴール
ドラッシュが中国・広東の耕す土地のな
い農民を、全く知らない土地へと導いた。
1852年の1年だけでも3万人の中国人労
働者がサンフランシスコに到着した。19世
紀半ばには、米国の中国人労働者は10
万人にものぼっていた。

1863年、米国の内戦が正念場を迎え
た時、リンカーン大統領は東西を結び付
けるために、太平洋と大西洋をつなぐ鉄道
の建設を決定した。これ以前、リンカーン
は初めての太平洋鉄道法を制定していた。
大陸横断鉄道は東部鉄道と西部鉄道に分
けられた。東部鉄道はユニオン・パシフィッ
ク社が建設を請け負い、西部鉄道はセント
ラル・パシフィック社が建設を請け負った。

1863年1月8日、西部鉄道がカリフォ
ルニア州の州都サクラメントの2本の街路

が交わるところから建設が始められた。しかし、その後の 2 年で 50 マイルにも達しない距離しか建設が進まなかった。白人労働者たちは「荒れた西部」における苦労に耐えかねて、工事が遅々として進まなかったからである。

この時、米国のカリフォルニア州に移民としてやって来た中国人はすでに 5 万人近くにのぼっており、そのうち 9 割が若い男性であった。かつ、この時の西部の金鉱はすでに枯渇に直面していて、数万人の中国人労働者が生活のあてがない苦境に陥っていた。1865 年 2 月のある日、途方に暮れたセントラル・パシフィック社の経営陣が労働力不足という問題を解決するために、試しに 50 人ほどの中国人労働者を使ってみた。最初、工事責任者や白人労働者は皆、中国人労働者の体格がひ弱で、小さいので、こうした辛い労働には向かないだろう、と中国人労働者を敵視していた。しかし、鉄道工事の引き受け責任者のクロッコは、「万里の長城を造った民族だから、鉄道工事だって当然できるだろう」と言った。

果たして、この 50 人の中国人労働者は一人ひとりが辛い労働に耐え、この上なく勇敢だった。彼らは規律を守り、頭も良く、多くの技術をすぐにマスターした。彼らは工事現場で 1 日に 12 時間働き、賃金が白人労働者よりもかなり低いだけでなく、食事は自分でまかなわなければならなかった。間もなく、意外な結果に喜んだ建築会社は、大々的に中国人労働者を募る

ことにした。この時から、セントラル・パシフィック社は本当の一歩を踏み出したと言える。うま味を知った鉄道建設請負会社は、全力を挙げて中国人を米国に移民させることを支持するようになった。彼らは人を広東省に派遣してまでして労働者を雇わせ鉄道建設に参加させ、さらには汽船会社に話をつけて、安い船賃で中国人労働者を米国に運ばせた。

同時に、会社の上層部は中国人労働者移民を米国に呼び寄せるため、有利な条件を得ようと、中国と米国の双方の外交官に働きかけた。1868 年 7 月 28 日、清朝の全権大使のアンソン・バーリンゲームは、米国の国務長官スワードと、それぞれが両国政府を代表して、『バーリンゲーム条約』を締結した。中国と米国は共に両国国民が相手国に自由に移民する権利を認めて、米国が中国で中国人労働者を募る法的根拠とし、同時に中国人労働者が米国に移民するための門戸を開いた。

米国西部は、訪れる人のほとんどない不毛の地であった。幾重にも重なる山々、あるいは広い砂漠と塩湖が広がっていて、特にシエラネバダ山脈は険しく、フレイザーバレーの断崖絶壁の区間の線路工事は特に難しく、切り立った崖の上に複線の広い路床をつくり出すために、中国人労働者はゴンドラの中に入って身体を結び付け、山頂からロープで下がっていって、中空で崖に火薬をセットし、点火した後に上に引き上げさせた。そこの岩は堅かったので、しばしば火薬が穴の中から飛び出し

て、中国人労働者を傷つけた。さらに標高二、三千メートルの高
地を越えなくてはならず、冬と夏の温度差が極めて大きく、冬は
しばしば猛吹雪に襲われた。火薬の性能が安定していないため、
あるいはロープがすり切れて、崖下に落ちて亡くなる中国人労働
者は数知れなかった。

　その615キロの区間に1万5000人の労働者を使ったが、その
うち9000人が中国人で、7年かけてようやく開通した。

　ある資料によれば、1865年から1869年の4年間で約1万
6000人余りの中国人労働者が米国の大陸横断鉄道の建設工事

米国大陸横断鉄道の
小さな駅（ニュー
ヨークのメトロポリタ
ン美術館所蔵の油絵

に加わり、すべての労働者数の９割を占め、彼らの多くは広東省と福建省から来た人々であった。

1869 年 5 月 10 日、米国の太平洋東部鉄道と西部鉄道がつながった。全長 3000 キロ余りの北米大陸を横断する世界初の大陸横断鉄道が完成し、「19 世紀の世界で最も偉大な建築」と言われた。これは熱狂的な鉄道投資ブームをもたらした。後に世界を席巻した金融危機を引き起こしたが、これは予測不可能であった。1873 年、マーク・トウェインがこうした事柄を背景に、彼の初めての長篇小説『金ぴか時代』を著した。

　大陸横断鉄道は米国の経済地域を一つにつなぎ、怒涛の米国経済発展期がスタートする象徴となった。この時から、米国は名前だけが存在する国家から、本物の一つの完全な国家となったのである。無数の中国やアイルランドからの新たな移民が、米国の鉄車輪のために北米の荒野にわが身をささげた。米国の良心的作家であるソローは、どの枕木にも中国人の無垢な霊が宿っていると批判した。

　1964年、米国のネバダ州が建州100年を迎えた際、10月24日を「華人先駆者に敬意を表する日」とした。この州の29番目の記念碑のテーマは「ネバダ州の中国人」で、英語の銘文には「これはネバダの歴史上で重要な役割を担った何千何万もの中国人の英雄的気概と毅然とした態度を顕彰するためのものである」と刻まれている。

米国大陸横断鉄道の
工事現場での中国人
労働者たち

大陸横断鉄道は米国を変え、米国を100年余りの時間で急速に台頭させ、世界最強国とした。

米国の鉄道史は、中国人労働者の血と涙の長い歴史でもある。大陸横断鉄道は1マイルごとに1人の中国人の遺骨が埋まっており、中国人労働者の累々たる白骨で米国の大陸横断鉄道は造られたのである。当時、中国人労働者たちは報酬が極めて少ないだけでなく、人種差別や中国人排斥の波など、不公平な待遇を受けていた。そうであっても鉄道労働者の中国人の先駆者たちは屈辱に耐え、不屈の精神で、自らの血と汗で、涙なくしては語れない歴史の1ページを記したのだ。

しかしながら、中国人労働者の廉価な労働力は中国人排斥の主な根拠となった。1882年、米国議会は正式に中国人移民排斥法を制定し、これは米国史上唯一の特定の国の人民に向けた排斥の法律であり、これにより米国経済と社会発展史、移民史、政治史、人権記録史上で最も悲劇的な歴史が生まれた。

この種の現象は、一部の良識を持つ米国人を含めた国際社会の不満を引き起こした。時代が進むにつれ、この歴史はますます人々の目の前にはっきりと姿を現している。北米の鉄道を建設した無名の中国人労働者はすでにより客観的で公正な評価を下されるようになっている。

ニクソン以後の米国の歴代大統領は皆、中国人の米国建設における貢献を賞賛している。中国の指導者もまた、幾度にもわたり、北米鉄道の中国人建設労働者に十分な評価を下している。江沢民はかつて、「中国の移民は早くから米国にやって来て、西部開発に大きく貢献した」と語っている。胡錦濤は、「19世紀中葉、数万にも及ぶ中国人労働者と米国人民は、共に山に道を開き、川に橋を架け、米国を東西に貫く鉄道の大動脈を敷設した」と指摘している。

1991年、米国のイリノイ州政府が中国人労働者の米国鉄道建設の功績を顕彰するために、中国の上海に3000本余りの犬釘で形作った記念碑を寄贈した。この碑文には、「中国の建設労働者の貢献は、米国の東西の海岸をつなげ、国家統一を促進する重要な要素となった」と記されている。

この碑文はかつて大陸横断鉄道に身をささげた「沈黙の犬釘」たちを慰安することができるのかもしれない。

オバマ大統領の高速鉄道への態度

2011年6月30日、北京発上海行のD87号高速列車が定時に上海虹橋駅に到着した。ある美しい列車乗務員が、同乗取材していた米国『ウォールストリート・ジャーナル』の記者に、「米国には高速鉄道がありますか？」と聞き、記者は頭を振って、「ないと言っていいですね」と答えた。彼女はちょっと黙ってから、「本当ですか？」と言い、顔に浮かんだ笑みを隠しきれないでいた。

　この米国記者はこの対話を、彼の記事の中に書き入れた。中国にはさまざまな問題があるにせよ、二、三十年前にはまだ蒸気機関車で人を運んでいた国からしてみれば、高速鉄道は誇るに値するもので、この誇りが自然に乗務員の表情に現れていた。彼女の隠しきれない笑みは明らかに、「中国の高速鉄道は米国に進出できますか？」と問いかけていた、と彼は記している。

　中国の鉄道に関わっているある政府関係者は、「中国の高速鉄道が国際市場に打って出ることについて言えば、ロシアと米国とを比べると、米国市場を得ることをより希望しています。かつて、中国人も米国の大陸横断鉄道の建設に参加しましたが、当時は肉体労働者を輸出し、今やわれわれは世界最新の高速鉄道技術を輸出するのです」と語っている。

　米国の高速鉄道の夢は実は1991年に始まったが、ずっと十分な支持を集められないでいた。

　ワシントンからボストンの東北回廊は人口が密集し経済が発達していて、米国の全国鉄道旅客輸送会社の最も重要な幹線で、旅

米国大陸横断鉄道の建設工事施工現場

客輸送量が比較的多いが、列車の運行時速はわずか96キロから112キロである。多くの乗客は、もしこの路線に高速鉄道が開通したなら、必ずより多くの人が乗車するだろうと言う。

2007年春、世界のエネルギー資源の欠乏と環境の悪化という現実的問題に迫られ、米国の議会が高速鉄道の発展を考えていた時、中国鉄道部に、フランス、ドイツ、日本の鉄道部門と共に、米国議会が開く米国高速鉄道発展の公聴会に参加してくれるようインビテーションが送られてきた。

金融危機が米国鉄道のスピードアップを加速した。2009年5月、オバマ大統領は彼の高速鉄道振興計画が議会の承認を得ることができるよう、特にペロシ下院議長に中国訪問時に高速鉄道を視察するように指示した。このかつて反中であった女性議長が、京津都市間鉄道の「和諧号」に乗車したときには、いつもの態度とは違って、にこやかに中国の高速鉄道を褒め称えた。

2009年11月、米国のオバマ大統領が中国にやって来た。

オバマ大統領訪中期間に、中米双方が発表した『中米共同声明』の中で、「双方は両国の公共・私営機関が高速鉄道のインフラ整備面で協力することを歓迎する」ことが記された。これにより、中国鉄道部と米国ゼネラル・エレクトリック社（以下GE社と略称）の戦略的協力の了解覚書が締結された。

訪中前の2009年4月16日、オバマ大統領は米国人の高速鉄道への情熱に新たに火をつけた。彼はアイゼンハワー政権以来最大規模の交通への投資をスタートさせ、米国の高速鉄道ネットワークを構築する計画を発表した。オバマ政権は、高速鉄道プロジェクトは直接的な雇用と経済効果を生み出すことができるだけでなく、全国の新たなインフラ拡張計画の基礎となり、コミュニティー発展を促進し、さらにスピーディーで省エネの交通手段を提供して、米国に新たな産業を打ち立てることができると考えたのだ。より速度の速い旅客輸送鉄道の建設をスタートするために、米連邦政府は110億ドル近い支出を行い、そのうちの80億ドルは2009年に可決された経済刺激策からのもので、その後5年は毎年10億ドルが追加されるという。

米運輸省のラフッド長官は、今後数年間で、ヨーロッパおよびアジアの会社が米国の高速鉄道の建設に深く関与するなど、民間資金が大挙して高速鉄道に投資する現象が生まれるだろうと指摘している。これは、当初の110億ドルが少なくとも1千億ドルにのぼる投資を突き動かすことを意味している。

米国では、政策決定者が高速鉄道に熱心であるだけでなく、多くの一般民衆も「高速鉄道の夢」を見ている。ある米国の弁護士が『人民日報』記者に、彼が中国に出張し、初めて高速鉄道に乗ったとき、中国の発展のあまりの速さに震撼させられたと語ったという。彼は米国に帰った後、中国ファンになって、中国語の勉強を始めたということだ。

19世紀、鉄道建設によって、米国は繁栄・発展することができた。今では米国の鉄道輸送はとっくに自動車と航空機に取って代わられている。高速鉄道において、米国は他の先進国にはるかに後れをとっている。しかし、高速鉄道による長距離輸送はより安全で、便利で、省エネで、より多くの利点を持っている。

2010年1月27日、米国のオバマ大統領は任期内の第1回一般教書演説を行った。彼はアメリカンドリームを再燃させ、米国人に奮起してこれを追うことを促した。オバマ大統領は、「1本目の州間鉄道の誕生から、州間高速道路システムの完成まで、われわれの国は世界のトップを走ってきた。われわれにヨーロッパや中国に最速の鉄道を持たせる理由はない」と語った。

翌日、米国フロリダ州のタンパからオーランドに至る都市間高速鉄道の施工がまず開始された。オバマ大統領はフロリダで、連邦政府は80億ドルを拠出し、米国の高速鉄道計画を開始すると宣言した。公開資料によれば、オバマ政権の計画では、合計13本の「鉄道回廊」がその資金の受益者となり、それは全米31州に及び、カリフォルニアとフロリダ州が最大の勝ち組である。

しかし、この資金は明らかに焼け石に水に過ぎない。米国政府もこの点を意識している。米連邦鉄道局はメディアの取材を受けた際に、米国政府は初期の80億ドルの投資で、国家高速鉄道システムを造り上げられるとは期待していない。鉄道局は外

国企業の潜在的投資チャンスを含む戦略的な公共と民間投資の結合によって、はじめて国家のスピーディーな旅客輸送鉄道ネットワークを長期的に整備していくことができると語っている。

外電は、中国のある産業が米国大統領の一般教書演説の中に出現することはいまだかつてないことであり、これは中国の高速鉄道産業が一目置かれていることを示していると評価している。中国の宇宙船が宇宙を飛ぼうと、弾道弾迎撃ミサイル技術を手に入れようと、このような「待遇」を受けたことはない。これは中国の成功が、次のような全く新しい産業コンセプトを切り開いたからである。それは地面での高速運転はかなりの程度航空飛行に大規模に取って代わることができ、かつそれがよりエコで、より安全で、より廉価であることだ。

実際のところ中国は、世界で最も速く、システムが最も複雑な高速鉄道体系を持っている。高速鉄道技術は日本やヨーロッパが率先して開発したものだが、中国がこの技術を導入し、改造した後、高速鉄道は中国産業の最も輝かしい星となった。これは、火薬は中国で発明されたが、ヨーロッパで大々的に応用され、世界を刀剣の時代から火薬の時代へと進ませたのと同じである。

韓国の『朝鮮日報』の報道によれば、中米首脳会談が2010年1月21日に終了した後、韓国航空業界は大いに打撃を受けた。なぜなら、米国のGE社が中国側と合意に達し、高速鉄道技術獲得の対

価として、中国に飛行機のエンジン製造技術移転をすると決定したからである。GE社は中国航空工業集団公司（AVIC）と航空電子合弁会社の設立枠組み合意に達し、双方が50%ずつの株を持ち、合弁会社の本社は上海に置かれる。

中米首脳会談に先立つこと半月、1月6日に、スペイン紙『リベリオン』に、ある米国の作家の文章が掲載され、そのタイトルは『米国と中国、敗者と勝者』というものであった。文章には次のように書かれていた。中国の鉄道輸送サービスでの優勢はすでに米国を超えている。中国の高速鉄道は武漢と広州という二つの重要な都市の間を走り、1068キロの距離をわずか3時間ほどで結ぶが、300キロの距離のボストンとニューヨーク間を往復する米国の快速列車は、いつも定刻より3時間余りも遅れる。米国の旅客輸送鉄道システムが投資と整備の不足により、古くなり時代遅れになった時、中国は170億ドルを投じてこの高速鉄道を建設したが、一方米国はほとんど同じ金額の軍事費でアフガン戦争やパキスタン戦争を行い、さらにイエメンで新たな戦線も開いた。

2010年12月7日、米国GE社は北京で、中国南車股份有限公司と提携枠組協議を締結し、米国で合弁企業を立ち上げ、共同で高速鉄道およびその他の軌道交通技術の米国市場での普及・発展を推進することを発表した。

新華網の報道によれば、この提携枠組協議の締結は、中米両国企業が米国で高速鉄道列車を製造し、今後の米国の高速鉄道に用いることを意味し、中国の高速鉄道が正式に米国市場に入ってゆくことを示している。

米国GE社傘下のGE運輸システムグループは100年を超える歴史を持ち、世界トップクラスの鉄道、船舶用動力、油田掘削電動機械などのサプライヤーであり、本社は米国ペンシルベニア州エリー市にあり、世界中に8000人もの従業員を抱えている。中国南車は中国最大の軌道交通製造企業で、世界最大の軌道交通設備企業の一つでもあり、高速・中速動力分散式列車と都市鉄道車両の設計、製造、検査、修理、保守などにおいて豊富な経験と先進技術を持ち、自ら研究・開発を行ったCRH380A動力分散式列車は、世界の鉄道運行における最高時速を記録した。中国の鉄道線の上を走る機関車、旅客列車、貨物列車の半数が中国南車によるものである。中国人の注目を浴びている高速動力分散式列車は、その半分が中国南車によって製造されている。

「今回の双方の強力な提携により、GE輸送システムグループと中国南車が設立する合弁企業は、米国・フロリダ州とカリフォルニア州の二つの高速鉄道プロジェクトに高速鉄道技術を提供する初めての米国製造企業となるでしょう。この協議ではさらに中速動力分散式列車と都市鉄道交通の車両製造により、米国の旅客輸送・交通輸送システムの発展を助けます」とGE社のジョン・ライス副会長は語る。

中国南車股份有限公司の趙小剛会長は、中国南車は、中・高速動力分散式列車および都市軌道交通設備の分野で、豊富な開発・運行経験を持っていると語る。GE の北米地域での先進的な製造・サプライチェーン管理能力および米国鉄道市場に対する深い理解と結合させると、双方の提携で米国でトップ技術を持つ軌道交通設備企業をつくり上げることになるだろうと語る。

中国の『上海証券報』の報道によれば、中国鉄道部と米国 GE 社は、中国南車と GE 社が米国で合弁会社を立ち上げるのを支持し、中国の高速鉄道技術を米国に導入することで双方の意見が一致した。合弁会社の製品には高速電動列車だけでなく、さらに中速電動列車、地下鉄、ライトレール車両およびディーゼル動車も含まれる。

2010 年 1 月、鉄道部の何華武チーフエンジニアを団長とする中国高速鉄道プレゼンテーションチームが米国に赴き、一週間にわたって宣伝活動を行い、直ちに米国に中国高速鉄道ブームを巻き起こした。

2011 年 1 月 19 日、胡錦濤国家主席はオバマ大統領とワシントンで首脳会談を行った。

その後、両国は「技術協力」合意書を発表した。米国のホワイトハウスは、中国国務院鉄道部が米国に高速鉄道技術を提供することに同意したと発表した。合意書によれば、米国は中国に航空技術を提供し、中国は米国に高速列車技術を提供する。両国の技術協力合意書の締結に伴い、米国と中国は現地にそれぞれ各自の技術を教える協力会社を設立する。

しかし、オバマ大統領の「高速鉄道の夢」は依然として苦境にあった。米国メディアは、平和時にはいかなる大型プロジェクトの実施も論議を呼ぶもので、高速鉄道も例外ではないと指摘している。米国ブルッキングス研究所の上席研究員で都市インフラ研究主管のロバート・プエンテは記者に対し、高速鉄道ネットワークに向かう道において、米国は厳しい政治的・経済的障害に直面し、さらにはコミュニティーの土地使用、環境保護などのテーマでの反対を加え、進展は極めて遅いだろうと語った。彼は、政府は戦略的に一、二本の高速鉄道の幹線を選んで建設し、聡明な投資を行うべきだと考えている。

2014 年 8 月 18 日、『ニューヨーク・タイムズ』の記事が、高速鉄道は本来、オバマ大統領の任期における象徴的な運輸プロジェクトであるべきだったのに、2 期目の半ば過ぎまで、ほとんど大きな進展がみられなかったと指摘している。ある専門家は、オバマ大統領のかつての高速鉄道への遠大な理想は幻想にすぎず、しょせん「分裂した政府」の時代であり、彼がしたいと思っても、力不足であったと考えている。

当初を振り返ると、2008 年オバマ氏は大統領選で大きな精力を使い果たし、さらに彼の政治資金のうちとても良質の一部を使って、あたかも米国の経済問題の妙薬であるかのように高速鉄道の利点を宣伝した。2011 年に共和党が米国下院の多数

の議席を奪うと、彼が追求していた高速鉄道列車が東西海岸を結ぶという目標はしだいに水の泡になってしまった。その原因は多方面にわたるものであるのは明らかだが、オバマ大統領が一貫して米国の高速鉄道の夢を捨てなかったのは事実である。

2015 年 9 月 17 日、習近平主席が訪米し、オバマ大統領との会談が行われる前夜に、注目を浴びていた中米経済協力における 3 項目の重要な成果が真っ先に発表された。この日、中央財経指導者グループ弁公室の舒国増副主任は、北京で開かれたニュースブリーフィングの席上で、現在、中米双方はすでに米国西部の高速鉄道プロジェクト、中米の共同開発によるアフリカクリーンエネルギープロジェクトおよび中米建築エコ基金プロジェクトで実質的な進展を得ていると語った。

中国鉄路総公司の楊忠民副チーフエンジニアによれば、中国企業 6 社からなる中国側の連合体は、米国ですでに中国鉄路国際（米国）有限公司を登記・設立し、2015 年 9 月 13 日に、米エクスプレスウエスト社とラスベガスで合意書を締結して、合弁会社を設立している。「このプロジェクトは米国において初めてシステマチックな協力が行われた中国の高速鉄道プロジェクトで、中米経済貿易協力の重要インフラ整備プロジェクトの一つであり、中国の鉄道の対外展開に特殊な意味を持ちます」と彼は語る。

楊副チーフエンジニアによれば、米国西部の高速鉄道は全長 370 キロで、ネバダ州南部とカリフォルニア州南部を結ぶ。エクスプレスウエスト社の情報によれば、このプロジェクトの初期投資は 1 億ドルで、双方はすでに融資計画の確定などを含めた関係作業を鳴り物入りで進めており、2016 年 9 月末に建設が始められる計画となっている。

シュワルツェネッガー氏の中国への思い

2003 年 10 月 7 日夜 8 時、米国カリフォルニア州は歓喜の声に酔いしれていた。現職のディビス州知事が罷免され、ハリウッドスターのアーノルド・シュワルツェネッガー氏が軽々と 134 人の敵を打ち倒し、カリフォルニア州第 38 代知事に就任したのだ。

オーストリアの辺鄙な山村から、米国にやって来て、彼は成功した。英語をしゃべれないやせた少年は、壮健な身体を持つ美しい青年となり、さらに世界の映画ファンを魅了するハリウッドスターとなって、成功した。彼は人一倍の意志力を持ち、できないことはないと堅く信じた、アメリカンドリームの体現者であった。

シュワルツェネッガー氏は中国と縁がある。彼はカリフォルニア州知事時代、二度中国を訪れている。

2005 年 11 月 14 日、シュワルツェネッガー氏は一週間の中国訪問旅行をスタートさせた。彼は北京、上海、香港などを訪問し、その目的はカリフォルニア州の対中貿易の促進であった。

2010年9月10日、シュワルツェネッガー氏は再び米国を出発し、商業貿易代表団を率い、アジア訪問を開始した。

彼は、この時の中国、日本、韓国を含む「アジア行程」で、この3国の高速鉄道運行状況を視察し、さらに各国でカリフォルニア州の高速鉄道建設の投資企業の誘致を行おうとした。

2008年、カリフォルニア州は全長約800マイル、工事費用は約450億ドルのカリフォルニア州高速鉄道の建設を決定した。シュワルツェネッガー氏は、中国にカリフォルニア州の高速鉄道への投資・建設に加わってほしいと希望しており、これは中国とカリフォルニア州の経済・貿易往来にとって「巨大なビジネスチャンス」となると語った。

米国政府の刺激計画は、高速鉄道プロジェクトに80億ドルの資金を準備しており、カリフォルニア州はこの年の早い段階でこのうち22億5000万ドルを獲得していた。計画によれば、カリフォルニア州高速鉄道は、南はカリフォルニア州第2の都市であるサンディエゴから途中ロサンゼルスを経て、最後にサンフランシスコに達する全長約800マイルのもので、工事費用は約450億ドル、2020年完成予定である。カリフォルニア高速鉄道の設計時速は200マイルで、完成後には、ロサンゼルスからサンフランシスコまでわずか2時間40分しかかからないが、現在高速道路を使って車で行くと7時間かかる。

カリフォルニア州高速鉄道の建設資金は主として、カリフォルニア州政府債、地方債と私募債、政府債券などで賄われる。2009年11月、カリフォルニア州有権者投票で州政府が99億5000万ドルの債券を発行し、高速鉄道の建設に使うことが承認された。しかし190億ドルの予算上の赤字に対し、シュワルツェネッガー氏はアジアから資金を引き出したいと考え、同時にコスト削減によるカリフォルニア州の高速鉄道建設のスピードアップを図った。

9月12日、シュワルツェネッガー氏は上海虹橋交通ターミナル駅にやって来て、高速列車「和諧号」に乗車し、上海から南京に至る高速鉄道を視察した。『ターミネーター』シリーズの映画の中で未来シーンには慣れているはずのシュワルツェネッガー氏だが、中国の高速鉄道は今や米国カリフォルニア州知事になっている彼に深い印象を与えたようだった。彼は中国の高速鉄道の魅力に心から驚嘆し、中国の指導者の眼力の非凡さを褒め称え、中国政府あるいは企業のカリフォルニア州高速鉄道プロジェクトへの投資を招請した。彼はさらにわざわざ中国製造の「和諧号」の前で記念撮影を行った。

この1シーンは並々ならぬ歴史的・象徴的意味を持つ。この「ターミネーター州知事」は当時まさにアジアで「買い物旅行」を行っていて、カリフォルニア州鉄道ネットワークのグレードアップのため、高速鉄道の建設計画のために、列車、技術、資金を物色していたからだ。

13日、上海市楊浦区と米国カリフォル

ニア州湾岸地区の全面的戦略協力推進会が上海の五角場創智天地で行われた。シュワルツェネッガー氏はこの席上で、中国との協力と貿易取引を強化していくことを希望していると表明し、彼はさらにカリフォルニア州の高速鉄道プロジェクトを特に例に挙げた。シュワルツェネッガー氏は、「われわれは中国がカリフォルニア州に来て高速鉄道に投資し、高速鉄道システムのための融資を提供し、中国の会社が高速鉄道プロジェクトの競争入札に加わり、われわれの高速鉄道の建設を助けてくれることを望んでいます」と語った。

シュワルツェネッガー氏は、「カリフォルニア州の会社は中国の会社とより緊密な協力を行い、技術交流・投資などの分野で協力を拡大したい」と語った。その日、米カリフォルニア州と中国の関係部門および企業指導者は一連の合意書に調印した。

シュワルツェネッガー氏は、「これらの覚書の締結は、上海とカリフォルニア州間の太平洋をまたぎ越えた協力がすでに展開されており、かつ技術普及とベンチャーキャピタル投資方面での新たな協力分野を切り開くということを示している」と語った。

この時の訪問はシュワルツェネッガー氏に、中国の指導者の遠大な見識を深く感じさせた。

「指導者、設計者として、1年、2年、3年後どうなるかだけでなく、10年、20年、50年後がどうであるかも考えるべきです。中国の指導者はそのような遠大な眼光を持っています。私が見た中国の高速鉄道は100年の発展という視点から始まったものです」。中国の高速鉄道の「世界性」という特徴もまた、シュワルツェネッガー氏に深い印象を残した。「この中には中国の頭脳だけでなく、世界の頭脳がある。各国の経験と意見を吸収しているのです。これもまた、私がカリフォルニア州をつくり上げるうえで、見ることができるようにしたい特長です」

5年の時を経て再び訪中したシュワルツェネッガー氏は、中国の発展と変化に驚いた。彼は「上海というこの都市について言えば、ここの摩天楼は人を驚かせ、かつこの都市はとても清潔で、人に素晴らしい印象を残します」と語った。

シュワルツェネッガー氏のアジア訪問が6日間で、上海を離れた後、彼は13日夜に日本に到着し、日本の菅直人首相と会見した。15日、シュワルツェネッガー氏はさらに韓国の李明博大統領と会見し、韓国の高速鉄道の試乗も行った。

2010年4月、早くも中国鉄道部はカリフォルニア州政府およびGE社と、カリフォルニア州の高速鉄道建設について、大筋の協力合意書を締結していた。この合意書について、中国の関係部門の政府関係者と協議を行うのが、シュワルツェネッガー氏の中国訪問の重要な議題の一つであった。

2011年1月3日、63歳のシュワルツェネッガー氏は正式にカリフォルニア州知事を退任し、280億ドルという財政赤字の後始末を後継者にゆだねた。シュワルツェネッガー氏は『ウォールストリート・ジャー

ナル』の取材を受けた際に、彼の 6 年前の高速鉄道の公約を確かに達成できず、「私が想像していたよりもはるかに難しかった」と率直に語った。

2012 年 7 月 6 日、米国の大手メディアは「期待がかかった米国初の高速鉄道がカリフォルニアで建設される」と続々と大報道した。その日の午後、カリフォルニア州上院では 21 対 16 で高速鉄道第 1 期工事を始めるための資金案が可決され、合計 680 億ドルの第 1 期高速鉄道プロジェクト予算の最後の障害が取り除かれた。

全長 800 マイル（1287 キロ）のカリフォルニア州高速鉄道は、南から北へ中部の農業地帯を経てカリフォルニア州を貫き、ロサンゼルス、サンノゼ、サンフランシスコなどの大都市を結び、後に南のサンディエゴまで延長され、北はカリフォルニア州の州都サクラメントまで延び、合計 24 の駅が設けられる。ロサンゼルスからサンフランシスコまで、時速 220 マイルの高速「弾丸」列車が、もともと片道 9 時間かかった距離を 2 時間 40 分に短縮する。

2015 年 1 月、カリフォルニア州高速鉄道の起工式が行われ、中国を含む 35 の入札者が高速鉄道建設の参加意向書を提出した。

2014 年 5 月 10 日、中国人労働者が建設した大陸横断鉄道の完成 145 周年を記念して米国ユタ州の華人クラブがイベントを開催

　カリフォルニア州高速鉄道局と米エクスプレスウエスト社はすでに了解覚書を取り交わし、二つの工事の協力進行を保証しているとのことである。

　カリフォルニア州高速鉄道局の推計によれば、毎年の工事の推進につれ、高速鉄道プロジェクトは 10 万にのぼる雇用を創出し、今後 25 年の間に少なくとも 45 万の永久雇用を創り出す。これは米国の広大な高速鉄道計画における氷山の一角に過ぎない。「中国を米国より速く走らせるわけにはいかない」と言うオバマ大統領の支持の下、米国はすでに投資 350 億ドルの全米高速鉄道ネットワーク計画を制定しており、目標は 25 年以内に 8 割の米国人が高速鉄道に乗って出かけることである。

　報道によれば、米運輸省のラフッド長官は、コロラド州で、米国のインフラはかつて世界一であったが、現在ははるかに遅れをとっており、中国の高速鉄道など重要な交通インフラはすでに米国を追い抜いている、と語った。彼は共和党の人々が高速鉄道の推進を阻むことを批判し、もし高速鉄道がなければ、祖先たちのように子孫へ財産を残すことはできないだろうとの懸念を示した。

中日の高速鉄道に
関するもつれ

日本は中国の高速鉄道の発展に対し、ずっと一種の矛盾し、もつれた気持ちを抱いてきた。

中国が高速鉄道を造ると知った時、日本人の心情はとても複雑で、喜びもし、憂慮もした。喜んだのは、彼らは新幹線を中国に売り込み、数十億ドルの契約を結ぶチャンスがあるからだ。憂慮とは、今後、日本の高速鉄道の競争相手がまた一つ増えたことだ。日本の川崎重工の大橋忠晴会長は、中国側の技術者に、性急に事を進めてはならず、まず8年かけて時速200キロの技術を把握し、さらに8年かけて時速350キロの技術を把握しなさいとアドバイスした。新幹線を時速210キロから300キロに引き上げるまでに、日本人は30年近い時間をかけている。

数年後、日本人の憂慮は裏付けられ

た。中国は彼らの競争相手となり、かつこれらの競争は中国企業が設定したゲームのルールで進められたからである。

近年、日本はずっと中国を高速鉄道分野におけるライバルとみており、なりふり構わず中国と「高速鉄道外交」の舞台を争奪してきた。2013年10月、李克強総理が東南アジアを訪問した際、タイ、ベトナムなどと「高速鉄道外交」を行おうとした。しかし、日本の安倍首相も同じ意向で、ベトナム、インドなどに日本の新幹線を売り込むなど、東南アジアに日本の技術と製品を売り込もうとした。特にインドでは、2013年5月の李総理のインド訪問の際、中国の都市間高速鉄道技術を売り込み、技術と資金援助の提供を承諾した。その後、日本もまたインド市場を奪おうとした。さらに、先のベトナム市場争奪の中

で、日本の新幹線がベトナムに提示した価格があまりに高く採用を見送られた後であったため、日本側は広報活動を強化すると同時に、日本のメディアに中国の高速鉄道は日本の技術の模倣だと宣伝させて、購買意欲のある潜在顧客を委縮させ、日本の高速鉄道技術を上位におかせるための道をつけようと企んだ。

高速鉄道の覇者の地位を狙う日本

日本の財団（財閥）はずっと中国での配置を企てている。

第2次世界大戦前、日本の財団は財閥と呼ばれ、明治維新後、政府の育成によりしだいに発展し、独占的な性格を持つ大型持株会社となった。日本の財団は日本経済の支柱であるだけでなく、日本社会における影の政府であり、日本政府の政策決定、特に経済政策決定に大きな影響力を持っている。財団は経済・社会と情報資源の絶対的な優位性を占有しているため、日本政府の多くの情報・政策決定はみなこれらのシンクタンク機関に頼っている。

早くも十数年以前に、日本の財団が代表する財界勢力が東アジア経済全体に対し、すでに構想をたてていたことが、多くの資料により明らかになっている。

1994年、日本政府は『東アジア新幹線鉄道ネットワーク』の建設計画書を発表した。この計画書は、日本が近い将来、東アジア高速鉄道ネットワークを構築する

ことを望んでいたことを明らかにしている。東京を起点とし、対馬海峡の海底トンネルを通って韓国につながり、その後朝鮮半島を通り抜けて中国につながり、さらに中国をずっと南下して、終点は香港である。

この計画書からは、中国の鉄道が東アジア新幹線鉄道ネットワークの重要な一部となっていることが分かる。

しかし、日本が計画書を推進する道は順調ではなかった。

1990年代初め、日韓両国の指導者の相互訪問の際に、日韓海底鉄道トンネル問題について話し合いが持たれたものの、費用があまりにかさむために実現されなかった。これ以前、日本はすでに韓国の高速鉄道プロジェクトに参与していた。早くも1970年、日本の国鉄の工事実地調査隊がソウルから宝山の回廊地域に増強型鉄道システムを建設するための実地調査に参加した。その後、日本は韓国の高速鉄道の入札に参加したが、フランスのアルストム社に敗れた。

2004年、韓国の高速鉄道が開通し、その列車は主に自国の技術によるもので、コア部品だけがアルストム社と韓国のヒュンダイ重工業が提携して製造したものだと公表した。

韓国による排斥と、中国大陸の非積極性により、日本の財団は中国の台湾を新幹線鉄道計画の実験フィールドとして選んだ。1996年から、三井物産は台湾での事業の基礎をもとに、積極的に台湾高速鉄道プロジェクトを推進し、日本で「台湾新

幹線株式会社（TSC）」を設立した。

1997年9月、欧州鉄道産業連盟（UNIFE、ドイツのシーメンスとフランスのアルストムを中心とするメーカー連合）が台湾新幹線株式会社を破った。しかし最終的に台湾の高速鉄道は日本の新幹線システムとヨーロッパの高速鉄道システムを混合して使用したため、技術上の不整合が発生し、台湾の高速鉄道の正常な運行に影を落とした。

2003年1月、台湾新幹線建設工事（台北－高雄）の入札において、三菱重工、三井物産ら日本の7社の企業からなる連合体が再び2区間の軌道舗装工事のオーダーを獲得した。こうして、全線の5区間の建設入札がすべて終わり、日本の企業連合体はあわせて四つの区間の建設工事を受注した。新幹線の車両や信号など運行システムを含め、台湾新幹線システムの建設工事は大部分が日本の会社が受け負い、そのプロジェクト総額は5370億円にも達した。

日本の財団のアジア高速鉄道構想の中で、台湾の高速鉄道と大陸の京滬高速鉄道プロジェクトはその一部となってる。中国本土であれ台湾であれ、日本の財団は金稼ぎができるところならどこにでも行く。台湾の高速鉄道プロジェクトはすでに手に入れた、だとすれば中国大陸が日本の新幹線技術を採用するかどうかが、東アジア新幹線鉄道ネットワーク計画の成否に直接かかわってくる。

1997年、京滬高速鉄道プロジェクトを勝ち取るため、日本は「中国高速鉄道日本企業連合」をつくり、そのメンバーは基本的に台湾新幹線株式会社の日系企業であった。違うのは、中国大陸でのリーダーが、三菱商事であったということだ。

三菱商事は三菱財団に属している。三菱財団は1954年に成立し、28社の大企業からなる日本でも一、二を争う巨大企業グループである。このグループは主に自動車、プラント、軍事兵器、電子、石油化学、航空、鉄道、造船、核エネルギーなどの産業に重点を置いている。1977年以降は、積極的に中国との経済交流を行っている。

日本は中国大陸に新幹線を売り込むことを片時も忘れなかった。

1997年、三菱商事、川崎重工など14の企業グループが「日中鉄道友好推進協議会」を設立し、竹下登元首相を会長に招いた。計70社のメーカーが会員となり、そのうち44社は「中国高速鉄道日本企業連合」を結成した。川崎重工など6社の日本企業は中国南車四方公司と協力し、鉄道部の組織した車両入札に参加し、中国に旅客列車の技術を供与した。

中国の指導者が訪日するたびに、双方は必ず新幹線について話し、日本側は新幹線の試乗・参観の手配を必ず行った。1978年鄧小平氏が訪日した際、新幹線に乗り、以後の中国指導者の江沢民、李鵬、朱鎔基らが日本を訪問した際には皆新幹線に乗った。新幹線は日本の安全で便利な交通手段ではあるが、日本側のこ

のような手配には新幹線の先進技術を見せるという目的のみならず、中国へ売り込むという意図があったのだ。

1998年4月と11月、胡錦濤副主席と江沢民主席が相次いで日本を訪問した。日本の運輸省（現在の国土交通省）はこの2人の中国指導者を最新型の500系統、700系統の新幹線に乗せる手配をし、中国の指導者に実際に乗車体験をさせた。日本の高速列車の中で、小渕恵三首相は江沢民主席に対し、「中国の高速鉄道プロジェクトに対し、日本は官民を挙げて全力で協力します」と語った。

1999年7月、日本の小渕恵三首相は中国を訪問し、江沢民主席に『日本の中国高速鉄道建設援助の意見書』を渡し、日本が最も先進的な新幹線技術と建設資金を提供する意思のあることを明確に示した。2000年4月、日本の運輸省官僚が、中国が北京から上海への高速鉄道を建設するときには、日本は中国に車両輸出するだけでなく、中国に新幹線システムの最新技術を移転してもよいという意向を示した。

2000年10月14日、朱鎔基総理が訪日し、当時の日本経団連（日本経済団体連合会）の今井敬会長は、歓迎会の席上で、「日本には米国のボーイング旅客機やフランスのエアバスはなく、新幹線があるだけですが、中国が北京から上海への高速鉄道を建設するという問題において、真剣に日本の技術を採用することを考えていただきたい」と厳かに語った。朱鎔基総理は外交辞令として、「入札で国際競争に参加いただけるのを歓迎します」と一言だけ答えた。

2001年3月1日、上海磁気浮上式列車のモデル営業線の建設が上海で開始された。同年4月、日本は中国のタオルに対しセーフガード（緊急輸入制限措置）を行い、後に農産物問題により中日間の経済・貿易関係が緊迫し、日本の中国に対する援助は年々急減していった。

同年8月13日、日本の小泉純一郎首相は靖国神社参拝を断行した。翌日、在日中国人の馮錦華が靖国神社南門にある狛犬に「死ね」という落書きをするという事件が起こり、中国政府と中国人民が一致して敵愾心を燃やし、中日関係は冷え込んだ。

この時、中国ではドイツの磁気浮上式鉄道技術を採用する機運が高まり、日本側は頭を悩ませていた。実際のところ、中国に新幹線技術を売り込むことに対し、日本国内でもさまざまな声が上がっていた。

一方で、日本の政界と産業界は粘り強く、全力で中国に新幹線技術を売り込んでおり、このために生まれた中国高速鉄道計画に入り込む戦略は、政治の側面と技術の側面のどちらからも考慮されていた。新幹線技術をどのように中国へ輸出するかについて、政治勢力同士が、ひいては派閥を結成して、激しい競争を繰り広げた。

また一方で、日本国内には中国への新幹線技術の輸出反対の強烈な声もあった。彼らは技術流出を恐れ、また、中国が日

本の強い競争相手となるのを心配していた。新幹線のコア技術を握る日本のJR東海は、もし中国がすべての設備を買わず、一部の技術だけ導入するならば、中国とは協力しないと考えていた。

2003年7月、JR東海の葛西敬之社長は日本の国土交通省に公に反対を唱え、中国の高速鉄道計画を支持しないと明言した。2005年3月、葛西は『読売新聞』に、『中国の目標は日本と米国の分断』という文章を発表し、新幹線問題を口実に、中国脅威論を大いにあおった。日本国内にはまた多くの右翼が似たような見方を持っており、新幹線は日本の唯一無二のもので、先進技術をライバル国に譲ってはならないと考えていた。

2002年9月、宋健中国国務委員が日本を訪問すると、日本メディアは中国政府が京滬線の1300キロの計画において、日本型の新幹線に改めて興味を示しているとこぞって報道した。

こうして日本の各界に再び、新幹線輸出ブームが巻き起こった。2003年8月、国土交通省の扇千景大臣は、低金利の円借款という大きな手土産を持って、北京に来て、中国の国家指導者と鉄道部門の責任者を訪問した。しかし、中国政府は依然として「どの種の技術を採用するかは、現在中国の専門家が検証しているところだ」という一貫した態度を示した。日本側がどんな「餌」をまいたとしても、中国側は日本をひいきにするつもりはなかったのだ。

2003年11月23日、日本経団連の奥田碩会長を団長とする日本代表団が中国を訪問した。これは、日本の対中民間経済外交の初訪問として、期待を寄せられた。出発前、奥田団長は日本国内の新幹線の対中輸出反対の人々に対し、これは必ず手に入れるべき事業で、「中国の高速鉄道計画は北京、上海間にとどまらず、将来的には全中国の多くの路線建設計画に関わっているものであり、日本の先進技術を見せることにより、企業の中国への輸出を促進させることができる」と反論した。

確かに、高速鉄道外交もまた戦場であり、日本が高速鉄道の覇権を得ようとする狙いは一目瞭然であった。

長年にわたり、日本が中国の高速鉄道市場を追い求める姿勢は極めて切迫していたが、中国側は、「波風が立つにまかせ、ゆったりと釣り台に座る」姿勢で、焦らず、熱くならずにいたため、日本側にずっと中国の態度と手の内を読まさせず、最終的に国家の利益の最大化を図ることができた。これは一種の兵法の極意であり、一種の戦略でもある。

中国高速鉄道争奪戦において、高速鉄道の覇者の地位を得て、最終的に中国の高速鉄道市場を勝ち取るために、日本側は、まさに高速鉄道外交方面での脅しすかしを含めた一切の努力を惜しまず、あらゆる計略を練っていた。確かに、日本、フランス、ドイツの力比べに置いて、日本はダントツの力があり、その理由は多岐にわたっていた。

専門家によれば、日本の政界、財界全体の協力、日本の財団の全体的競争力の優勢、それらはすべて高速鉄道外交において低く見積もってはならない力であり、それによって彼らの財団企業の技術投入に巨大な利益をもたらし、日本の設備製造業の絶えざるグレードアップが推進される。

目下、中国の高速鉄道はまさに世界に向かって急ピッチで歩みだしているところだ。各国が覇権を争う中で、日本の新幹線は中国に、いつでも影のごとくつきまとっている。インドのモディ首相による「ダイヤモンドの四角形」高速鉄道計画が提起された後、日本人の競争心はさらに積極的で活発なものとなっている。インドは今後、アジア地域で最も重要な鉄道交通建設市場となり、インドの主要都市を結ぶ7本の高速鉄道が建設される予定で、全長は4600キロに達する。日本はまさに各種のルートを通じ積極的に働きかけ、多くの注文を得ようとしている。

米国もまた、現在最も魅力のある高速鉄道市場であり、11本の新たな路線建設計画があり、全長は1万3700キロに達する。日本は、ワシントンからバルチモアの高速鉄道に磁気浮上式鉄道技術を採用するように力を尽くして提案している。実際、ますます多くの競争プレッシャーに直面して、日本は、決して「進歩」を放棄してはいない。2015年4月21日、日本の最新型L0系超電導磁気浮上式列車が富士山付近での乗客を載せた試行運転において、時速603キロの世界記録を更新している。

このほか、マレーシアの首都クアラルンプールからシンガポールまでの全長350キロの高速鉄道プロジェクトも国際入札が行われる予定で、日本企業は全力を挙げて積極的に競争に参加している。タイの鉄道プロジェクトに対しては、日本は至るところで有利な政府開発援助（ODA）借款でこの鉄道建設を支援すると説いて回っており、中国との争奪戦を繰り広げている。

中日の高速鉄道の比較

2008年8月に、中国初の時速350キロの高速鉄道である京津都市間鉄道が開通した後、2年もたたないうちに、武漢－広州、鄭州－西安、上海－南京、上海－杭州、石家荘－太原など何本もの高速鉄道が相次いで完成し、開通した。中国の高速鉄道の成果は人々を驚かせ、国際社会で強烈な反響を呼んだ。

JR東海の葛西敬之会長が英国『フィナンシャルタイムズ』の取材を受けた際、中国の絶えず発展している高速鉄道業界は、外国の技術を盗み取っており、安全性で劣っていると語った。

中国の高速鉄道に対する日本の反応はこのように強烈なものであり、それは主に国際競争における必要からである。

誰もが知っているように、中国の技術導入は技術移転費を支払っている。しかし1950年代、日本の高度成長期に、技術移転費すら払わず、定規を持って真似してつくり上げていたことこそが、本当の盗

み取りだ。

　最近数年、中国の高速鉄道を、安全に保証がないとか、彼らの技術を盗み取ったとか、さらには中国の高速鉄道は故障が多いなどと言って、日本の鉄道関係の上層部が絶えず責め立てている。

　中国の高速鉄道と国外の高速鉄道とを比べると、どんな利点があるのかは、以下のように総括されるだろう。

　——営業速度はオリジナルより速い。高速鉄道技術はもともと日本、ドイツ、フランスで開発された。日本の代表作は新幹線で、営業最高速度は時速 300 キロである。フランスの代表作となる地中海線もやはり営業最高速度は時速 300 キロである。同様に、ドイツの高速鉄道の営業最高速度も時速 300 キロである。この 3 カ国を見ると、日本では分岐器区以外は、すべて砕石なしのスラブ軌道で、フランスでは砕石のあるバラスト軌道が用いられ、ドイツでは新線部分にスラブ軌道が用いられている。そして、中国の高速鉄道の大部分の線路はスラブ軌道で、設計速度は時速 350 キロで、最大安全速度に近いものとなっている。中国の高速鉄道は世界でいち早く時速 350 キロの条件下での、空気力学、車輪とレールの関係、車体気密強度、揺れと騒音の最小化、大断面の車体など、一連の重要な技術的難題を克服し、列車速度を一定の安定した範囲内に維持したうえで、一定の安全余裕を保証し、それを 30 〜 35％に抑える。中国の技術は日本、ドイツ、フランスよりも複雑で、その品質と

レベルはオリジナルのものよりも高い。

　——線路の安定性が海外よりも高い。広大な国土面積を貫く中国の高速鉄道は、多くの異なる気候や地質地域を横断し、線路設計の上でも当然より多くの実践経験を持ち、技術の上でも日本に比べより多くの優勢を持つ。京津都市間鉄道は軟弱路盤で、武広高速鉄道はカルストの路盤で、鄭西高速鉄道はコラップス性黄土の路盤で、さらに哈大高速鉄道は高地寒冷季節凍土で、このように複雑な地質条件と気候条件の下で鉄道、特に高速鉄道を建設するのは、地盤や路盤の充填という難題の解決が必要で、日本、フランス、ドイツではこのような地質問題は存在しない。つなぎ目のないレール技術などを含む橋梁、トンネルなどの技術はすべて中国独自のものである。京広高速鉄道は南から北まで 2298 キロで、温帯、亜熱帯や、多くの地形、地質地域と多くの水系にまたがっており、レールの熱による膨張と寒さによる収縮という問題をとてもうまく処理していて、中国の技術が国際的にトップクラスであることを知るに足るものである。中国の動力分散式列車はなぜこのように速く走ることができるのか。その一つの重要な理由は、まさに線路の安定性などがおそらく最も優れていること、さらには優れたシステムが組み合わされ、より速い速度に適しているからだ。中国高速鉄道は線路条件が良いため、脱線係数、輪重減少率などが、どれもとても低い。

　現在、中国には摂氏零下 40 度の高地

寒冷地帯を通る哈大高速鉄道があるだけで
なく、さらに台風が頻発する環境にある海
南の環島高速鉄道もあり、また、強風地帯
とゴビ砂漠を経由する蘭新高速鉄道、トン
ネルの長さが全長の半分を超え、「スーパー
高速地下鉄」とも呼ばれる貴広高速鉄道も
ある。これらの各種地質・気候条件をカバー
する高速鉄道は、世界の高速鉄道建設の
ために豊富な経験を蓄積している。

——トンネル内でのすれ違い時の時速
が海外よりも速い。中国は黄土地帯のトン
ネル技術という難題を克服し、海外では前
例のない高速列車の時速 350 キロ運行時
のトンネルでのすれ違いを実現した。武広
高速鉄道の南嶺を通り抜ける大瑶山トンネ
ル群、長沙都市区と瀏陽河を通り抜けるト
ンネルは、開削断面が 160 平方メートル
に達し、バスケットボールコート半分もの面
積がある。

関係データによれば、日本の動力分散
式列車がトンネルを通る時には明らかに衝
撃があり、大きな空気抵抗が起きるが、こ
れはトンネル面積が小さいからである。中
国の動力分散式列車ではこの種の感覚が
ない。中国の高速鉄道の軌道製造コストは
比較的高く、トンネル洞内はすべてスタン
ダード加工で、精度が高く、効果も良い。

それでは、それに比べて日本の高速鉄
道の優位性はどこにあるのか。中国工程
院院士で、中国鉄路総公司の何華武チー
フエンジニアは次のように答える。「中国と
日本の高速鉄道の違いは、主に地震予知
とその処置にあります。日本は地震多発国

なので、現在、日本の地震処置技術はと
ても先進的で、地震の横波が高速鉄道か
ら 100 キロ離れたところに届いた時、自動
的に高速鉄道の電源が切れ、運行の安全
を確保するといったものです。中国の格差
の理由として、技術的理由のほか、中国
の国土が広く、高速鉄道の路線が多いの
で、日本のように密集した地震観測点を設
けることは、まだ実現できていません」

また、日本の高速鉄道は在来線との相
互乗り入れはできず、ドイツ、フランスの
高速鉄道は在来線も走れるように高速鉄
道を敷いており、中国の高速鉄道は在来
線に乗り入れ運行することができ、完全な
旅客輸送鉄道ネットワークを保ち、効率を
最大化している。

中日の知的財産権争い

2011 年 6 月 30 日、当時、中国で路線
が最長で、最速、最高品質の京滬高速
鉄道が開通し、世界の注目を浴びた。初
日の乗車率は 98％を超えた。高速鉄道株
は史上最高額にまで跳ね上がり、海外市場
の見通しも良好だった。

これにより、当時の鉄道部の何華武
チーフエンジニアは、中国は時速 300 キ
ロまたはそれ以上の高速鉄道のコア技術
をすでに把握しており、特に高速電気鉄
道けん引電気供給システムの主体設備で
ある架線はすでに主要部品の国産化を実
現していると語った。

ある情報によれば、中国は米国、ヨー

ロッパ、日本、ロシア、ブラジルで京滬高速鉄道の21件の特許を申請する予定だという。中国の鉄道部門はまた、中国の高速鉄道のコア技術は外国との知的財産権紛争は起きていないと何度も表明している。

これに対し、日本では異常なほどに緊張が高まり、強烈な反応が示された。

京滬高速鉄道運行が成功した後、日本メディアは中国の高速鉄道のことをもっぱら「中国版新幹線」と呼んだ。日本のテレビ朝日のニュースキャスターは、中国の高速鉄道について報道した際に、中国はこの問題において「余りに厚顔だ」と語った。

2011年6月28日、日本の国土交通省は、7月1日から国際統括官を新設し、新幹線などのインフラ海外輸出を担当させると発表した。彼らは「中国が海外において請け負った鉄道プロジェクトが急速に進展しており、車両価格もその他の国に比べ2割安い。もし高速鉄道の海外特許を取れば、中国の高速鉄道の競争力はより強くなるだろう」と考えた。

6月9日から19日の京滬高速鉄道全線の試験運転が成功した後の6月29日にすでに日本の『読売新聞』は、「中国コピー版鉄道に警戒せよ」というタイトルで、「日本の新幹線技術を基礎に発展してきた中国版新幹線」の海外輸出に十分警戒しなければならないと書いた。同報道によると、十数年前、中国は日本の新幹線技術に興味を示し始めたが、日本側はこの最先端技術を中国に渡すことに対し、ずっ

と消極的な態度を取り続けた。2004年から2005年にかけて、川崎重工など6社の日本企業連合体が中国のメーカーと協力し、日本の新幹線「はやて」を原型とする120両の列車、計960車両を中国に引き渡した。「中国の高速鉄道は日本の新幹線に外観がうり二つで、これはもともと、中日友好を象徴する技術支援だった」という。さらに、「中国は単に導入した車両の技術をコピーしただけなのに、自分の技術だと言うことは、双方に共に不快な思いをさせている」という国土交通省の関係者の話を引用している。日本の新幹線製造企業の川崎重工は、「中国がどのような高速鉄道技術に対して特許を申請しようとしているのか分からない」と語っている。

7月1日、日本のテレビ局は、「中国新幹線は時速が日本の新幹線と異なるだけで、国際特許を申請しようとしている」とし、速度の違いだけで国際特許をとるのはとても難しいと語る国際弁護士の分析を紹介した。このテレビ局ではさらに、米国とロシアも「中国の高速鉄道の特許を承認することはないだろう」と断言した。

日本の新幹線運営会社のJR東海の山田佳臣社長は、「明らかな不快感」を示し、新幹線技術は「日本の汗と涙の結晶である」と語り、中国の高速鉄道の「特許権侵害」の検討を呼びかけた。日本のメディアは、日本、ドイツ、フランス、カナダの4カ国が中国に高速鉄道技術を売った時、技術は中国国内だけに用いられると規定しており、「中国の高速鉄道が海外での特許

を申請するのは、多くの方面からの反発を招くだろう」と報道した。

7月4日、日本の新幹線技術開発者である川崎重工の大橋忠晴会長は、「もし、中国の高速鉄道が海外で申請する特許の内容が、中国と川崎重工が結んだ新幹線技術輸出に関する契約と抵触するところがあれば、中国の高速鉄道を権利侵害で提訴することもあり得る」とコメントした。彼はさらに、「中国が大国にふさわしい行動をとることを望む」と語った。このコメントについて、日本のメディアはこの会社が中国の高速鉄道への提訴を暗示していると解釈した。翌日、日本のJR東日本の清野智社長もまた、中国の新幹線が国際特許を申請することについて、「きわめて注目しており」、今後「事態の発展を静観したい」と語った。

7月5日の『読売新聞』の報道によれば、日本の松本剛明外相は前日の中国外相との会談の折に、中国の高速鉄道が日本の知的財産権を侵害しているのではないかという憂慮を表明したという。これ以前に、日本の外務省の国際報道官が中国の『環球時報』の記者の取材を受けた際に、もし中国が日本で技術特許を申請したことが確認され、かつ中国の独創ではなく日本の技術の模倣であることを証明する証拠があれば、外務省は外交ルートを通じて中国に抗議を提出すると語っている。

さらに興味深いのは、日本は中国の高速鉄道へ対抗する力が足りないのを心配し、ドイツと共に中国を攻撃しようとしたこと

である。日本の「中国ビジネスホットライン」というサイトでは、中国の高速鉄道の国際特許申請問題が日本で引き起こした騒ぎは少し大げさで、日本は「被害者意識」から抜け出すべきで、同様に中国へ高速鉄道技術を輸出したことのあるドイツと手を結んで共に権益保護を図るべきだとしている。この文章では、中国はもともと日本を無視しているため、日本は正々堂々とドイツと共同戦線を張って、中国に対抗すべきだと記されている。この文章はさらに、これを国際裁判所に提訴すれば、法律に基づいて裁決される可能性がとても高く、このような方法は日本に有利である。日本は裁判の結果を静かに待っていればよく、これは知的財産権の観念を中国に徹底して叩き込む良い機会であるとしている。

しかし、ドイツは日本にのせられはしなかった。高速鉄道技術を持つシーメンス社は、中国の高速鉄道を締め上げる意思は示さなかった。日本のメディアに比べると、ドイツのメディアはとても理性的で、7月5日付の『環球時報』の記者が検索した1カ月間のドイツ大手メディアの京滬高速鉄道に関する報道によると、中国がドイツの高速鉄道を盗作したと責める記事は一つも発見されなかった。ヨーロッパで最大発行部数を誇るドイツの新聞『ビルト』では、京滬高速鉄道は世界中のあらゆる記録を打ち破り、中国の列車の最高レベルを見せつけた。ドイツの技術援助があったにせよ、この列車は90%が中国製造のものだと記されていた。

日本企業のねじれた心情とメディアの無責任な報道に対し、中国の鉄道部門は余裕満々だった。

国際的な慣習では、自らの知的財産権であるかどうかをはかるために、以下のような三つの基本要素がある。

一つは革新性で、すなわち、他人とは異なり、かつ、その異なる部分に価値があること。

次に、独自性で、その革新成果が、自らが中心となって創り上げたこと。

そして、特許性である。すなわち特許を取得する必要があるということだ。

2011年7月7日、当時の鉄道部政治部副主任兼宣伝部長で、スポークスマンの王勇平氏は新華網に招かれ、「中国高速鉄道の知的財産権と技術革新」問題について、多くのネットユーザーと共に討議した。

王氏によると、7月4日に中日外相会議が挙行され、日本の松本外相がこのことに言及したとき、楊潔篪外交部長（外相）は、すぐさま中国が申請した技術はすでに独自革新を経たものだと指摘した。楊部長はシンプルな言葉だが、はっきりと中国政府の態度を表明したのだ。中国人は他人の物を自分の物だと言い募るようなことはしないし、自らの知恵と努力によって得た革新的成果を、他人がとやかく言うからといって特許申請の権利を放棄しない、と王は語った。

王勇平氏は、日本人の勤勉ぶりを賞賛し、日本は学ぶことに長けていて、外来文化の消化・吸収力がとても強く、開放的な態度で学ぶ民族だと語った。日本は明治維新の際、国を挙げて西洋の科学技術を学び、さらに英国をモデルに鉄道を建設した。高速鉄道技術についても、その通りである。1950年代、日本では「動力分散式」新型電車技術の研究が始まり、この新型電車技術はヨーロッパの列車技術に啓発されたものだ。そのリーダーは島秀雄だった。学ぶことに長けた民族の習慣が大いに日本の文明を進展させ、今日の日本の発展の道を切り開いたと言ってよいだろう。だから、科学技術とは全人類共通の財産であり、よく学ぶことによってのみ、また、これを基礎に常に革新を行うことのできる民族のみが、各時代に常に進歩し、常に発展してゆくことができるのだ。

王氏は、「日本の新幹線のコピー」とはどういうことだ。これはちょっとずうずうしすぎないだろうかと反論する。京滬高速鉄道は新幹線に比べ、速度にしても快適性にしても、レール上の技術にしてもレール下の技術にしても、すべて新しい高みに達しているものだ。例えば、中国で革新製造されたCRH380A型車は日本の川崎重工から技術を導入し協力生産されたCRH2型車に比べ、パワーはもとの4800キロワットから9600キロワットに増え、持続時速はもとの200〜250キロから380キロに向上した。脱線係数は0.73から0.13に下がり、先頭部の空気抵抗は15.4％下がり、後尾車両の浮力は0に近くなり、空力騒音は7％下がり、ボギー台車の踏面接触応力

はヨーロッパの基準に比べ10％～12％下がるという新たな記録を打ち立てた。さらに、車体気密強度は50％アップし、列車の時速350キロ時のトンネル内すれ違いも構造的安全性が保証されているなどなど。王氏は、「口先だけの提訴」には何の意味もなく、一切は事実が、データが、物語ってくれるだろうと考えている。

王氏の新華網における談話発表の翌日、日本の大畠章宏国土交通大臣は記者会見において、中国が高速鉄道の国際特許を申請する手続きを始めることについて、「双方は冷静に話し合う必要があり、(なぜなら)互いに非難しあっていても、解決方法は見つからないからだ」と言った。日本側には真っ向から対決する意図は全くなく、「重要なのは合意の内容に基づき、互いに国際ルールを順守することだ」と彼は強調して語った。

続いて、日本のテレビ局が、一つの技術的基礎の上に新たな技術が生まれることは、技術界では当然のことであると報道した。この報道では、「現在、新幹線を輸出した際の日中間の契約内容をはっきりさせることがとても重要だ」という国際弁護士の話を引用している。

すぐさま、日本のメディアは中日の高速鉄道取引協約の内容を明らかにした。

2004年、中日が合意書に署名し、中国側はアルストムと川崎重工から列車を購入した。中でも川崎重工と中国鉄道部は価格にして7億6000万ドル相当の合意書に署名し、その中には、象徴的な意味を持つ弾丸型列車「はやて」のすべての技術と知的財産権を中国南車傘下の青島四方機車車両股份有限公司に技術移転するという条項が含まれていた。

シーメンスと川崎重工の経営陣はどちらも、当時、契約を手に入れたいと強く思っていた。というのは、中国と取り引きをしないとしても、ライバルがそうするからだと言う。彼らは当時、しばらく、あるいは数十年以内には、中国の会社が競争相手として脅威になるとは思っていなかった。

しかし、日本が思いもよらなかったことに、中国人はこんなにも早く時速350キロの列車を研究・開発し、急速に国際市場における日本の新幹線のライバルとなった。このため、日本人は「食べることのできないぶどうは酸っぱい」という心情となるのも免れないことだった。自らの技術を一流だと自慢し、中国人よりも高等だと自任している日本人が、国際高速鉄道市場競争において中国に敗れたことで、良い気分はしないのは明らかだろう。川崎重工をはじめとして彼らはみな後悔した。

理屈から言えば、日本が中国で市場を得て、中国が日本から技術を得るのは、お互いに得るものがあり、どちらにとっても良いことで、これはもともと極めて公平なことである。確かに、中国の鉄道は日本の技術に対し、単に参考にしただけでなく、大量の調整と改良を加えた。かつ、多くの重要な技術改造は日本の限りある国土では実現できないものであって、それが高速鉄道技術をより先進的にし、列車をより

速く、より快適にしたのだ。

　2011年11月22日、国家知的財産権局の田力普局長は、談話を発表し、中国の高速鉄道技術は元の技術の基礎の上に大量のイノベーションを加えたもので、自らが知的財産権を持つ高速鉄道技術であり、いわゆる「盗作」は存在しないと指摘した。田局長は、いかなる技術革新も二つの部分に分けることができ、一つは既存技術、もう一つは既存技術を基礎にイノベーションを加えた部分であると考えている。「あなたが既存技術を使用する時、（知的財産権を）所有している人に費用を払い、合法的に使用するならば、盗作という問題は存在しない」と田局長は言う。中国がこれらの既存技術を導入した際に、大量の特許使用料を払っており、先進国のイノベーションもこのようにして行われてきたものだと田局長は語る。

　周知のように、中国の高速鉄道技術は中国が導入し、消化・吸収して、さらに革新し成功させた代表例である。外国技術の導入は外国企業と結んだ技術移転の合意書に基づき合法的に得たもので、盗んだものではない。現在のところ、中国の鉄道はいかなる外国企業とも知的財産権紛争が発生しておらず、かつ、中国の高速鉄道はすでに946件の特許を申請している。2005年以降、中国は鉄道技術分野の特許申請量において、鉄道技術分野での特許の第1大国の日本を次第に追い越し、世界一となっている。中国の高速鉄道の発展は知的財産権の方面ですでに検証済みなのだ。

　事実として、国際社会は中国の高速鉄道の知的財産権をすでに認めている。中国四方機車車両公司が開発したCRH380Aは米国の知的財産権評価をすでにパスしている。四方公司が米国カリフォルニア州高速鉄道市場をフォローする過程で、自らの技術条件と設計案を提供したが、米国側が検索して全部で関係技術特許が900件余りあることが分かり、さらにそれに関して専門家に権利侵害がないかどうか、評価させた。最終的な米国の評価の結論は、四方の製品に権利侵害がないというもので、CRH380A技術が完全に独自の財産権であり、かつ日本の新幹線技術をすでに超えているということを物語っていた。

　日本、フランス、ドイツなどのオリジナルの高速鉄道技術の開発者は、その応用において比較的長い歴史を持つことは否定できないが、それは日本が高速鉄道で永遠に最も進んでおり、最も成功しているということを意味するものではない。中国が比較的短い期間に著しい成績を収めたからといって、中国の技術を成熟していない、盗作だと辱めることはできない。中国は中国の高速鉄道技術の進歩は多くの先進国と技術交流を行ったことと直接関係があり、日本もまたこの分野で多くの援助をしてくれたことは認めるが、こういった援助は互いに利益があるという基礎の上で行われたものである。

　中国人民大学経済学院の楊志教授は、

『中国産経新聞』の記者の取材を受けた際に、中国を含めた各国の技術、経済、貿易の発展環境にしても、中国の高速鉄道の科学的発展・国際化発展の背景にしても、世界各国がここ四、五十年間絶え間なく国際化、グローバル化発展に力を入れてきたことの産物であると語った。中国の高速鉄道発展の現状自体が、中国が2004年から世界技術貿易・製品貿易市場を通じて、前後してカナダ、日本、フランス、ドイツなどの外国企業と等価貿易により交換したもので、また国外の先進技術を重点的に購入するという方法によって、中国列車企業グループが列車生産を行い、国産化が一定レベルに達した後、さらにこれを基礎に独自のイノベーション・研究・開発を行った産物である。

北京郵電大学経済管理学院の馬暁飛経済学博士は、いかなる科学技術の発展もすべて既存の基礎の上に進歩を重ねていくもので、科学技術のビルの上に絶えずレンガや瓦を積み重ねていくようなものであり、このようにして世界の科学技術の日進月歩が生まれると考える。すべての事を最初から行うことは不可能だし、その必要もない。後の者が先の者を追い越した代表国の日本、韓国、シンガポールなどの発展の道を見れば、これらの国も、導入、消化、吸収、統合・イノベーションという道を歩んできたことは明らかであり、日本は特にそれが顕著で、欧米といえども例外ではない。

興味深いのは次のようなことである。中国の高速鉄道が世に出て急速に発展した後、日本の高官やメディアがずっとこの技術は日本からのものだと言っているが、温州の高速列車事故以後、日本はこれについて触れなくなった。ところが、中国が高速鉄道技術の特許を申請するというニュースに接すると、日本のメディアはまた落ち着いてはいられなくなった。実のところ、問題解決の方法はとても簡単で、もし中国の高速鉄道が日本の技術で、中国が同意を得ずに使用しているなら、日本は国際仲裁裁判所に付託すればよいだけの話だが、日本はそのようにはせず、ただ世論を焚き付け、中国が日本の技術を剽窃したと言わせているだけで、誰に非があるのかは、日本人は内心では最もよく分かっているはずだ。

日本の高速鉄道企業と日本のメディアは中国の高速鉄道発展に言いがかりをつけているが、とても客観的で公正に京滬高速鉄道の開通と運営の成功を報道している日本の報道関係者も依然として少なくない。テレビ東京の真下淳記者は、京滬高速鉄道に乗車した際、取材を受け、「京滬高速鉄道の科学技術レベルはとても高く、車内設備もとても豪華で、日本の新幹線には見られないものです」「日本の新幹線はしばしばカーブしなければならないため、中国の高速鉄道のように高速運行を維持するのはとても難しい」と答えている。

フジニュースネットワーク（FNN）は、「総合効率と安全要素を考え、中国の新たに開通した京滬高速鉄道は最高時速を下げ

ているが、それでも列車の運行速度は極めて速く、かつ安定して運行されている」と報道している。

中国高速鉄道の「対外展開」

中国の高速鉄道建設が猛烈な勢いで進むにつれ、中国の高速鉄道はすでに一つのブランドとなり、ひいては国家の名刺ともなり、国際社会に重大な影響を及ぼしている。北京外交学院外交学部の蘇浩教授は、高速鉄道は一つの重要な中国の外交手段として、とても重要な外交的内包がある。高速鉄道外交は中国と周辺国家ないしは世界上のその他の国・地域との協力促進にとても重要な意味を持っていると考えている。

早くも1970年代に、中国は対外的な鉄道建設を始め、国が極めて困難な状況の下で、タンザニアーザンビア鉄道の建設を援助し、これが中国の鉄道が世界に向かう起点となった。この鉄道は現在すでに中国の鉄道のモデル工事となっており、その苦しい建設過程、しっかりした建設品質とその深い影響力は、アフリカないしは全世界の注目を集めた。

今日、中国人は自らの知恵とイノベーション精神を集めて、世界最高レベルの鉄道を造り上げ、再び世界の注目を集めている。世界各地の高速鉄道の実際の需要はまた、中国の高速鉄道が世界に向かって進むのにいまだかつてないチャンスを提供している。

中国鉄路総公司国際合作部の陳覚民主任は、多くの国々が中国と協力して高速鉄道を建設し、高速鉄道発展の経験を吸収したいと思っているが、中でも三つの代表的な国があると考えている。一つは鉄道の元祖ともいえる英国、一つはかつての鉄道大国である米国、そしてもう一つは中国の鉄道発展の先生であったロシアである。

中国の高速鉄道に関して、米国下院のペロシ議長は、「京津都市間高速鉄道に乗らずして、中国の鉄道の高速度を感じることはできず、さらには中国経済の高速発展を感じることはできない」と語った。英国の運輸大臣アドニス卿は、「高速鉄道建設の分野において、中国は英国よりも進んでいる。英国にしてみれば、中国の経験はとても参考にする価値がある」と語った。ロシアに至っては、高速鉄道への興味はより強い。

2009年10月14日、北京人民大会堂。当時の温家宝総理とロシアのプーチン首相は共に『第14回中ロ首相定期会合の共同コミュニケ』に署名し、12項目の二国間協力文書を取り結んだ。その中には中国鉄道部とロシア運輸省、鉄道株式会社が署名した、ロシア国内で快速・高速鉄道輸送を組織・発展させる了解覚書もあった。これは、中国が技術をパッケージとしてまるごと輸出する方法で、先進国のために世界最高レベルの高速鉄道を建設するという歴史的な成果だった。しばらくして、鉄道部と米国GE社は北京で協力に関する覚書に

署名し、双方は米国の時速 350 キロ以上
の高速鉄道プロジェクトへの参入をめぐって
協力を強化する約束をした。

2011 年 1 月 12 日、当時の李克強副総
理が英国を訪問し、鉄道部の王志国副部
長も随行した。英国のキャメロン首相は高
速鉄道建設を含む英国のインフラ分野で
中国と協力を行う意思を表明し、中国側も
これに対して積極的な態度をとった。

2011 年 3 月、全国「両会」期間中、
米国、ロシア、ブラジル、サウジアラビア
などの国が、これらの国の高速鉄道プロ
ジェクトに中国の鉄道が参与し協力する
ことを望むと明確に表明した。それと時を
同じくして、中国鉄路工程総公司が請け
負ったベネズエラのティナコーアナコ間の
高速鉄道プロジェクト、中国鉄路建設総公
司が請け負ったトルコのアンカラーイスタン
ブール高速鉄道プロジェクトは、どちらも
実施段階に入った。

2013 年 11 月 25 日、李克強総理はルー
マニアを訪問した。両国総理は、ルーマニ
ア高速鉄道などの分野で協力を行うことを
決定した。続くプレスリリースの席上で、中
国・ルーマニア両国の総理はさらに、二
国間で今、ルーマニアに中国の高速鉄道
技術を導入するという重要なプロジェクトに
ついて盛んに協議していることも明かした。

ここ数年の間に、100 カ国余りの国家元
首や政府要人、代表団が中国の高速鉄
道を視察している。目下のところ、中国は
リビア、ナイジェリア、アラブ首長国連邦、
オマーン、イラン、アルメニア、タジキスタ
ン、カザフスタン、キルギス、パキスタン、
カンボジア、タイ、マレーシア、フィリピ
ン、オーストラリア、ベネズエラなどで、一
般鉄道あるいは高速鉄道の建設プロジェ
クトを推進している。

2013 年 10 月、李克強総理はタイ訪問
期間中、自ら高速鉄道を売り込んだ。こ
の後、中国側はタイのインラック首相と「高
速鉄道と米の交換」と呼ばれた協議に署
名した。後にタイの政変によりインラック政
権が退陣し、中国・タイ高速鉄道プロジェ
クトも棚上げされた。2015 年初めにタイの
軍事政権が再び中国・タイ鉄道協力につ
いて検討し始めたが、この協力プロジェク
トでは高速鉄道が一般の鉄道に変わって
いる。

2015 年 12 月、中国・タイ鉄道のタイで
の起工式が行われた。元の計画では、中
国・タイ鉄道協力プロジェクトは全長 900
キロ近くに及ぶ。人の字型の鉄道路線は、
バンコクーケーンコーイーナコーンラー
チャシーマー区間、マープタープットーラ
ヨーン区間、ナコーンラーチャシーマー—
ノーンカーイ区間に分かれ、タイの 10 の
県を通過し、タイ北東部のノーンカーイで
すでに基礎工事が開始されている中国・
ラオス鉄道とつながり、ラオスのボーテンと
中国の磨憨を経て昆明に至る。このタイの
初めての標準軌鉄道は、すべて中国の技
術、基準、設備を使って建設される。

これと同時に、ラオスのソムサワート副
首相は、中国・ラオス鉄道もまたできるだ
け早く建設工事を開始すると表明してい

る。これは、2 本の鉄道がノーンカーイで合流してつながり、アジア横断鉄道の中央線になることを意味している。

　2015 年 4 月 26 日、中央テレビのニュース番組『新聞聯播』で、アジア横断鉄道の中国国内部分で、中国・ラオス、中国・ベトナム鉄道につながる昆玉鉄道（昆明と玉溪を結ぶ路線）が現在急ピッチで施工されており、中国・ラオス、中国・タイ鉄道とつながる玉溪から磨憨区間も間もなく着工されると報道された。現在、昆玉鉄道の工事の要となる宝峰トンネルが施工中である。この 7 キロにわたるトンネルは、中国・ラオス、中国・ベトナムの 2 本の国際鉄道路線が中国国内で合流する地点となる。

　2015 年 11 月 13 日、中国とラオスは政府間鉄道協力協定に署名し、中国・ラオス鉄道が正式に実施段階に入った。中国・

2015 年 8 月 13 日、インドネシアの首都ジャカルタで「中国高速鉄道展」が開催され、大いに称賛を受けた中国高速列車の模型

ラオス鉄道は中国側が主に投資・建設し運営する初めての鉄道で、中国鉄道ネットワークと直接つながる国外鉄道プロジェクトで、全線に中国の技術基準と中国の設備が用いられる。これは両国のボーテン・磨憨国境検問所からラオス国内に入った後、南に向かってラオスの首都ビエンチャンまで延びる全長418キロ、時速160キロの鉄道だ。これが完成すると、アジア横断鉄道中央線は大体の形が出来上がる。中国・ラオス鉄道は今後、さらにタイ、マレーシアなどの国の鉄道とつながり、遠くない将来には、中国の観光客は列車でラオス、タイ、マレーシアなどの国に旅行休暇に出かけることができるようになるだろう。

2016年1月21日、インドネシアのジャカルタからバンドンに至る高速鉄道の起工式がインドネシアの首都ジャカルタから120キロのところにあるワリニ駅で行われ、中国・インドネシア鉄道の協力が大きな進展を遂げた象徴となり、2016年の中国鉄道の対外展開が好調なスタートを切った。習近平主席が起工への祝賀の言葉を寄せ、インドネシアのジョコ大統領が式に参加し、あいさつを述べた。

ジャカルタ・バンドン高速鉄道の全長は150キロで、インドネシアの首都ジャカルタと第4の都市バンドンとを結び、最高設計速度は時速350キロで、3年で完成・開通する計画だ。完成後には、ジャカルタからバンドンへの所要時間は現在の3時間余りから、40分に短縮する。ジャカルタ・バンドン高速鉄道プロジェクトは、中国が実施する新たな時期の「対外展開」戦略の大きな飛躍で、中国高速鉄道技術、高速鉄道製造、高速鉄道案および高速鉄道利益モデルが初めて全面的に対外展開されるものである。

インドネシアと中国がジャカルタ・バンドン高速鉄道を共に建設することは、中国の「21世紀海上シルクロード」とインドネシアの「世界の海洋の支点」というビジョンが両立し得るものであることを証明している。これは「一帯一路」の提唱と、その他の沿線諸国の発展戦略との結合の成功に生きた例を提供するもので、「一帯一路」建設が関係国でできるだけ早く実施されるよう加速・推進する助けとなるだろう。

これ以前に、中国の企業はトルコの首都アンカラからイスタンブールをつなぐ高速鉄道の第2期工事建設に参加していた。これは中国の高速鉄道が初めて国外に出たものとなった。中国鉄道建築総公司と中国機械進出口（集団）有限公司が主導して組織した請負グループによるもので、落札区間は全長158キロ、契約金額は12億7000万ドルである。この高速鉄道は全長533キロで、設計時速は250キロ、2014年7月25日に開通し、運営を開始した。

現在、中国は多くの国と高速鉄道協力あるいは協力協議を行っており、一部のプロジェクトはすでに実施され始めている。それらには、トルコ、ベネズエラ、サウジアラビア、リビア、イラン、タイ、ミャンマー、ラオス、カンボジア、マレーシア、シンガポール、米国、ロシアなどの国がある。

京広高速鉄道の韶関区間を通り抜ける高速列車

　各国がすでに発表している計画によれば、2024年までに、世界の高速鉄道の総延長距離は4万2000キロに達するが、これは2010年から2024年までの間に、海外の高速鉄道の建設計画が1万9000キロほどに達するということを意味する。予測では、2020年までに海外の高速鉄道投資は8000億ドルを超え、中でも欧米先進国の投資額は1650億ドルで、その他の産業を突き動かしてつくり上げる市場規模は7兆ドルにも達し、この数字は同時に中国の高速鉄道がすでに空前の輸出チャンスを迎えていることを意味している。中国の高速鉄道は今まさに世界の舞台へと向かって進んでいる。特に現在の中国の鉄道は、改革の難度の高い領域に入っている時であり、中国の高速鉄道の海外市場の力強い開拓は、間違いなくその最も優れた推進力となるだろう。

　中国の高速鉄道が国際社会の普遍的注目を浴びるのは、中国の高速鉄道の全面的な優位性のためだ。

　1980年代から、中国の高速鉄道建設の論証は、相当長い時を経てきている。世界の高速鉄道建設の経験を参考にして学んだ上で、中国の国情や線路状況を考慮して、中国の高速鉄道はそれぞれの長所を取り入れ統合した発展モデルを選択した。まさにこうしたからこそ、中国の高速鉄道は長所を統合し、ヨーロッパなどの国々の高速鉄道技術との互換性を実現することができたのであり、これはその他の国の鉄道では不可能なことだった。中国の高速

鉄道技術は世界でも最先端のもので、工務工事、通信信号、けん引・給電、動力分散式列車製造などの方面で、包括的輸出をすることができ、これもまた、他国の鉄道では、それぞれの技術が異なる企業の手中にあるために実現するのが難しい。中国はさらに実地調査・設計、工事建設、設備製造、プロジェクトの検収から運営・保守、従業員研修などのシステムがセットになった高速鉄道の安全保障システムを打ち立てている。

　区間ごとに建設された京広高速鉄道と一気に建設された京滬高速鉄道は、どちらも当時、世界で最長の高速鉄道で、中国モデルをつくり上げた。中国が超長距離の高速鉄道ネットワークを建設する能力は世界最強であり、中国の橋梁建設レベルもまた、世界で最高のものである。

　2014年12月26日、蘭新高速鉄道（蘭州とウルムチを結ぶ路線）が全線開通した。全長1776キロの蘭新高速鉄道は、世界で一気に建設・開通された距離が最長の高速鉄道である。これ以外にも、これには多くの「一番」がある。まず、煙墩、百里、三十里、達坂城という4大強風地区を通り、同時に沿線にはタクラマカン、グルバンテュンギュトなど数カ所の砂漠地帯があり、砂漠地帯と強風地帯を通る初めての高速鉄道となっている。次に、中国で海抜が最も低いトルファン盆地と海抜が最も高い祁連山高速鉄道トンネルを通り、16.3キロの祁連山トンネルでの最高軌面標高は3607.4メートルで、「世界の高速

鄭州高速鉄道の幹線交差場所を通り過ぎる高速列車

鉄道で一番高い所にあるトンネル」との誉れがある。ここからも、中国は日本やヨーロッパ各国などよりも複雑な地理、地質、気候環境を持っていることが見てとれ、このために異なる環境が必要とするものをつくり出す能力は、世界トップクラスである。

中国の高速鉄道はさらに価格的優勢を持つ。中国鉄路総公司の責任者によると、中国の高速鉄道は技術の信頼性があるだけでなく、建設コストも1キロ当たりわずか3300万ドルで、その他の国の1キロ当たり5000万ドルに比べると、3分の1もの差がある。中国の「和諧号」動力分散式列車の価格は海外の同種の製品の半分から4分の3の間であり、同時に中国は人件費、原材料費においても価格的優勢がある。極めて高いコストパフォーマンスで発展途上国にとてもふさわしい。

これらの優勢は中国の高速鉄道に国際競争に参加する実力を与えている。同済大学の孫章教授は、中国の高速鉄道の「対外展開」には、着実な推進戦略を取るのがふさわしいと考えている。それはすなわち、「三つのまず」戦略で、それは、まず土木建設を行い、後に車両、まず時速250キロから始め、後に350キロに、まず中国と外国の合弁企業をつくり、後に中国独資企業をつくるというものである。このようにすれば、比較的安全・確実であり、初めはゆっくりしているようだが、長期的に見ると、経験を積んだ後はどんどんスピードアップできる。

速度は交通運輸の魂だ。速度によって勝負を制する高速鉄道の急速な発展は、今まさに中国の交通運輸の版図を書き換え、国際鉄道界の「スター」となっている。高速鉄道の「対外展開」は、二つの階層に分けることができ、一つは軌道交通設備輸出で、これは貨物貿易に属する。もう一つは鉄道システムの輸出で、すなわち動力分散式列車や信号システムなどといった設備を提供するだけでなく、鉄道全体の敷設を行い、貨物貿易とサービス貿易を結合させたものに属する。軌道交通設備輸出の面でいえば、中国はすでに比較的長い期間の成功経験を持っている。

データによれば、一部の国では、中国の軌道交通設備はすでに現地市場のかなりのシェアを占め、極めて安定した市場評価を確立している。天然ガス資源が豊富で、社会福祉・保障システムが完備されたトルクメニスタンでは、中国中信建設公司が輸出手はずを整えた2回にわたる車両受け渡し以後、この国の80％の旅客輸送車両が中国製となっている。

2014年12月30日、中国南車、中国北車が「未来を見据えた対等合併」などの原則において双方の合併を行うことを共同で正式に発表し、合併後の新たな会社名を「中国中車股份有限公司」とした。これにより、一つの世界レベルの高速鉄道のモンスター企業、「中国中車」が誕生した。中国南車と中国北車は2000年に中国鉄路機車車両工業総公司が二つに分かれたもので、この時からお互いがライバルとなった。中国南車と中国北車はもとも

と全国で計30カ所余りの工場を持ち、生産している機関車およびその他の鉄道設備は国内市場の80％の需要をカバーし、さらに世界80カ国余りの国・地域に輸出している。2014年には、世界市場の10％の需要をカバーした。目下、中国南車も中国北車も、共に世界的に売上高が最大の鉄道設備製造企業で、シーメンス、アルストム、ボンバルディアおよび日本の一部企業をはるかにしのぐものである。

世論は、中国南車・北車の合併実現は、間違いなく中国の鉄道設備製造の国際競争力を大いに増強し、世界の高速鉄道の競争構造を再編し、中国鉄道設備が国際市場に進出する助けとなると考えている。今後、新たにつくられた中国中車は「オール中国鉄道」として、東南アジアや南米などの国や地域で、日本、米国、ヨーロッパの巨頭たちと日増しに激烈となる受注競争を行うことになる。これと同時に、「一帯一路」戦略もまた、世界の鉄道建設の需要を刺激し、鉄道設備もまた、全面的に利益を受けることになる。

高速鉄道はすでに中国で輸入代替を実現した戦略的産業となり、正面から輸出指向産業に変化し、中国のハイテク大型戦略産業の数十年の発展を突き動かすと見られている。世界中で最も速度が速く、技術レベルが最高で、建設コストが最も低く、運営と建設キロが最長であるなどといった優勢により、中国の高速鉄道は広大な海外市場を獲得する可能性があり、中国の輸出構造のグレードアップを力強く促進す

るだろうと専門家は言う。高速鉄道工事、商品輸出、資本輸出が結びつき、また世界の産業システムにおける中国の地位を大幅に引き上げ、さらに「メイドインチャイナ」のイメージを大いに向上させることになる。

2016年3月5日、李克強総理は『政府活動報告』の中で、「高速鉄道、原子力発電など中国設備の対外展開が飛躍的な進展を得ている」と指摘した。言葉は短いが含まれている意味は深く、「飛躍的な」という言葉に高速鉄道の対外展開の大きな成果が示されており、中国の高速鉄道の世界版図が拡大し続けていることを示している。

あるメディアは、2016年は中国の高速鉄道の「対外展開」が急激に活発になる最初の年となり、中国の高速鉄道の輸出が次第に成熟しており、中国高速鉄道の版図もすでにアジア、ヨーロッパ、アフリカ、アメリカなど5大陸数十カ国・地域に及んでいて、日本などの古くからの鉄道強国と競争できるだけでなく、建設協力において、中国企業はより柔軟で、現地化された方法の模索を行うだろうと言っている。

高速鉄道の「対外展開」は間違いなく世界に中国の一つの窓口を開くもので、世界の人々にすでに広く知られている中国の幅広く奥深い古い黄河文明や華夏文明という基礎の上に、現代中国の現代工業文明を味わわせるものである。中国の高速鉄道の「対外展開」は、多彩な中国的要素と文化的特色を見せると同時に、中国文化と科学技術の世界との融合を促進させることだろう。

北京南駅から列車に乗り込む高速列車乗務員

第章

高速鉄道の理性への回帰

盛光祖氏は次のように考える。すべて実際から出発し、科学的発展と全面的発展を堅持し、鉄道は安全を一番に置かなければならない。中国の高速鉄道発展に存在する問題を客観的に冷静に分析し、さらに科学的かつ効果的に解決することが目下の最重要任務だ。

これは間違いなく中国鉄道史上の悲劇だった。

2011年7月23日20時30分。北京南駅から福州駅に向かうD301動力分散式列車が甬温線（寧波と温州を結ぶ路線）の上海鉄道局管轄の永嘉駅から温州南駅までの双嶼区間に至った際、先行していた杭州駅から福州南駅に向かうD3115動力分散式列車に追突する事故を起こした。D301列車の1～3号車は横転し、高架橋から落下して激しく損壊し、4号車は宙づりになった。D3115列車の15、16号車もひどく損壊した。この事故で40人（外国籍3人を含む）が死亡し、172人がけがをした。列車の運行が32時間35分中断され、直接的な経済損失は1億9371万6500元に上った。

同年8月10日、温家宝国務院総理は国務院常務会議を招集し、高速鉄道の営業速度と鉄道部の債務増加速度にブレーキをかけた。

会議では、以下のようなことが決定された。高速鉄道およびその建設中プロジェクトの大規模な安全検査の実施、新たに建設する高速鉄道の運営初期の速度の適度な減速。批准されたが工事を開始していない鉄道建設プロジェクトに対して、あらためて系統的に安全評価を行うこと。新しい鉄道建設プロジェクトの審査を一時中止し、さらに、すでに受理したプロジェクトについて論証を深め、プロジェクトの技術基準と建設プランを合理的に定めること。その日、鉄道部の盛光祖部長は新華社記者のインタビューを受け、次のように述べた。「中国の高速鉄道の安全性、信頼性を高め、安全管理の経験を蓄積するため、高速鉄道の運営初期において、中国は全面的にその運行速度を引き下げる」

こうして、中国の高速鉄道の発展は理性的な方向に向かい、堅実な発展の道を進むことになった。

高速鉄道の全面的な速度調整

　「7.23」温州高速鉄道事故が招いた直接の結果は、中国高速鉄道の全面的な速度調整だった。

　運行速度のほかに、どの付帯設備に「速度調整」が必要なのか、中国高速鉄道はどれくらいの発展速度を保つのが合理的なのか、中国高速鉄道はどの方向に発展すべきなのか、これらについても根本的にあらためて考えるべき時期になっていた。ある専門家は、今回の事故は速度と関係があるのかどうかという疑問を持った。速度の問題か、それとも管理の問題か。ある研究者は次のように提起した。「大躍進」式の高速鉄道建設は非常に重大な問題を引き起こした。この後遺症を過小評価してはならず、長い時間をかけて消化しなければならない。

　盛光祖部長が率いる鉄道部の新しい指導グループは、厳しい試練に直面した。すべて実際から出発し、科学的発展と全面的発展を堅持し、鉄道は安全を一番に置かなければならない。中国の高速鉄道発展に存在する問題を客観的に冷静に分析し、さらに科学的かつ効果的に解決することが目下の最重要任務だ。盛光祖部長はそう考えた。

高速鉄道に対する「補講」

　甬温線の重大鉄道事故から18日後、鉄道部は「速度調整」という断固たる措置を取った。これは中国の鉄道がそれまでの数年間で6回連続して大幅にスピードアップを行い、さらに何度も高速鉄道の最高時速を破った後の初めての速度調整であり、「7.23」甬温線重大鉄道事故後、鉄道関連部門が高速鉄道に対して行った「補講」でもあった。

　2011年7月28日、温家宝総理は温州の事故現場で国内外の記者に向かって、社会に対して「誠意と責任のある説明」をしなければならないと言明した。中国高速

鉄道の発展について、温総理は次のように述べた。「高速鉄道の
建設は設計、設備、技術、建設、管理から総合的に評価される
べきだ。この中では、安全が最も大切である。安全を失えば、高
速鉄道の信頼性を失うことになる。近年、高速鉄道事業は大きく
発展したが、今回の事故がわれわれに気付かせてくれたことは、
高速鉄道建設における安全性の問題をさらに重視し、速度、品
質、収益、安全の統一を実現し、安全を一番に置かなければな
らないということだ。関連部門が真剣にこの事故の教訓をくみ取り、
多方面で業務を改善し、特にカギとなる技術を解決し、管理を強
化し、中国の高速鉄道を本当に安全なものとしてくれることを信じ
ている。そうしてこそ世界で地位を保ち、信用を得られる」

　8月11日、鉄道部の盛光祖部長は新華社記者のインタビュー
に答え、事故発生後、鉄道部門は速やかに行動し、一連の措
置を取り、鉄道の安全に関する活動を全面的に強化・改善して
いると表明した。一つ目は、潜在的な安全上の問題の徹底調査
と改善活動を迅速に行うこと。7月25日から9月末にかけて、集
中的な徹底調査の方法で、運行設備、従業員の作業、規則・
制度、非常事態時における運行、緊急処置、建設工事といっ
た重点的な内容について、全面的に徹底調査と改善を行う。二
つ目は、各級の幹部を組織し、安全に関して責任を持って引き

受けさせること。鉄道部の機関は専門幹部180人を選んで、システムごとに47の安全検査グループをつくり、輸送の一線で安全の重点部分について全面的な検査を行う。三つ目は、鉄道従業員の安全思想教育を強化すること。広範な幹部と従業員に直面している厳しい情勢をはっきりと認識させ、事故の教訓を深く心に刻ませ、自信を固め、元気を奮い立たせ、安全生産を的確にしっかりと行わせる。四つ目は、事故の善後策と安定維持作業をしっかりと行うこと。地方政府と積極的に共同して、最大の努力を尽くして負傷者の手当と善後処置を適切に行う。

盛部長は、慎重な検討と入念な研究を経て、鉄道部は高速鉄道の運営初期の運行速度と列車の運行計画を調整することを決定したと述べた。運行速度については、設計最高速度が時速350キロの高速鉄道は時速300キロで運行する。設計最高速度が時速250キロの高速鉄道は時速200キロで運行する。在来線で時速200キロに加速した路線は時速160キロで運行する。速度を引き下げた列車は、運賃も適宜値下げする。列車の密度については、高速鉄道の運営初期には「列車のダイヤグラムを一度に編成し、段階的に実施する」という方法を取り、徐々に列車の運行密度を上げ、新しい設備がうまくなじむようにする。

これと同時に、鉄道部は建設中の高速鉄道プロジェクトに対して全面的な検査を行う。重点とするのは、科学的かつ合理的に施工計画を手配し、建設プロジェクト

の工期を急ぐことを厳禁し、品質と安全の監督・管理を強化し、工事の検査・引渡しを厳格にすることだ。批准されたが工事を開始していない鉄道建設プロジェクトに対しては、あらためて系統的に安全評価を行い、新しい鉄道建設プロジェクトの許認可を一時中止する。すでに受理されたプロジェクトについては論証を深め、プロジェクトの技術基準と建設プランを合理的に定める。すでに許可の文書を得ていて工事が開始されていない多くの高速鉄道プロジェクトもこの事故によってどうなるか分からなくなった。

このとき、盛光祖氏は鉄道部部長に就任してまだ半年しか経っていなかった。この鉄道部門の新しい総責任者は、実際はベテラン鉄道マンだった。1968年に職に就き、鉄道の現場で長年働き、南京鉄道分局や杭州鉄道分局の分局長兼党委員会書記、済南鉄道局局長と党委員会書記を務めた経験がある。1994年に鉄道部の党グループメンバーとチーフエコノミストに就任し、続いて鉄道部政治部主任と副部長を歴任。2000年には、国家海関（税関）総署副署長、署長兼党グループ書記に転任した。2011年2月、盛氏は困難を前にして命令を受け、再び鉄道部門に戻り、鉄道部の党グループ書記と部長を務めることになった。

以前、鉄道部門で仕事をしていたとき、盛光祖氏は実際の効果を重んじ、具体的な行動をすることで知られており、評判が高かった。職務を引き継いですぐに、厳しい局面に立たされた彼は、重苦しいプレッ

シャーを感じた。

これ以前、京津都市間鉄道や京滬高速鉄道、滬杭高速鉄道の最初の設計速度はどれも時速350キロだった。京滬高速鉄道が後に300キロと250キロの2種類の時速で並行して運行するように調整されたが、京津都市間鉄道と滬杭高速鉄道は時速350キロのまま運行されていた。鉄道部の統一措置によれば、最高時速350キロで設計された高速鉄道は時速300キロで運行することになる。この全面的な減速により、時速350キロを掲げる列車は消えることになった。この二つの高速鉄道もダイヤ調整後、300キロに減速することになった。この影響を受けて、もともとこの年の暮れに開通する予定だった寧杭高速鉄道の開通日も延期され、同時に運行速度も最速で時速300キロにしかならないことになった。

設計最高速度が時速250キロで設計された高速鉄道も同時に調整され、時速200キロで走ることになった。合武（合肥と武漢を結ぶ路線）、福廈（福州とアモイを結ぶ路線）、甬台温（寧波と台州と温州を結ぶ路線）などの高速鉄道はすべてダイヤ調整後、時速200キロで運営し、乗客の移動時間もそれに応じて長くなった。このほか、石太（石家荘と太原を結ぶ路線）、長吉（長春と吉林を結ぶ路線）、海南東環（海口と三亜を結ぶ路線）、広珠都市間鉄道（広州と珠海を結ぶ路線）などの高速鉄道も全面的に200キロに減速した。

鉄道部の胡亜東副部長は次のように説明した。推計によれば、時速350キロと

250キロが混在する運行モデルは、300キロと250キロの混在より効率が20%低い。比較的小さい速度差を選ぶ方が運行の割り振りには有利だ。

専門家は、いわゆる高速鉄道の「補講」は、新しい高速鉄道路線にとっては「補強」になると考えた。一つには、新しい路線の過渡期を補強し、沈下・安定させることができること。もう一つには、最初の運営期間を補強し、新しい設備に適応させてなじませることができる。

『中長期鉄道網計画』には、「四縦四横」の旅客専用線の「客車の速度目標値は時速200キロおよびそれ以上に達する」と記されている。まさにこの曖昧な記述が、後の建設中の高速鉄道の速度基準の引き上げに伏線を張ったのだった。実際、2008年以降、「四縦四横」旅客専用線網のうち、すでに建設が終わり運営している路線と建設中の路線は、大部分が時速300キロあるいはもっと速い時速で運営・建設されていた。京滬高速鉄道の設計時速は350キロで、そのうち全長220キロの棗荘から蚌埠の区間は時速380キロとして建設されており、世界の高速鉄道建設の最高基準を記録していた。

速度目標値の引き上げは、当然、工事投資の増加を必要とする。

2006年、国務院が京滬高速鉄道の事業計画に回答した際、その予算は約1700億元だった。2007年になり、同高速鉄道の一部区間の速度目標値が時速300キロから380キロに引き上げられたことおよび

東北地区高速鉄道網の
ターミナル駅―瀋陽南
駅、修繕工事現場

線路設備が増加したことにより、鉄道部は予算についても2200億元に引き上げ、国家発展・改革委員会からも同意を得た。こうしてこの投資総額は三峡ダム建設プロジェクトの予算を超えることとなった。

　速度目標値の引き上げに伴い、京津、武広などの高速鉄道の最終投資額はすべて最初の予算金額を超えた。

　新任の鉄道部部長の盛光祖氏にとって、目下の切迫した任務は負債の規模を抑えることだった。これは、もともとの高速鉄道計画の調整に関わることで、経済社会の発展の実際のニーズに基づいて、新しい高速鉄道路線の建設および路線の速度目標値を調整・決定することである。これも高速鉄道の「補講」の範囲に含まれる。

　盛光祖氏は『人民日報』の記者のインタビューに答えて、次のように強調した。「鉄道建設の規模は適度な背伸びは必要だが、背伸びしすぎてもいけない。今後、具体的なプロジェクトの手配においては、建設中の路線を保証し、不可欠を優先し、付帯設備を重視することが必要だ」。建設中の路線を保証するとは、すでに工事を始めたプロジェクトを必ず保証し、特にその年に竣工する建設プロジェクトをしっかり行い、期限通りに完成し開通する

ことを指す。不可欠を優先するとは、鉄道
網の基幹路線や石炭輸送の大動脈を整備
することと経済社会の発展により早急に求
められているプロジェクトについて、できる
限り早期に建設工事を開始するよう努力す
ることを指す。付帯設備を重視するとは、
建設を終えたプロジェクトの総合的な付帯
設備をしっかりと整備し、駅と路線の運行
能力、固定設備と移動設備の付帯設備能
力を高めることを重点として、鉄道網の総
合輸送能力を高めることを指す。

当時、国内で建設中だった京滬、哈
大、京石（北京と石家荘を結ぶ路線）、
石武、広深、津秦、寧杭などの高速鉄
道の建設基準はまだ大きく調整されていな
かった。「建設中の路線を保証し、不可欠
を優先し、付帯設備を重視する」政策か
ら最も大きな影響を受けたのは、計画に着
手したが工事は始まっていないいくつかの
プロジェクトだった。武漢と宜昌を結ぶ漢
宜都市間鉄道は、「四縦四横」高速旅客
専用線のうちの滬漢蓉路線の一部分だが、
間もなく、この路線の施工業者は通知を受
け、建設速度の基準を時速250キロから
200キロに引き下げるように求められた。

国家発展・改革委員会総合運輸研究
所の羅仁堅研究員は次のように見ている。
盛光祖氏の鉄道部部長就任以降、中国
の鉄道の発展は着実に推し進められ、高
速鉄道の大規模な投資を十分に利用して
市場にサービスを提供し、ひたすら速度
だけを求めることはしなくなった。速度調
整、安全、脱ぜいたくといった考え方は、

盛光祖氏が就任して以来、より明らかに
なった。

中国工程院の王夢恕院士は『中国経
済週刊』の記者に対して、「われわれの
高速鉄道の設計最高速度は時速350キロ
であるが、実際はその80%の速度で運行
すべきだ。これについては宣伝上の誤りが
あった。自動車の最高時速は200キロだ
が、本当にこの速さでずっと運転し続ける
人はいるか」と語った。

北京交通大学経済管理学院の趙堅教
授の考えはこうだ。列車が走行していると
きに受ける抵抗力は速度の二乗に正比例
するため、200キロから300キロに加速す
ると、エネルギー消費は倍になる。さらに
加速すれば、エネルギー消費は急激に増
加し、経済的に割りに合わない。

こうして、中国高速鉄道は8年間の猛
烈な勢いの突進を経て、ついに着実な前
進に立ち返ったのだった。

速度調整と「セット運行」思考

盛光祖氏による高速鉄道の速度調整と
いう「切り札」は、最も早くには2011年
の「両会」ですでに出されていた。

長い間、鉄道部が業務成績を総括する
際に、重要なキーワードが二つあった。距
離と速度だ。特に速度は、往々にしてよ
り直接的にその国の鉄道技術レベルを示
す。1997年より鉄道部は相次いで6回に
わたる全国の鉄道の大幅なスピードアップ
を実施し、2010年までに、中国の列車の

営業最高速度は時速 140 キロから 350 キロへと 2 倍以上引き上げられた。

速度が中国の鉄道の発展と進歩の最も有力な証明となっていることは明らかだ。しかし、2010 年に中国高速鉄道の開通距離がネズミ算式に増加した後、安全のプレッシャーも日に日に増してきた。鉄道部の指導幹部は薄氷を踏み、深淵に臨むような気持ちで、内部の大小さまざまな会議では、安全をますます強調していた。

2011 年 3 月 5 日、盛光祖氏は全国人民代表大会の寧夏代表団の審議に列席した際、次のように述べた。「寧夏が建設計画中の鉄道の予定時速を 200 キロとしているのは合理的だ。安全性が高く、運賃が高くなく、庶民に受け入れられ、乗り心地もいい。以前、一部の中西部の省も時速 350 キロの高速鉄道を建設し、東部地域と同等の移動速度の恩恵を受けたいと希望していたことがある。思うに、やはりすべて実際の状況から考える方がいい」

日本やドイツなど世界の高速鉄道技術強国を見ると、それらの営業最高速度は時速 300 キロを超えていない。日本が 1980 年代に建設を開始した 1000 キロ余りの新幹線は、七つの区間に分け、10 年間かけて完成した。最高時速も 210 キロ、240 キロ、260 キロ、275 キロという四つの段階を経て、1997 年にやっと 300 キロのレベルに引き上げられた。「安全第一」の強化教育を受けて、鉄道部の指導幹部と広範な幹部職員は、速度を遅くすれば、より大きな安全性、信頼性を得られるかもしれないと

考えるようになった。こうして、速度調整は徐々に鉄道人の共通認識となった。

最終的に、2011 年 3 月末の鉄道部の上層部会議で、中国高速鉄道の営業最高速度を時速 380 キロから 300 キロに引き下げるという高速鉄道の営業速度調整が決定された。同年 4 月 12 日、盛光祖部長は『人民日報』の記者のインタビューに答えた際、高速鉄道の速度調整の情報を公表した。盛部長は、間もなく開通・営業する京滬高速鉄道について、旅客の異なるニーズに対応するため、時速 300 キロと 250 キロの 2 種類の速度の列車を運行し、2 種類の運賃を実施することを表明した。これが後にメディアに称賛された「セット運行」思考だ。盛部長は「設計時速 350 キロの線路を時速 300 キロの列車が走れば、より高い安全性、信頼性が得られ、同時に運賃についても市場の法則に合わせる上でより大きな流動性を得られる」と説明した。

2011 年 4 月 23 日、全路線テレビ電話会議で、盛光祖部長は全路線の幹部職員に向かって彼が提唱する速度調整とセット運行の考え方を説明した。その内容は『人民日報』に掲載されたインタビュー記事と基本的に一致していた。話の中で直接「減速」という言葉には触れなかったものの、鉄道部門の幹部職員はこのようにして、中国高速鉄道が「スピードダウンする」という事実を受け入れたのだった。

この会議で、盛光祖部長は「快速鉄道網」という新しい概念も打ち出した。彼は「第 12 次 5 カ年計画」期の鉄道建設

計画に言及した際、「われわれは高速鉄道を基幹路線とする快速鉄道網を三つの速度レベルで建設しようと考えている。一つ目は、『四縦四横』の主幹線の一部の高速鉄道で、時速300キロの基準で建設する。二つ目は、高速鉄道の延伸線と接続線、都市間鉄道で、時速200キロから250キロの基準で建設する。三つ目は、客車と貨車共通運用の快速鉄道および中西部の大部分の鉄道で、時速200キロ以下の基準で建設する」と述べた。

この最新の説明の中で、4万5000キロの快速鉄道には高速鉄道を含んでいた。「高速鉄道」は「快速鉄道」網の一つの骨組みとして、営業速度がいくつかのレベルに分けられ、最高営業速度が380キロから300キロに引き下げられることになった。

国家発展・改革委員会の羅仁堅研究員は、鉄道部が発表したセット運行という考え方について以下のように評価した。「高速鉄道の線路上で、同時に時速300キロ、250キロ、200キロの動力分散式列車を走らせる。このようなセット運行方式は、一方でコストを節約し、もう一方で大衆市場のニーズをより満足させることが

余杭駅ですれ違う異なる
時速レベルの高速列車

できる。この考え方は必然的に高速鉄道技術の発展および運営
組織モデルの転換をもたらすだろう」

　高速列車の速度調整のことよりも、一般の乗客にとっては、チ
ケットの値下げが良いニュースだったかもしれない。鉄道部は速
度の引き下げに伴って、運賃も適宜引き下げると表明した。同時
に、豪華な座席を普通の座席に変更した。この二つの措置により、
価格調整後の高速鉄道運賃はさらに庶民的なものとなった。

　2011 年 6 月 1 日、鉄道部の公式ホームページで発表された『全
国鉄道新列車ダイヤグラム』では、同年 7 月 1 日より、武広、鄭
西、滬寧都市間高速鉄道が時速 350 キロの単一モデルから時速
300 キロと 250 キロの 2 種類の速度モデルに調整されており、動
力分散式列車がそれぞれ 80 往復、22 往復、110 往復割り振りされ、
従来の運行本数に比べて 1.5 倍以上になることが示された。

　この調整を経て、高速鉄道を含む全国の鉄道の旅客輸送能力
は 9.6% 増加した。

　2011 年 7 月 1 日、上海鉄道局の運転指令所の大型スクリーン

に、同局管轄の滬杭、合寧、合武、杭深線（杭州と深圳を結ぶ路線）の寧波—アモイ区間などの高速鉄道がすべて減速を実施し、そのうち滬杭高速鉄道の運行速度は時速350キロから300キロに、そのほかの路線は250キロから200キロに引き下げられることが表示された。

これより後、中国高速鉄道の運行速度は引き下げられた。

2011年6月13日、鉄道部の胡亜東副部長は京滬高速鉄道の運営開始に関する記者会見で次のことを明らかにしていた。京滬高速鉄道はすでに基本的な検収と安全評価を終え、完全に運行開始の条件を備えており、6月末に正式に開通する。速度調整とセット運行の方針に基づいて、90往復の動力分散式列車のうち、時速300キロのを63往復、250キロのを27往復とした。営業速度が時速350キロから300キロに調整されたことを考慮し、武広高速鉄道と鄭西高速鉄道、滬寧都市間高速鉄道など関連高速鉄道会社は時速300キロの列車の運賃を適宜引き下げ、下げ幅は5％前後とする。

専門家の分析は次のようなものだった。列車のエネルギー消費は速度の二乗に正比例する。これは、速度の引き上げによって、高速鉄道のエネルギー消費が急激に増加することを意味している。設計速度が速くかつ停車駅が比較的多い列車は、加速と制動距離が比較的長いため、一旦最高時速に達しても、すぐに速度を落とさなくてはならない。その結果として、瞬間の時速は速いが、全行程の時間を短縮することに対する貢献はそれほど明らかでなく、これにより起こるエネルギー消費が逆にかなりのものになってしまう。

北京高速列車検査整備基地の関係者は記者のインタビューを受けた際、「高速鉄道の減速後、動力分散式車両の部品の消耗が明らかに減り、車両部門の指導幹部と技術スタッフも胸をなでおろした」と語った。資料の示すところでは、高速鉄道の時速が270キロを超えると、けん引力の90％以上は空気抵抗を克服するために使われ、時速300キロを超えると、95％がそのために使われる。そして、列車の時速が300キロを超えた場合、車輪の空回りや動力のむだ、摩耗の加速など一連の問題が現れる。例を挙げると、京津都市間高速鉄道の速度が従来の時速330キロから300キロに引き下げられた際、全行程の所要時間は3分間増えただけだったのに、部品の摩耗率は大幅に低下した。速度を落とす前、列車の制輪子は5カ月に1度交換していたが、減速後、8カ月に1度に延長した。列車のパンタグラフのアームの損傷具合も大いに改善された。

「チャイナスピード」をさらに純化

鉄道部が半年のうちに2回続けて高速鉄道の速度調整をするなんて。すぐに、世間ではさまざまな意見が飛び交った。

あるメディアは、中国の鉄道は10年近くにわたる「飛躍的な大発展」を経験し、

一貫して高速度という目標を追求してきたため、現在、速度の引き下げが打ち出されたことで当然、社会の注目を集めたのだと分析した。

『中国新聞週刊』は次のように報道した。中国高速鉄道が時速350キロに達し、世界の高速鉄道の営業最高速度の記録を破ることは、かつて京滬高速鉄道に託された主要な使命だった。現在、減速を実施したことは、鉄道部がすでに高速鉄道の「正常化」開始を決意し、かつて高速鉄道に託されていた交通以外の使命は徐々に切り離されることを示している。中国高速鉄道は安全と速度のバランスを得るために、あらためて通常の交通手段へとまさに回帰するところだ。

ある研究者はこう述べている。もし過去において中国の鉄道がまっしぐらに駆けているときに何か間違いを犯したと言うなら、「技術第一」「速度第一」「規模第一」という強迫神経症にかかり、「ダイコンがよく売れるときは泥を落とさない（仕事が早いだけで雑である）」ということわざのように、安全性と経済性を軽視したことが間違いの元だ。では今、ある程度の効率を犠牲にしてより高い安全性、信頼性を得、管理レベルを引き上げるために時間をかけることは、まさに誤りを正すプロセスだといえる。

北京交通大学経済管理学部教授で博士課程指導教授の欧国立氏は、速度調整は中国の高速鉄道建設において理性を取り戻すことであり、高速鉄道発展の内在的な法則に合致すると考える。中国高速

鉄道はスタートが遅く、発展の時間が短く、国外の先進国のレベルにはまだ一定の距離がある。中国高速鉄道は、まだ多くの経験を積む必要があり、時間をかけて探らなければならない。今回の速度調整はまさに、冷静になって客観的に高速鉄道の発展に向き合える良いチャンスだといえる。

もちろん、高速鉄道の速度引き下げに対して否定的な意見を持つ人や反対する人もいた。

中国人民政治協商会議の趙広発委員は「両会」に参加した際、次のように述べた。中国高速鉄道の計画や設計、建設は基本的にすべて時速350キロであり、高速鉄道の計画時速は国務院での検討と人民代表大会での承認を経たものだ。勝手に減速し、人為的な浪費を招くべきではない。

……

盛光祖部長は次のような考えを持っていた。高速鉄道の適度な速度調整は何も悪いことではない。減速すなわち退歩ではないし、ましてや後退させるなどということを意味してはいない。十分に安全を保証するために、価値のあることだ。現代化した鉄道の発展に力を入れるという中国の方向性がこれによって変化することはない。逆に、メンツと虚栄を捨てて、「管理の手薄さ」「施工中に工期を急ぎ、規定違反や無謀行為が存在する」などの問題を素直に認めることは、矛盾を直視し、誤りを知ってそれを改める勇気と責任を引き受けるということだ。高速鉄道が安全のレベルアップのために速度調整することは、ある

花々が咲き乱れる青海
高原を走る高速列車

意味、一種の「骨を削り傷を治す」という方法であり、「チャイナ
スピード」ということを巻き添えにしないだけでなく、「チャイナスピー
ド」をより信頼できるものにするだろう。

　一部の専門家は、高速鉄道の発展は順序に従って徐々に進
み、経済や社会の発展と適応しなくてはならないという考えを示し
た。実際、海外の高速鉄道の速度はわれわれが想像するほど速
くはなく、日本の東海道新幹線も時速270キロしかない。高速鉄
道の速度の速いことは安全性が低いことを意味しないという人もい
るが、高速よりも低速の方がさらに安全の保証があるはずだ。

　一部のメディアが続々と次のような内容の記事を発表した。高
速鉄道の発展は中国の国情による選択であり、市場の選択だ。
中国高速鉄道は世界の人々に、靴や靴下、おもちゃを通じて中
国を理解するほかに、中国を知る新しい視点を提供した。これは、
高速鉄道の中国経済に対する巨大なけん引の役割があるからとい
うだけではなく、高速鉄道が本当に一般の中国人の生活を変えた
からだ。大都市圏という観念の形成にしろ、北京—上海間などの
「ゴールデン路線」における「日帰り可能」という便利さにしろ、
これらはこれまでになかったことだ。またまさにそうだからこそ、わ
れわれは次のように確実に言える。過去の失敗を振り返り今後の
戒めとし、高速鉄道の運営管理の面からより多く原因やギャップを
探すのは、高速鉄道システムの管理をより完全なものとし、できる
限り高速鉄道の安全性能を高めるためであると。批判にしろ、不

平にしろ、大衆の高速鉄道に対する高い注目は、まぎれもなく中国の鉄道の確かな社会的基礎であり、その改革の加速、絶えざる改善の原動力のよってくるところである。

2012年3月、盛光祖鉄道部長は第11期全国人民代表大会第4回会議の安徽省代表団の審議に列席した際、記者から「高速鉄道に乗りますか？」と聞かれ、「もちろん乗ります。鉄道部長が高速鉄道に乗らないわけがないでしょう。高速鉄道に乗らないで鉄道部長と名乗れますか？」とためらうことなく答えた。きっぱりとした力強い言葉は、高速鉄道の安全に対する鉄道部長の揺るぎない自信を示していた。

数年が経った。当時、中国の鉄道が速度調整したことは、かけがえのない「骨を削り傷を治す」という方法であり、科学的な安全防備と補強であって、その目的はチャイナスピードをより健全に、より純粋に、より安全にすることだったと事実が証明した。高速鉄道の速度調整は悪いことではなく、理性を取り戻すことだ。中国には、最も先進的な高速鉄道輸送ネットワークを建設する能力も自信もある。

2016年初め、中国工程院院士で著名な鉄道車両専門家の傅志寰氏は記者のインタビューを受けて次のように語った。数年前、高速鉄道の最高速度を時速350キロから300キロに調整したことは、大きな論争を巻き起こした。しかし、今振り返ってみると、当時の決定は正しかった。実際、速度調整の後、列車の故障は大幅に減少し、高速鉄道の安全・安定が確保されたのだから。

速度調整と高速鉄道運賃

速度を引き下げたら、運賃も引き下げるのか？

いっとき世間では高すぎる高速鉄道運賃に対する不平として、「被高鉄（乗客は高速鉄道を選択せざるを得い）」という言い回しがあった。

当時、一部の人々は、高速鉄道がますます金持ちの専用列車になっており、一般のサラリーマンは到底乗車できないと言っていた。高速鉄道の路線が次々開通するにつれて、運賃の安い普通列車が減り続けたことは、多くの乗客が高速鉄道を選ぶしかないことを意味していた。多数のインターネットユーザーが、金持ちは飛行機と高速鉄道を選択できるが、一般のサラリーマンは今後どんな交通手段で出掛けたらいいのかと疑問を発していた。高速鉄道はそもそも大衆にサー

ビスし、大多数の人々に高効率で便利なサービスを提供するもののはずだ。政府は一貫して一人ひとりが経済発展の成果を享受すべきことを提起している。高速鉄道はまさに経済発展の大きな成果だ。ただ、この「果実」は高すぎて、人々は享受することができない。

中国高速鉄道の運賃はいったい高いのか、それとも高くはないのか？

高速鉄道と「金持ち列車」

2012年12月26日、北京西駅のプラットホームににぎやかな若者たちの姿があった。さまざまなポーズをとり、ホームに停車している列車「和諧号」と記念写真を撮っている。

彼らは「鉄路813協会」の会員で、京広高速鉄道の一番列車に乗るためにやっ

て来たのだ。若いからといって軽く見てはいけない。彼らが「通ってきた道」はとても長いのだ。この数年、彼らは武広や京滬、哈大など各種の高速鉄道に乗り、中国全土1万キロ以上の行程を走ってきた。

メンバーの張君は、この京広高速鉄道に注目してすでに1カ月以上で、何日も前にチケットを買い、この日、営業キロが世界で最長の高速鉄道路線を体験しに来たのだ。「時速300キロの二等席で、北京から広州まで865元というのは、まあ許容できる金額です」。乗車中も彼はじっとしていない。各車両を回って写真を撮り、微博（中国版ツイッター）を7回発信し、友人たちと体験をシェアしていた。

京広高速鉄道は営業キロが全世界で最長の高速鉄道だ。全長2298キロの同路線は、中国の『中長期鉄道網計画』における「四縦四横」高速鉄道の重要な「一縦」に当たる。北は北京から、石家荘、鄭州、武漢、長沙などを経て南の広州に至る。路線全体の設計時速は350キロ、初期の営業時速は300キロだ。

北京西駅から広州南駅まで、時速300キロの頭文字Gの高速列車に乗ると、最も高いビジネスシートは2927元、時速250キロの頭文字Dの高速列車に乗ると、最も安い二等席は712元となっている。従来の京広線の運賃と比べると、北京から広州まで、普通列車の普通席はたった253元、普通寝台の中段でも443元で、それぞれ高速鉄道運賃の30％と50％でしかない。

京広高速鉄道が開通した日、喜び勇む声の中で、インターネット上には運賃をめぐって嘆く声も聞かれた。多くのネットユーザーは「高すぎる」と声をそろえ、高速鉄道の運賃設定は国内の主な層の実際の収入レベルを考慮していないと非難した。春節（旧正月）が迫り、鉄道部門は元から世論の焦点となっている。人々は鉄道利用者の大幅な増大を心配するほかに、列車の運賃の問題にもことのほか関心を持っていた。

京広高速鉄道の運賃が発表されると、高速鉄道に乗って帰省して年越ししようと期待していた人々は非常に落胆した。あるネットユーザーは次のように書き込んだ。「どうやら皆、『高鉄』の定義を間違っていたようだ。高鉄は高速の鉄道ではなく、高価な鉄道だった。一般人が買えるような高さじゃない。はるか上を見上げて、国家の発展の成果を感じるだけでいい。乗車については、薄っぺらい財布を触ってため息をつくだけだ」

『広州日報』が調べたところによると、2012年12月26日、広州から北京に向かう飛行機のエコノミークラス料金は、定価1700元で、この日は大部分の予約での料金が2.5割引きと2割引きになっていて、それぞれ1275元と1360元だった。最も安いチケットは5.6割引きで、748元だった。

ネットユーザーはこう評した。飛行機より時間がかかるのに、飛行機より高いというのが、高速鉄道の真実の姿だ。京広高速鉄道だけでなく、ほかの高速鉄道だって同じ。時には飛行機の割引運賃の方が安

いかもしれない。しかも、3時間ちょっとしかかからないだろう。時速300キロの頭文字Gの列車で広州から北京までは速くても7時間59分かかるのに。

以下のような計算をした出稼ぎ労働者がいる。彼の故郷は湖北省武漢市の黄陂区で、出稼ぎの月給は1500元。家族3人が年1回、高速鉄道で移動するとすれば、1人当たり最低でも片道400元、150元のそのほかの旅費を加えて、片道550元前後かかり、3人だと1650元となって、1カ月の収入を超えてしまう。

もちろん、航空券の割引は普段の日のことで、「春運」のピークとなると、基本的に割引は行われない。しかも、広大な中国の大地において、飛行機が直接到達できる場所は限られており、鉄道が全国各地まで深く入り込んでいるのとは全く異なる。しかし、民間航空と空港の収入は「春運」だけに頼っているわけではなく、特に移動距離が長くなればなるほど、国際便を含めて、航空券の割引率はより大きくなることにも気を付ける必要がある。

低所得者層にとって、高速鉄道は手の届かない消費であり、865元の二等席は高くて乗れないため、20時間以上かかる普通列車に乗ることを選ぶ。一方、高所得者層とビジネスマンにとっては、速さと快適さが考えるべき重要な要素で、価格は二の次だ。これらの乗客の目には自然と、2727元のビジネスシートが第1候補として映る。

鉄道カスタマーサービスセンターのシステムは、切符の発売当日、一番列車であるG801列車の二等席に大量の空席があり、それと同時に、一等席とビジネスシートはどちらも完売したことを示していた。そのほかの日付も高い座席が先に売り切れた。

北京交通大学で経済学を教える趙堅教授は次のように説明する。2006年、中国の鉄道旅客のうち、一等寝台に乗った人は1%だけで、80%以上の人が普通席に乗ることを選んでいた。中国の大多数の一般乗客にとって、一等寝台の価格に相当する高速鉄道の運賃は、庶民を尻込みさせてしまうものだ。料金という角度から見て、高速鉄道運賃を負担できる旅客というのは、基本的に、一等寝台で移動する1%の高所得者層に当たる。

趙教授は次のような例を挙げた。北京から天津までの運賃についていえば、空調付き普通寝台は19元だ。在来線、つまりもともとある線路の上で動力分散式列車を運行すると、1時間で到着するが、いくらになるか？ 42元だ。今、高速鉄道の路線、つまり京津都市間鉄道の線路を走るとなったら、運賃はいくらになるか？ 二等席が58元で、一等席が69元だ。すなわち普通寝台の3倍に相当する。

鉄道部はネットユーザーの質問に対し、現行の高速鉄道運賃は試行のもので、状況に合わせて変わっていく部分もあると回答した。

高速鉄道の新路線が開通するたびに、ほぼ毎回、運賃が高すぎるという声が聞こえる。特にCRH380A列車の豪華個室や

ビジネスクラスは、ことのほかぜいたくで高級に見える。座席の前後の距離は約 2 メートルある。座席左側のひじ掛けには小型液晶テレビが収納されており、右側のひじ掛けの内側には背もたれや足置きの調節ボタンがあり、「通常」「45 度」「フルフラット」の三つのボタンで、一番快適な姿勢に調整できるようになっている。

これらは確かに高速鉄道が「金持ち列車」であるという印象を与える。

中国高速鉄道の運賃は高いのか？

中国高速鉄道の運賃はいったい高いのかどうか？当時、鉄道部の専門家の説明は、現在の高速鉄道運賃は高くないというものだった。

周知の通り、中国の普通旅客鉄道は経済的で安上がりだ。1995 年以降、18 年間値上げせず、鉄道財政が困難な状況の下で、莫大な数の一般労働者の列車による移動のニーズを満足させてきた。

報道によれば、フランスの高速列車 TGV で、パリからマルセイユまで 780 キロの運賃は約 100 ユーロだ。1 ユーロを 8 人民元として計算すると、1 キロ当たりの運賃は 1 元になる。日本の新幹線は、東京から大阪まで、1 キロ当たり平均 1.6 元。ドイツのベルリンからフランクフルトまで 500 キロ余りの片道運賃は 104 ユーロで、人民元に換算すると 1 キロ当たり 1.9 元。一方、中国の現行の高速鉄道路線は、1 キロ当たり平均 0.4 から 0.5 元の間となっている。

高速鉄道ができてからの北京南駅から上海虹橋駅の移動を例にとってみる。二つの駅の距離は 1318 キロあり、二等席の運賃は 555 元で、1 キロ当たり 0.42 元だ。中国民間航空の北京─上海線のエコノミークラスの定価は 1130 元で、このほかに空港建設費 50 元と燃油サーチャージ 140 元が付加される。つまり、「二つの費用」を考えない場合、京滬高速鉄道二等席の運賃は航空運賃の 5.1 割引きに相当する。

このように比較すると、中国高速鉄道の運賃は確かに高くない。北京交通大学経済管理学院博士課程指導教授の欧国立氏は「経済学の角度からいえば、高速鉄道運賃の根拠の一つはコストで、もう一つは市場のニーズだ」という。2012 年 3 月、鉄道部チーフエコノミストの余邦利氏はメディアの取材を受けて次のように述べた。高速鉄道運賃が従来の普通列車と比べて高いのには、主に三つの原因がある。一つ目は、コストからいって、高速鉄道のコストは普通列車よりも高いこと。ここには、スピードの速さや安全信頼性の高さ、快適性の高さなどによって生まれる建設コスト、さらに鉄道建設の過程で、社会コストを減らすために増加する建設コストが含まれる。二つ目は、高速鉄道は速度の面にしろ快適性の面にしろ、そのほかの輸送方法や普通列車に比べて、どちらも非常に大幅に向上していること。三つ目は、普通列車の運賃が一貫して低めの状態にあったことところが、中国の鉄道は商業性と公益性

の二重の属性を持ち、公益性が高くなれば、必然的に赤字にな
るのだ。当然、経営不振でも赤字にはなる。災害の緊急救助や
農業支援、学生の半額運賃、軍用物資の輸送などの公益性任
務は、高速鉄道の商業経営と分離して、別個に算定すべきだ。
本当のコストをはっきりさせてはじめて、鉄道の価格決定に根拠が
できる。

　中国高速鉄道の運賃は運営コストを主な根拠としているという。
運営コストには「電気代、車両の減価償却、保守費用、建設期
間の利息、線路の減価償却など」が含まれる。ある意味におい
ては、赤字の程度は利用者数によって決まり、利用者数が多け
れば赤字は少なく、利用者数が少なければ当然赤字が増え、も
し運営コストがカバーできないなら、利息を支払うことができず、
営業収入のバランスも間違いなくとれない。

京滬高速鉄道の南京南
駅のホームを慌ただし
く歩く旅客たち

　ある専門家は、高速鉄道の運賃が何度も非難されたのには、二つの原因があると分析した。一つは、独占であること。鉄道部門は高速鉄道が開通してから、在来線の能力を貨車に回すため、しばしば在来線の普通列車の数を大幅に圧縮している。これは事実上、高速鉄道の独占となり、当然「被高鉄」「被高価（値上げされた）」と人々に感じさせた。もう一つは、価格決定のメカニズムが硬直化していて、運賃が完全に鉄道部の言う通りに決められ、市場の弾力性に欠けている印象があること。実際のところ、中国高速鉄道の運賃の価格決定権は鉄道部にはなく、国家発展・改革委員会の批准を得なければならない。もちろん、鉄道部には提案する権利はあるが。フランスの高速鉄道も政府が価格決定を行っている。しかし、価格を決める際、政府が決めた基本価格は毎年、物価指数の変化によって、相応に上下調整される。鉄

247

道部門が価格を実施する際には、基本価格を超えないという前提の下で、市場の需給の状況に基づいて、融通が利く方法をとって、具体的な割引価格を決めることができる。一方、ドイツや日本では高速鉄道の運営会社自身によって決められ、運営の状況に基づいて自らが運賃と割引方法を決めている。

　同済大学の孫章教授は次のように述べている。外国の高速鉄道運賃は決して安くはないが、融通の利く販売促進方法、例えば、週末切符や定期券、高齢者切符、学生切符などを通じて、手を尽くして乗客を取り込んでいる。一方、国内の高速鉄道は時に空車を走らせるとしても、ビジネスシートや一等席を割引したり二等席に変えたりはしない。ここから分かるように、本当に競争力を備えたいなら、高速鉄道の運賃が鉄板のように凝り固まっていてはいけないということが明らかだ。2014 年 7月 10 日、世界銀行が『中国高速鉄道分析報告』を発表した。報告では、中国高速鉄道建設プロジェクトの加重平均単位原価が他の一部の国の建設コストの 3 分の 2 で、運賃は他の国の 4 分の 1 から 5分の 1 しかないことが指摘された。労働コストが比較的低いほか、上層部による計画とスケール効果も中国高速鉄道がこれほど安価である重要な原因だ。世界銀行の分析によると、具体的に言って、中国高速鉄道の加重平均単位原価は、時速350 キロのプロジェクトでは、1 キロ当たり1 億 2900 万人民元、時速 250 キロのプロ

ジェクトでは、1 キロ当たり 8700 万人民元となっている。

値下げしても悪口を言われる

　速度と安全は矛盾する関係だ。速度と運賃もまたしかり。

　2011 年 8 月 28 日より、中国高速鉄道の第 2 段階の減速ダイヤグラムが実施された。上海から杭州、武漢、寧波、温州、福州などに向かう高速鉄道路線の列車速度が引き下げられ、走行必要時間が延長され、運賃も 5％ほど下がった。これに対し、一部の乗客やネットユーザーは理解を示さなかった。彼らはこう考えた。滬杭高速鉄道は時速 350 キロから 300 キロに14％減速し、一部の動力分散式列車は時速 250 キロから 200 キロに 20％減速したというのに、運賃の引き下げ幅はなぜわずか 5％前後なのか？

　「卵を一つ割って長江に混ぜて、全国の人民に卵スープを飲ませると言ってのけるようなものだ」というような例え話をするネットユーザーもいた。

　これに対し、中国社会科学院経済研究所の徐逢賢研究員は賛同の意を示した。彼は京滬高速鉄道を例にとり、次のように述べた。時速 250 キロの二等席の運賃は410 元、時速 300 キロのそれは 555 元だ。比べると、両者の速度の差は 15％で、運賃の差は 26％である。一方、減速後の高速鉄道における、最小の速度引き下げ幅は 15％で、最大は 20％だが、運賃は統

一的に 5％の引き下げしかないというのは、まったく合理的ではない。

この疑問に対する業界関係者の考えはこうだ。引き下げた時速は営業最高時速であり、単純にこれをもって実際の減速の比率を計算することはできない。高速鉄道の減速は営業最高速度の引き下げだけであり、旅客の時間的コストに対する実際の影響は、簡単に計算できない。なぜなら、高速鉄道は全行程を最高時速で運行するわけではないからだ。例えば、滬寧高速鉄道が 7 月 1 日に減速した際、最高時速が 350 キロから 300 キロに引き下げられたが、上海駅から南京駅までの全行程で費やした時間は最も短いものでは 4 分間増えただけだった。時間的コストを合わせて総合的に計算すると、実際の減速幅は 14％に遠く及ばないことが分かる。

鉄道経済学者の考えは次のようなものだ。高速鉄道の営業速度と運営コストは線形関係ではなく、速度がいくら変化したら、運賃がいくら変化するというものではない。しかし旅客は、鉄道部門が高速鉄道の営業速度と運営コストの間の関係を社会に公表して、なぜ運賃が 5％引き下げられたのかはっきりと説明してほしいと希望している。しかも、減速後、往々にして停車駅の多い列車の方が直行の列車よりも所要時間が増えている。運賃の引き下げ幅を十把一からげにしないようにすることはできないのだろうか？

『財識網』で、ある研究者は以下のように分析した。2011 年の「春運」の際、高速鉄道の旅客輸送量はすでに全国鉄道旅客輸送量の 20％近くを占めていた。仮に高速鉄道の収入が全国旅客輸送収入の 4 割を占めているとしたら、2010 年のデータを基に計算すると、「5％前後」という運賃の引き下げは、鉄道部の収入を 1 年で約 26 億元減少させることになる。

北京交通大学の李紅昌副教授は、「値下げしても悪口を言われる」ことは旅客が鉄道運賃の構成に詳しくないことを意味し、十分な知る権利がなければ、当然、合理的な予想は難しくなると考える。『光明日報』は記事を掲載して次のように指摘した。運賃の制定と調整は、旅客の経済的受け入れ能力の範囲内に保つべきで、しかも人々の収入の増加に伴って、合理的に高速鉄道運賃を調整する必要がある。特に中国では現在、経済の総体的なレベルはまだ高くないため、高速鉄道運賃は中間所得層の経済的受け入れ能力の範囲に収めるべきだ。

新華網は記事の中で次のように強調した。中国の鉄道には一定の社会公益性がある。よって、高速鉄道の運賃も社会公益性の性質を示さなければならない。中国の一部の特殊な時期においては、適度に価格を調整して旅客の移動を保証すべきだ。例えば春節の期間、旅客の移動が集中して人の流れが大きくなり、時には高速鉄道の運賃が高すぎるため、在来線の人の流れが非常に大きくなる一方、高速鉄道には大量に空席があるという現象が起こる。このようなときは、適度に高速鉄道

運賃を下げて、優先的に旅客の移動を保証することができる。公益性を保つための赤字は、政府が補填すべきだ。

高速鉄道運賃と価格に関する公聴会

2012年3月11日は北京中銀弁護士事務所の董正偉弁護士にとって記憶しておくに値すべき日だった。

この日、彼は国家発展・改革委員会と国家工商総局に向けて独占禁止法違反に関する告発状を送った。高速鉄道運賃は1キロ当たり0.25元を上限として価格設定すべきで、武広高速鉄道や鄭西高速鉄道など高速鉄道による発車本数の制限と独占が高値を招いているという行為に対して、独占禁止法を適用すべきだと主張したのだ。

董氏は何度も国内の独占企業を批判したことで世に名を知られていた。

2008年10月、「マイクロソフトのブラックスクリーン」事件が起こった後、董氏は国家品質監督検査検疫総局に訴え、マイクロソフトの操作システムに対して欠陥商品としてリコールを実施するように要求したが、拒否された。『情報公開条例』の実施以来、実際に裁判所での司法手続きに至った案件はほとんどなく、特に省・部級（日本の省に相当）の行政機関の情報公開に関する権利侵害案件はそうだった。マイクロソフトに関する民事訴訟はそれまでずっと裁判所に受理されていなかった。しかし、このとき董氏がブラックスクリー

ンプランに対して提起したマイクロソフト操作システムソフトウエア商品の欠陥によるリコールは、提訴・告発の手続き、情報公開の手続き、行政再議の手続きを経た後、ついに裁判所の扉を開いた。

マイクロソフトの正規版検証プランに対する董氏の曲折をたどった権益保護の過程は、現行の法律制度と司法手続きの欠点を暴露したと同時に、彼の名声を大いに高め、これによって彼は『アジア法律雑誌』（ALB）の2008年度の注目弁護士トップ25に入る名誉を得た。彼はかつて官僚の財産をネット上で徹底的に公開するよう呼びかけたり、工業・情報化部に書簡を送り政府の情報公開を申請したり、庶民は政府によってつくり出された幸福の中でずっと生活させられていると国家統計局を批判したりしたため、ネットユーザーから「独占禁止専門弁護士」と称賛されていた。

董氏は独占禁止法違反に関する告発状において次のように計算した。もし1キロ当たり0.25元を上限とすると、現行の高速鉄道運賃はその2倍となる。つまり高速鉄道運賃には少なくとも5割の値下げ余地があるということだ。これが「半額切符」理論である。京津都市間鉄道を例に挙げると、毎日320本、つまり160往復運行できる。高速鉄道列車の設計乗客定員は1本当たり1400人、初期の需要不足を考えて、最初の5年以内は上記二つの数字をそれぞれ割り引いても、毎日の輸送旅客数は平均して延べ30万人に達する。

現行の京津都市間鉄道の運賃の半分である 29 元で計算すれば、売り上げは年間 32 億元に達する。京津都市間鉄道の建設コストの 215 億元に照らして計算すると、同路線はたった 7 年で基本建設コストを回収できるということだ。

言い換えれば、半額で運行しても、コスト回収にかかる時間は鉄道部が予測した時間の半分ということだ。しかし、鉄道部が配置・運行している列車の本数は京津都市間高速鉄道では 4 割強ほどで、武広高速鉄道と鄭西高速鉄道では 10 分の 1 の輸送能力しかない。これ以前に、鉄道部が発表したデータによると、京津都市間高速鉄道のコスト回収の予定期間は 16 年だった。

ところが、鉄道部と発展・改革委員会は董氏の計算方法を認めなかった。発展・改革委員会価格司がメディアに発表した情報は次のような内容だった。2008 年 8 月に京津都市間鉄道が開通して以来、旅客輸送量は急激に増加した。2007 年、北京―天津間の鉄道旅客輸送量は合計で延べ 830 万人だった。2008 年 8 月から 2009 年 7 月では、この数字は累計で延べ 1870 万人に達した。開通前より 126% 増加し、そのうち高速鉄道の旅客輸送量は延べ 1585 万人だった。

「鉄道輸送コストでは、レールの減価償却など固定コストの比率が比較的高く、輸送量と大きな関係はない」。輸送量が急激に増加している時期に輸送コストを計算し、運賃を決めると、一人ひとりの旅客が負担する平均の固定コストが高くなるという問題を招くかもしれない。運賃の上昇を促進することは、消費者権益の保護に不利だ。輸送量が相対的に安定した後、価格を決定したほうが良いだろう。発展・改革委員会価格司の責任者はこのように考えていた。

2012 年 5 月 18 日、董氏は国家・発展改革委員会価格司からの書簡を受け取った。発展・改革委員会の説明は次のようなものだった。京津都市間高速鉄道の旅客数は現在急激に増加している段階のため、旅客数が不安定で、しばらくは正確にその減価償却や運営などのコストを算定できない。もし今、急いでコストを計算し、運賃を決定してしまったら、逆に旅客 1 人当たりの負担コストが増加するかもしれず、京津都市間高速鉄道の実際の状況を科学的に反映することが難しくなる。また、武広、鄭西などの高速鉄道は試験運行を始めたばかりでコストも正確に計算できないため、公聴会はしばらく開催できない。しかし、条件が整った際には、各種の法定の手続きに基づいて、正式な運賃を決定する。

董氏は、発展・改革委員会の「価格に関する公聴会」に対する説明は、「法定の手続きに基づいて正式な運賃を決め」、「条件が整った際に、各種の法定の手続きを履行し、正式な運賃を算定する」ということだと考えた。つまり今後、公聴会の手続きだけでなく、ほかの論証などの法律が規定する政府の価格決定の手続きが

あるということだ。

　5月19日、すなわち董正偉が返信を受け取った翌日、国家発展・改革委員会価格司ははっきりした態度を表明して、2011年上半期以降、政府の価格主管部門はずっと高速鉄道の運営状況に細心の注意を払い、関連データを収集・分析してきたこと、今後も全国の高速鉄道の運営と切符の試行運賃の実施状況に注目し続け、適当な時期に法定の手続きを通じて、正式に高速鉄道運賃を決定することを示した。

　弁護士個人に対する単方向の回答に比べて、このメディアと公衆に向けた正式な態度の表明はより具体的で現実的な意義があると受け取られた。価格決定のメカニズムに対してにしろ、鉄道の運営体制に対してにしろ、この態度の表明はどちらにしても積極的なサインを発していると専門家は考えた。

　国家発展・改革委員会が制定した『政府価格制定公聴弁法』第3条では次のように規定されている。公衆の切実な利益に関わる価格や公益サービスの価格、自然独占経営の商品価格など、政府の指導価格を制定したり、政府が価格決定したりする際には、価格決定の公聴会を開催しなければならない。

　早くも2008年8月1日、中国最初の時速350キロの高速鉄道である京津都市間鉄道が運営を開始したとき、人々は高速鉄道運賃が高すぎることに疑問を示し、当時、鉄道部は時機が来たら公聴会の手順を踏んで価格決定すると約束した。武広高速鉄道が開通したとき、人々は再度疑問を投げかけ、鉄道部も今後市場の状況や乗客の高速鉄道利用状況を踏まえて改めて算定することを表明した。このことから、高速鉄道運賃に関する公衆の疑問に対し、鉄道部は積極的な態度を持ち、一貫して条件が整うのを待っていることがうかがえる。

　中国高速鉄道ネットワークはなお建設中で、すでに開通した高速鉄道は依然として運営初期にあり、高速鉄道の乗客者数も変動期にあるままで、運営コストが定まらず、正式な価格決定の条件がまだ成熟していないため、高速鉄道運賃の公聴会はずっと後回しになってきた。関係部門は何度も、条件が整った際に、国家の関係部門が関連の法律・法規の規定に照らして、政府の正式な価格決定の手続きを開始することを表明してきた。

　2015年初めの新華社の報道によると、高速鉄道建設初期には多くの人が、乗客数が少なく、誰も乗らなければどうするのかと心配していたという。高速鉄道建設の数年の間に、その便利さや速さ、快適さが人々を納得させた。京津、京滬、武広などの高速鉄道路線は、時に「切符1枚買うのも難しい」という状況になった。2014年には延べ8億人以上が高速鉄道で移動し、そのうち最も混雑したのは京滬高速鉄道で、この路線だけで延べ1億人以上が乗車した。

3

高速鉄道投資と債務

　高速鉄道投資と債務の問題は、高速鉄道建設の全過程において一貫して論争がやまない話題だ。

　2011年の「7.23」高速鉄道事故の後、国務院は高速鉄道建設の「一時停止」と「建設延期」の措置を打ち出し、鉄道建設プロジェクトの許認可も一時停止された。これは間違いなく、高速鉄道の債務規模を効果的に制御、ひいては削減し、当時膨れ上がっていた高速鉄道の投資にピリオドを打った。銀行が鉄道部の債券利率を指標金利レベルまで引き上げたことおよびマクロの信用貸付緊縮政策の影響を受け、この年の第4四半期、鉄道建設資金はにわかに引き締められ、鉄道建設は全国的に急速に減速した。

　すぐに、鉄道部は建設中の高速鉄道プロジェクトに対して全面的な検査を行っ

た。重点としたのは、科学的かつ合理的に施工計画を手配し、建設プロジェクトの工期を急ぐことを厳禁し、品質と安全の監督・管理を強化し、工事の検査・引渡しを厳格にすることだ。批准を受けたが工事を開始していない鉄道建設プロジェクトに対して、あらためて系統的に安全評価を行い、新しい鉄道建設プロジェクトの許認可を一時停止した。すでに受理したプロジェクトについて論証を深め、プロジェクトの技術基準と建設プランを合理的に確定した。

　新しい考え方に沿って、鉄道部はあらためて建設基準を定め、高速鉄道建設を規範的に推進することを決めた。すなわち、時速300キロで「四縦四横」の主幹線の高速鉄道を建設し、時速200キロから250キロで高速鉄道の延伸線と接続

線、都市間鉄道を建設し、時速200キロ以下で客車と貨車共通運用の鉄道および中西部の大部分の鉄道を建設するということだ。

2004年・高速鉄道投資の始まり

高速鉄道投資の話は2004年にさかのぼる。この年の1月、国務院が『中長期鉄道網計画』を批准した。この『計画』を実施すると、鉄道投資は天文学的数字になる。その資金はどこから来るのだろうか？

知り得たところによれば、中国の鉄道建設の資金は主に五つの方法で解決されている。一つ目は、鉄道建設基金。二つ目は、地方政府と企業の投資。三つ目は、鉄道建設債券の発行。四つ目は、銀行ローン。五つ目は、そのほかの方法を通じて積極的に民間資金を呼び込むこと。中国高速鉄道建設の資金調達方法もこのようなものだ。

1993年と1996年、当時の国家計画委員会と鉄道部は前後して『合資鉄道建設意見』と『合資鉄道建設管理弁法（試行）』を公布し、鉄道建設基金の計上に関して再度はっきりとさせた。いわゆる鉄道建設基金とは、国務院の批准を経て徴収する鉄道建設専用の政府の基金を指し、輸送費から計上するもので、当時の計上基準は1トン・キロ当たり3.3分だった。

2010年を例に挙げると、鉄道建設基金は616億9200万元だった。鉄道輸送能力の上昇と収入の増加につれて、この基金も年々増加した。

中国投資協会の張漢亜会長は次のように述べる。高速鉄道建設が始まる前、鉄道部の投資は一貫して保守的な傾向にあり、主に財政計画によって割り当てられた鉄道建設基金に頼っていた。保守的というのはつまり、鉄道部が長期にわたって鉄道建設プロジェクト資本金を50％以下にならないように保ち、民間資本の流入を締め出すと同時に、国家財政の負担を重くし、それにより資金の供給不足を招いていたことを指す。

計画は建設とイコールではない。建設となると、資金集め、土地の収用、建物の取り壊しが重要な問題になる。これらの問題を解決するには、地方政府の参与と支持が不可欠だ。鉄道部門と地方が共同出資して鉄道建設をすることは、近年探り出された成功の道である。

部と省の協議において、鉄道部の持株は少なくとも51％を占めるとされた。地方政府は当初支配権について異なる意見を持っていたが、最終的にはやはり同意した。「主な要因は地方政府が鉄道建設に大いに積極性を示したことだ」。「豊かになりたいなら、まず道をつくる」というスローガンは人心に深く入り込み、どこでももてはやされた。

このように、『中長期鉄道網計画』が後ろ盾となり、高速鉄道投資は予定通りに始まった。

二つの投資「黄金期」

2008 年 8 月、中国人が北京オリンピック開催成功の喜びに浸っているとき、米国の「サブプライムローン危機」が最終的に世界的な金融危機を引き起こした。このことは直接的に世界経済の下降をもたらし、その影響の広さ、程度の深さ、衝撃の強さ、展開の速さ、持続時間の長さはどれも 1929 年の世界大恐慌以来、まれに見るものだった。

米国のサブプライムローン危機が引き起こした世界的な金融危機は、中国の輸出貿易に深刻な傷を負わせた。沿海地域の製造業の輸出は衰え、国内総生産（GDP）の成長率 8％を維持することがますます困難になった。このとき、数多くの北京オリンピックの付属施設工事はすでに大部分が終了していた。経済の法則に従って、ある程度の規模のスーパープロジェクトを探し出し、北京オリンピック以降に訪れるだろう経済の冬を防がなくてはならなかった。

経済の寒流に直面し、中国政府は経済刺激プランを考え始め、そこには 4 兆元の経済刺激計画の開始が含まれていた。この計画の 3 分の 1 は交通インフラ整備に投入され、そのうち 1 兆元近い資金が高速鉄道の発展に向けられた。鉄道部が提出した『中長期鉄道網計画』の調整プランも含まれ、その中で、2020 年の全国鉄道距離は 10 万キロから 12 万キロ以上にまで引き上げられ、旅客輸送専用線は 1 万 6000 キロに増やされた。計画中の地方支線プロジェクトも計算に入れるなら、鉄道距離数は完全に軽く 14 万キロを突破できるというものだった。

金融危機のちょうどそのとき、多数の学者が経済振興に対する鉄道建設の絶大な効果を繰り返し強調していた。中国工程院院士の王夢恕氏は『時代週報』記者のインタビューを受けて次のように述べた。「京滬高速鉄道を例に挙げると、その建設期間中、投資は毎日 1 億 9000 万元に達する。鉄道投資と関連産業の関連設備投資が 1:10 の比率とすると、平均して毎日 1 万トンの鉄筋、3 万 5000 トンのセメント、11 万立方メートルのコンクリートを使用することになる」

鉄道部は経済刺激プランの最大の受益者の一つだった。2008 年、鉄道部が発表した全国鉄道基本建設の投資総額は 3375 億元に達し、2007 年の 2 倍近くに増加した。2009 年、鉄道基本建設投資は 6000 億元になり、2010 年、この数字は 7000 億元を突破し、「第 10 次 5 カ年計画」期の鉄道基本建設の投資総額を超えた。これによって、鉄道部の総資産は雪だるま式に大きくなり、2011 年の第 1 四半期に 3 兆 4058 億元に達し、第 2 四半期に 3 兆 5718 億元に達した。鉄道部の総資産は 2006 年の時より 2 兆元以上増加した。5 年で 2.4 倍になり、毎年平均 28％増加したのだ。

鉄道建設の過程についていえば、鉄道の産業チェーンには基本建設、レール敷設、車両買い入れ、運営という四つの段

黄河浜州区間の高速鉄道大橋建設現場

階が含まれている。業界の受益の順序は、大規模な鉄道建設ではまず鉄道基本建設の関連分野の企業およびレール製造企業に恩恵が及び、鉄道車両設備の買い付けが工事終了後に行われ、鉄道運営企業が最後に利益を得るというものだ。鉄道部の計算によると、高速鉄道の総建設費の構成においては、鉄道固定施設投資（レールの買い付けと敷設、橋梁、トンネル、駅の建設、情報システム、計器設備の取り付け、電気付帯設備などを含む）が約50％を占め、基本建設が約35％を占め、車両買い入れ（機関車・車両の完成車と部品を含む）が約15％を占める。

　高速鉄道産業チェーン全体からいえば、原材料から部品、設備、基本建設、機械、付帯施設、運営と物流、アフターサービスまで、すべてが歴史的な発展のチャンスを迎えていた。アナリストの言葉によれば、高速鉄道経済は「どんな微細なことにまでも行きわたっている」。基本建設段階での建設機械、橋梁とトンネル専用の鉄鋼、セメント、電力、建築材料。レール敷設段階では、レール専用の鉄鋼、レールの加工製造、工作機械、レール補助設備。車両買い入れ段階では、機関車と車両、鉄鋼、車軸、軸受け、腰掛けの信号設備、コンピューター制御システム。運営・保守段階では、消耗品のメンテナンス、部品、壊れやすい関連設備などがある。

　大規模な高速鉄道投資は経済社会の発展を大いにけん引・促進した。当時の鉄道部発展計画司の楊忠民司長は記者のインタビューに答えて、次のように暫定的な試算について解説したことがある。2009年を例に挙げると、鉄道基本建設投資は6000億元で、1.5％のGDP成長をけん引し、銀行に6％の利息をもたらすことができ、同時に出稼ぎ農民600万人の雇用問題を解決し、さらに鋼材2000万トンとセメント1億2000万トンを消費する。2009年、車両買い入れのための投資は1000億元で、80万人に就職先を提供し、鋼材500万トンを消費する。同時に、高速鉄道旅客輸送専用線プロジェクトの建設を加速すれば、新材料と情報産業の研究・開発を促進し、機械、冶金、建築、ゴム、合成材料、電力、情報、コンピューター、精密機器などの産業の需要をもけん引する。ある専門家は、京広高速鉄道の北京—鄭州区間だけで2030年までに社会経済全体に対するけん引効果は2758億4400万元に達すると分析した。1本の高速鉄道が一地方の経済をけん引するという言葉に偽りはない。

　これに対し、銀行は進んで鉄道部に貸し付けを行い、しかもほぼすべての貸し付けが担保のない信用貸付だった。鉄道部の「統一借り入れ・統一返済」体制は、銀行など金融機関にそれぞれの口座を管理する面倒を省かせた。

　部、省、銀行の三者間協力のおかげで、中国高速鉄道の営業キロ数は当初のほぼゼロから一気に増加した。2010年末までに、中国鉄道の営業キロは9万1000

キロに達した。そのうち、運営開始した高速鉄道は 8358 キロに達し、世界一となった。

2011 年夏、予測できなかった「7.23」高速鉄道事故が鉄道建設に「ブレーキ」をかけた……

中国共産党第 18 回全国代表大会以降、鉄道は再び投資と発展の黄金期を迎えた。

「第 12 次 5 カ年計画」期の発展計画では、2015 年までに、全国の鉄道の営業キロは 12 万キロ前後になり、そのうち西部地区の鉄道が 5 万キロ前後、複線化率と電化率がそれぞれ 50％と 60％前後に達し、投資額が 3 兆 3000 億人民元になる。「第 12 次 5 カ年計画」に基づけば、全国をカバーする便利で高効率の鉄道輸送ネットワークがほぼ完成することになっているが、その目標は任重くして道遠しであった。

2013 年 3 月、国務院は鉄道部の廃止を決定した。中国鉄路総公司を設立し、政府と企業の機能分離、職能の転換という重大な変革を実現し、鉄道の発展の加速に有利な条件をつくり出した。

同年 7 月 24 日、李克強総理は国務院常務会議を招集し、鉄道の投融資体制改革と中西部の鉄道建設のさらなる加速の配置の検討をした。それまでの投資と異なり、今回の鉄道投資には数多くの新しい目玉が出現した。その資金の投入先、投資の主体、投資のメカニズム、すべてに重大な革新と改革があった。例えば、中西部地域に向けた投資が増え、投資の主体が

より多様化し、鉄道発展基金が設立され、発行される鉄道債券の種類と方式が新しくなり、都市間鉄道や市内（郊外）鉄道、資源開発型鉄道などの所有権・経営権が地方と民間資本に開放された。

鉄道の投融資改革は鉄道建設の速度を速め質を高め、長期的な建設の発展に有益だ。過去 20 年間、中国の鉄道営業キロの複合年間成長率は 2.5％しかなかった。2012 年末に 9 万 8000 キロに達したが、米国の約 38％しかなく、高速鉄道は 9356 キロで、高速鉄道運営ネットワークが一応完成した。しかし先進国と比べると、2012 年末、中国の 1 人当たりの保有量と鉄道ネットワーク密度は 100 万人当たり 6.9 キロと 1 万平方キロ当たり 17 キロにすぎず、ヨーロッパや日本など先進国の 100 万人当たり 15 ～ 30 キロ、1 万平方キロ当たり 30 ～ 70 キロというレベルよりはるかに低かった。このことから、中国鉄道と高速鉄道の発展はまだ飽和状態には遠く、生産能力の過剰は存在しないことがうかがえる。とは言っても、中国鉄路総公司が重責を負って坂を上ることに頼るだけでは、急速な発展を実現するのは難しい。

「火車一響，黄金万両（列車の音がひとたび鳴り響けば、黄金が大量に手に入る）」。広く伝わる民謡が、鉄道輸送の重要性を人々が確かに認めていることを表しており、同時に経済に対する鉄道投資の絶大なけん引効果をも明らかにしている。国務院の鉄道投融資体制改革に関する戦略配置は、鉄道建設の新たな投資ピーク

をもたらし、鉄道が大いに発展する春をもたらした。

実際、2013年3月に鉄道部門が正式に「政府と企業の機能分離」を開始して以降、鉄道建設投資は徐々に成長を回復した。6月、中国鉄路総公司の固定資産投資は583億2100万元になり、前期比（前月比）24.87％増加し、基本建設投資は546億8800万元になり、前期比18.12％増加した。それまでのデータと比べると、すでに大きく加速していた。

2013年、寧杭、杭甬（杭州と寧波を結ぶ路線）、津秦、厦深（アモイと深圳を結ぶ路線）、西宝（西安と宝鶏を結ぶ路線）高速鉄道などの重点プロジェクトが完成し運行を始め、渝黔（重慶と貴陽を結ぶ路線）、呼張（フフホトと張家口を結ぶ路線）、九景衢（九江と景徳鎮と衢州を結ぶ路線）鉄道など49のプロジェクトが全面的に建設を開始した。達成した固定資産投資は6638億元になり、運行を始めた新路線は5586キロあった。

2014年8月22日、李克強総理が中国鉄路総公司を視察した際、わざわざ総公司の計画統計部長期計画処の事務室を訪れ、鉄道発展計画の状況を詳細に確認した。

李総理は、大交通システムの構築に立脚し、鉄道建設、特に中西部の鉄道建設を統一的に計画しなければならず、これは新型都市化の促進に有益なだけでなく、公共交通システムの改善、省エネでエコな交通手段の推進にも有益で、発展

の弱点の補足や構造調整の促進に「一石多鳥」の効果があると指摘した。鉄道など公共インフラ整備の強化を特定分野の調整の重要な措置とし、現在の工事の「最良の季節」を捉えて、質の堅持を第一に、建設中工事の実際の作業量の確定を加速し、速やかに後続のプロジェクトをフォローアップし、有効供給を増やし、経済発展と民生の改善を促進するようにと李総理は求めた。

鉄道投融資体制改革が深く推進されるにつれて、国務院の関係部門や各省・直轄市・自治区は真剣に『鉄道投融資体制の改革による鉄道建設推進の加速に関する国務院の意見』を徹底的に実行し、中国鉄路総公司は積極的に民間資本が鉄道建設に投資するよう促し、経営管理の革新を深く推進し、経営領域を全面的に開拓し、企業内部の資金を活用し、鉄道企業自身の「造血」機能を増強し、自己成長力を引き上げた。

2014年、政府は引き続き鉄道発展に対する投資を増やした。年間で達成した鉄道建設投資は8088億元であり、運行を開始した新路線は8427キロあり、史上最高を記録した。中国鉄道営業路線は11万2000キロに達し、そのうち高速鉄道は1万6000キロだった。2015年、国務院は鉄道建設における「二つの8000以上」の目標を掲げ、鉄道の重点を中西部地域に傾斜させ、より巨大な内需が引き出された。年末までに、達成した全国の鉄道固定資産投資は8238億元で、運行を開始

した新路線は 9531 キロあり、そのうち高速鉄道は 3306 キロだった。

　「第 12 次 5 カ年計画」期、達成した鉄道固定資産投資は 3 兆 5800 億元、運行が開始された新路線は 3 万 500 キロあり、「第 11 次 5 カ年計画」期と比べてそれぞれ 47.3%、109% 増加し、歴史上、投資達成と運行開始の新路線が最も多い 5 年となった。「第 12 次 5 カ年計画」期の終わりに、全国鉄道営業キロは 12 万 1000 キロに達した。特に高速鉄道建設は大きな成果を挙げ、京滬高速鉄道、京広高速鉄道、哈大高速鉄道、蘭新高速鉄道（蘭州とウルムチを結ぶ路線）など、世間が注目する一連の重大プロジェクトが完成・開通し、全国高速鉄道営業キロは 1 万 9000 キロを超え、世界 1 位をキープした。「四縦四横」を基幹路線とする高速鉄道網がほぼ完成し、高速鉄道とそのほかの鉄道の共同構成による快速旅客輸送網も 4 万キロを超え、省都と人口 50 万人以上の都市をほぼカバーした。

　鉄道建設の加速推進は、鉄道網の規模と質、輸送能力を明らかに引き上げただけでなく、経済成長のけん引、経済の構造調整の促進、民生の改善に重要な役割を発揮した。

高速鉄道の負債の苦境

　中国高速鉄道の規模および巨額投資が招いた負債の苦境は、一貫して論争の的であり、世間から非難されてきた。

　巨額投資がもたらす重い債務のプレッシャーは、高速鉄道ネットワークがまだ完成していない状況下ですでに現れていた。すでに運行開始した鄭西高速鉄道、京広高速鉄道、哈大高速鉄道など、新しく建設された高速鉄道はどれも赤字の局面に立っていた。この状況は予想のうちだった。高速鉄道は技術密集型、資本密集型の産業特性を持っているため、一度の投資が巨額で、回収の期間が長い。さらにまだ国民の収入レベルの低いことが、建設コストに基づいて高速鉄道運賃を決められない要因になっていた。

　同時に、新技術の研究・開発、運用によって、必然的に建設コストが増し、運行・保守のコストも一般の鉄道より大幅に高い。コストを元に価格決定しても、庶民は受け入れられないのだ。経済的な制約があり、一部の人は混み合う普通列車に乗って苦しい思いをしても、高速鉄道に乗りたがらない。このような現象の必然的な結果は赤字であり、利潤を上げることはできない。

　中国の鉄道建設が全面的に加速している背景の下で、中国鉄路総公司の負債は拡大を続けていた。中国債券情報ネットが 2014 年 11 月 3 日に発表した『中国鉄路総公司 2014 年第 3 四半期監査報告』によると、同年 9 月末時点で、鉄路総公司の負債は合計 3 兆 5300 億元で、2013 年の同期の 3 兆 600 億元に比べて拡大し、上半期の 3 兆 4300 億元と比べても増加していた。

「第11次5カ年計画」期における鉄道建設資金の出所は主に負債性の資金だった。負債構成比率の大幅な上昇と大量の新路線の運行開始は、鉄道の資金調達継続の余地を大きく減らし、鉄道企業の減価償却や財務費用をも大幅に増加させ、経営の負担は明らかに増大した。

2005年、国務院は『個人、私営等非公有制経済の発展を奨励、支持、誘導することに関する若干の意見』を公布した。2010年に国務院は再び『民間投資の健全な発展を奨励、誘導することに関する若干の意見』を公布し、民間資本が独占分野に入るための「ガラス戸」や「天井板」を打ち破る試みを行い、鉄道部も民間資本の出資を歓迎する態度を公式に表明した。しかし、市場の積極性は高くなかった。2013年8月9日、国務院はさらに『鉄道投融資体制の改革による鉄道建設推進の加速に関する意見』を印刷・配布し、鉄道投資を呼び込むための措置と方法をなおいっそう最適化した。

鉄道建設は投資が大きく、回収期間が長く、収益率が低いため、民間資本が少ない金額をつぎこんだとしても、運営に対する発言権は全くなく、特に短期間での回収はほぼゼロだ。実際のところ、合理的な投資回収のメカニズムがなければ、民間資本が鉄道建設に対して二の足を踏み、「見た目は素晴らしいが、実際はとても遠い」という恨み言を言うだけではなく、巨額の国有資本でさえ「避けて遠のく」ことになる。鉄道建設には借金というたった一

つの方法しかないのだ。現実には、鉄道建設の国内の借入金は主に銀行など金融機関に頼っており、中国鉄路総公司が建設資金を集める方法は主に銀行ローンを通じたものとなっている。その鉄道融資に占める比率は年々高まっている。

京広高速鉄道を例に挙げると、もし現在の高速鉄道建設の最高基準である1キロ当たり1億5000万元で計算すれば、全長2298キロの京広高速鉄道の建設コストは約3447億元だ。この数字は京広高速鉄道の3段階のプロジェクト全体を足した予算である2755億6000万元より4分の1近く高い。資金の90％は鉄道部のローンで、地方は10％を工面しただけだ。1年の利息は数十億元になる。

ある専門家は、巨額債務が形成されたのは、大幅に建設距離を延ばしたことが関係しているほかに、当時、鉄道部が建設中の高速鉄道速度の目標値を何度も引き上げたことと直接の関係があると考えた。しかし、王夢恕氏の意見は次のようなものだ。「200キロは基本速度であり、長期的には必ず300キロにしなくてはならず、建設の過程において基準を下げるわけにはいかない。低基準で建設すれば速く走ることはできないが、高基準で建設すれば、ゆっくり走ることもできるし、速く走ることもできるからだ。低基準で建設した後は、速く走りたくても走ることはできない。必ず長期的な計画を立てなくてはならない」。土地の使用を減らし、工事期間を短くするために多くの場所で採用された高架橋＋トン

海南東環高速鉄道線を
走る高速列車

ネル方式も鉄道建設のコストを大幅に引き上げた。公開された資料によると、中国高速鉄道建設の5割以上が高架橋を採用しており、京滬、京津高速鉄道ではさらにその割合が80%にも上る。専門家の分析によると、高架橋＋トンネル方式の建設コストは平地にレールを敷くのより少なくとも2倍かかるという。

　高速鉄道の高額投資の問題について、ある専門家は鉄道と航空の投資の方向、内容を比較した。その結論は、中国の高速鉄道投資は引き合うというものだった。高速鉄道を含む鉄道の総投資額のうち、大部分を占めるのは基本建設で、その比率は

80%に達する。鉄道設備は大部分が国産だ。民間航空の総投資額の半分以上は、ボーイングやエアバスなど多国籍企業の航空機の購入、リースに使わなくてはならない。

趙堅教授は関連メディアの取材を受けた際に次のように述べた。1964年に世界初の高速鉄道ができてから2006年に至るまで、40年余りの間に、世界全体で建設された高速鉄道は4000キロに達していない。一方、中国が10年間で建設した高速鉄道は、世界全体で40年かけて建設された高速鉄道の総和を超えた。趙教授の考えはこうだ。高速鉄道は費用が比較的かさむ交通手段であり、中国ではその建設速度が速すぎたため、一般大衆の受け入れ能力を超えてしまった。これが高速鉄道の赤字を生む深層の原因である。

このような説に対して、鉄道部門は高速鉄道の役割はそれ自体の損益を単純に唯一の判断基準にはできないという見方だ。多数の専門家は、高速鉄道投資は赤字になっているが、鉄道部は一つの業界の主管部門として、大衆の生活レベルの向上と都市の発展をより多く考慮に入れるべきだと考えている。否定できないのは、高速鉄道の経済社会に対するけん引効果が絶大であり、長期的な発展に関わっているということである。

どのように高速鉄道建設の債務の苦境を解決するか。2014年8月22日、李克強国務院総理は中国鉄路総公司を視察した際、次のように強調した。鉄道建設の加速は政府による投資だけに頼ってはならず、市場の見通しの良いプロジェクトや十分に競争できる業務を持ち出して民間資本の共同参加を促し、革新的な融資方法と豊富で多元的な投資主体を通じて、鉄道の発展に新しい原動力を注入しなければならない。

高速鉄道投資に価値はあるのか？

中国高速鉄道投資が巨額の債務を背負うことに、いったい価値があるのかどうか？多くの人々が疑問を持っている。

確かに、高速鉄道は国家経済と人民の生活に関係する重要なインフラとして、現在の経済効果だけから単純にその得失を測ることはできない。旅客・貨物輸送の価値、地域経済の振興、国家の安全保障戦略などの要素を総合して勘定しなければならない。

多数の専門家は次のように考えている。経済効果の評価には決まった計算公式があるが、高速鉄道が経済社会に対して「どれくらいの価値を持つか」という計算は難しい。中国高速鉄道に対する一部の疑問の声は、中国経済に対する高速鉄道の総体的な促進と貢献、社会全体の運営に対して担っているトータルコストに言及していないきらいがある。

高速鉄道建設の投資と保守・運営コストおよび高速鉄道自体の運営・収益の比率のほかに、高速鉄道完成がけん引した

沿線の商業貿易、観光、飲食、文化市場の目覚しい発展の価値も計算に入れるべきなのは疑いの余地のないことだ。高速鉄道によって節約された社会的・時間的コストは、巨大な社会的・時間的利益をもたらした。例えば、京広高速鉄道、京滬高速鉄道の開通がけん引した環渤海経済圏や大武漢経済圏、長株潭経済圏、長江デルタ経済圏、珠江デルタ経済圏の大きな経済交流の価値だ。京広高速鉄道の武広区間の開通後、武漢から広州までの列車の所要時間は 11 時間から 4 時間に短縮された。現段階の輸送量と単位時間の労働コストに基づいて計算すると、この路線が毎年節約できる社会的・時間的コストの価値は数十億元になる。このほか、高速鉄道開通後、在来線の輸送路線から解放された数億トンの貨物輸送能力の価値。高速鉄道建設がもたらした中国製造業のローエンドからハイエンドへの産業の高度化の価値。および内陸の奥地に通じる高速鉄道完成後、沿海地域の産業移転を呼び込み、地域経済のバランスのとれた発展と「共同富裕」を促進した価値などもある。

中国が高速鉄道の発展に力を入れることは、省エネルギー・排出削減につながり、エコ文明建設の推進や持続可能な発展の実現に対して、重要な戦略的意義を持っている。近年、中国の鉄道（高速鉄道を含む）が毎年達成している旅客・貨物輸送の換算取扱量は社会全体の達成量の 25 ％前後を占めているが、エネルギー消費は運輸業の総消費量の 6 ％だけだ。

冷静かつ公平に言って、現在、中国が世界の科学技術の舞台で一定の位置を占められるのは、一つには宇宙飛行で、もう一つは高速鉄道だ。高速鉄道は人材集めから資金集めまで、人々のライフスタイルを変化させると同時に、経済社会の新変革を引き起こし、中国の大発展を後押しした。

高速鉄道はバスのように本数が多く、運行間隔が短く、かつ速くて渋滞せず、鉄道による移動時間を少なくとも半分まで減らし、その「都市一体化効果」はより明らかだ。高速鉄道は都市発展の新しい成長分野をつくり、中心都市と衛星都市の合理的な配置の形成を推進し、周辺都市に対する中心都市の波及・けん引効果を強化した。京津都市間高速鉄道は、バスのような運行モデルで旅客がいつでも移動できるようにし、旅客輸送量は年平均で 20 ％以上伸びている。「北京で働き、天津で家を買う」のは一種の流行となり、このような「異郷にいても一つの都市にいるような」ライフスタイルが今、滬寧、広珠、長吉、昌九（南昌と九江を結ぶ路線）、滬杭、寧杭、杭甬、鄭焦（鄭州と焦作を結ぶ路線）などの高速鉄道沿線で静かに広まっている。

専門家の推計によると、京滬高速鉄道の列車の運行時間を 30 分縮めると、毎年 3 億 2000 万ドルの人の移動にかかるコストを節約できる。

子どもたちの夢を乗せて走る高速鉄道列車

高速鉄道は沿線地域の経済発展をけん引する新エンジンになるだけでなく、航空輸送業や宅急便・物流業に対して重要な影響を与えるだろう。高速鉄道はナマズのように、民間航空には値下げを、幹線道路にはルート調整を余儀なくさせ、輸送の構造をより最適化し、人々が利益を得られるようにする（ナマズ効果）。高速鉄道の開通は 1000 キロ以下の航空路線に対してひっくり返るほどの衝撃を与えた。合武、合寧の旅客専用列車を例に挙げると、武漢から上海までの高速鉄道の二等席は 6.5 割引きの航空券に相当する。相対的に低い価格と大幅に短縮された移動時間によって、大量の消費者が空中からレールに流れていったため、その航空路線のチケットも常に半額になった。高速鉄道の中長距離バスに対する衝撃も相当大きく、一部のハイエンドのビジネスマン向け路線は利用者が大幅に減ったり、運営コストが高過ぎたりするなどの問題に直面した。進行方向を変え、路線を調整し、早急に発展が待たれる農村の旅客輸送市場のために大量の輸送力を補充するということにしなければならなくなった。

高速鉄道は磁石のように「集客効果」が絶大で、沿線都市の観光、飲食、商業貿易など第 3 次産業の猛烈な発展を直接けん引し、消費の大幅な増加を刺激した。「サンデーエンジニア」「休暇専門家」といった新しい職業が生み出され、異郷での老後生活も現実になりつつある。鄭西

高速鉄道の開通以来、沿線の鄭州や洛陽、三門峡、華山、渭南、西安など、高速鉄道駅が置かれた都市の観光の伸びはみな 20％以上だ。京滬高速鉄道開通の 1 年目、沿線の鉄道各駅旅客出発者数は前年同期比 62.8％増加した。昆山は江蘇省東南部に位置する県級市だが、京滬高速鉄道により、大都市・上海との距離がたった 16 分となった。昆山はすでに上海の「裏庭」になっており、ますます多くの上海人が昆山に住むようになっている。

高速鉄道により、中国人の異郷での老後生活が現実になりつつある。廊坊、昆山、徳州などで新しく建設された老人ホームが、より低いコストでより快適な老後生活を楽しもうとする北京や上海の高齢者を引きつけている。

高速鉄道はてこのように、地域をつなぎ、都市と農村をカバーし、沿線の産業構造の調整と住みやすい都市建設の新活力を生み出し、地域融合の新たな歩みを加速させた。一方では、人々のハイスピードの移動が各種の経済活動を確実に活発にするだろう。京滬、京広高速鉄道の開通後、どの都市の周辺にも大きな経済圏が形成され、他の都市との間の経済交流も加速した。もう一方では、大量の高速鉄道の開通が経済の活発な地域の産業のモデルチェンジ・グレードアップと産業移転を大いに加速させた。特色のある「3 時間経済圏」が新しい投資を引きつけ、国内産業移転の受益者になり、沿海産業の内

陸への移転を加速させた。

鉄道の単位当たりの輸送エネルギー消費は自動車や航空機よりはるかに低く、他の輸送方法の有効な代替となって、大幅に交通輸送全体のエネルギー消費を引き下げることができる。中国は人口が多いため、欧米のように主に航空機に頼って中長距離の高速輸送の問題を解決することは不可能だ。そこで、輸送量が大きく、スピードが速く、安全係数が高い高速鉄道に頼らなければならなくなる。特筆すべきは、中国は高速鉄道を含む鉄道輸送で、すでに大部分の電化を実現していることだ。これは、化石燃料に主に頼っている航空機や自動車運送業と比べて、より持続可能でエコロジーな価値を有しているといえる。

このほか、設計能力の比較に基づけば、同等の旅客輸送量を達成するために必要な高速道路の用地は鉄道の約2.5倍だ。実際に運営している状況における差はもっと大きくなり、2009年を例に挙げると、道路用地は鉄道の16.33倍だった。13億余りの人口を養い、1億2000万ヘクタールの耕地を守って食糧の安全を保証しなくてはならない中国にとって、これはより重要な意味を持つ。

国家発展・改革委員会マクロ経済研究院総合運輸研究所の羅仁堅研究員は次のように語る。高速鉄道技術は中国がこの数年で、海外の技術の吸収・革新を通じて、最終的に追い越すことに成功し、国際的にトップレベルに達した最も成功した事例だ。単純に技術面だけについていえば、中国の高速鉄道技術には問題がなく、しかもさらに向上できる潜在力がある。もちろん、より良い技術応用の前提となるのは、高速鉄道の運営管理レベルが付いてくることだ。

高速鉄道はすでに中国が輸入代替の実現に成功した戦略産業であり、まさに輸出指向型産業へと転換しつつあり、中国のハイエンドで大規模な戦略産業の発展を数十年けん引できる。製造業の発展から見れば、「中国高速鉄道」にはまたモデルとなってリードする絶大な効果がある。従って、政府がより重視かつ支持し、健全な発展を推進する価値があるのだ。

スウェーデンの著名な研究者のカールソンはかつて中国の『環球時報』記者に対して次のように予言したことがある。中国が将来、世界の強国になるなら、今、高速鉄道に投資するという決定は「決定的な効果をもたらす政策の一つ」である。

中国鉄路総公司の運行管理・指揮ホール

第章

高速鉄道運営の道

中国高速鉄道の輸送管理モデルは日増しに完備され、安全運行は継続的に安定していて、事故率は世界で最も低く、高速鉄道の運営管理モデルのイノベーションを体現し、他国の参考ともなる中国の特色ある高速鉄道運営管理の道を歩みだした。

2015 年 8 月 13 日、インドネシアの首都ジャカルタは陽光うららかだった。中国鉄路総公司主催の「中国高速鉄道展」がここで盛大に開催された。優美で堂々とした中国基準動力分散式列車、CRH380A 型動力分散式列車、CRH6 型都市間鉄道列車などの模型は世界最先端の高速鉄道技術設備を代表していて、現地の人々を引きつけ、来場者は先を争って見学し、驚嘆の目を向けた。

中国工程院院士で、中国鉄路総公司チーフエンジニアの何華武氏は「中国高速鉄道記者会見」で、中国は現在、世界で高速鉄道の営業キロが最も長く、建設中のものの規模が最大の国で、高速鉄道の総体的技術レベルは世界の先頭にあると語った。

平原水郷からゴビ砂漠へ、高原凍土から熱帯雨林まで、高速列車は中国大地の到るところで姿を現す。現在、運行中の高速鉄道は 2395 編成に達し、1 日平均約 4200 本余りが走行し、旅客輸送数は延べ 400 万人余りとなり、世界トップである。高速列車の運行本数はすでに中国鉄道客車全体の運行本数の 63%を占め、旅客輸送量は全国鉄道旅客輸送量の 45.80%を占めている。2016 年 7 月 11 日時点で、中国高速列車の累計旅客輸送量は延べ 50 億人を突破し、安全運行距離が 37 億 4000 万キロを超えた。中国の高速列車は多種の速度レベル、多岐にわたる機能製品が出来ていて、その数、品質、運行効率は世界の鉄道の先進レベルに達している。

世界の多くの国々の鉄道の統計データをみれば、総合的な鉄道網規模と業務の達成量などの指標比で、中国高速鉄道は輸送管理モデルが日増しに完備され、安全運行は継続して安定していて、事故率は世界で最も低い。国際鉄道連合（UIC）とヨーロッパ鉄道管理局（ERA）の統計データは、中国鉄道の安全性が世界トップだということを示している。中国高速鉄道の運営管理モデルが安全で、先進的で、信頼できるもので、他国の参考ともなる中国の特色ある高速鉄道運営管理の道を歩みだしたことを実践が証明している。

高速鉄道運営組織

高速鉄道の運営管理とは高速鉄道の輸送過程と輸送システムの全面的な管理のことである。

「四縦四横」の中国高速鉄道ネットワークを見渡せば、多くの速度レベルがあり、線路の状況が複雑で、在来線との乗り入れ接続などの特徴を持ち、現在世界で規模が最も大きく、最も複雑な高速鉄道ネットワークだ。現在、世界の高速鉄道の輸送管理モデルは三つに分かれている。一つ目は「高速鉄道全線—乗り換え」モデル、すなわち高速鉄道線で高速列車だけが運行する。二つ目は「高速鉄道全線—普通列車線」モデル、すなわち高速列車は高速鉄道線だけでなく、普通列車線でも走行する。三つ目は「混合輸送」モデル、すなわち高速鉄道線で高速列車、普通列車だけでなく、貨物列車も運行できる。

中国高速鉄道の運営管理は「高速鉄道全線—乗り換え」と「高速鉄道全線—普通列車線」の二つのモデルを共用している。高速鉄道線は高速列車だけが運行する。同時に、本線高速列車と普通列車線高速列車が共に運行し、各速度レベルの高速列車が共に運行する。

その利点は旅客の輸送が便利、スピーディー、快適で、旅客輸送量を最大限に増やし、輸送コストを切り下げ、経済収益を高めることであり、また、在来線と合理的に分業し、在来線を空け、貨物列車をより多く運行できることだ。欠点は配車・運行管理が難しくなることだ。

高速列車の指令者

疾走する高速列車といえば、高速列車の運転士の神秘さと威風を思い浮かべる人が多いが、裏で運行管理を行う管理者の英知と苦労は知られていない。

輸送過程を効率的に管理し、輸送力を合理的に活用し、さまざまな突発事件を即時に処理し、高速鉄道および鉄道ネットワーク全体の輸送の安全性と秩序を保つために、高速鉄道の運営は高性能、高品質のインフラとモバイルデバイスだけでなく、それに適応する現代的列車運行管理

指令システムが必要だ。

　ヨーロッパの上下分離方式（鉄道線路事業と鉄道輸送事業の会計上の分離）や日本の地域独立採算制と異なり、中国高速鉄道は全国的な鉄道網を確立し、高速列車と普通列車、旅客輸送と貨物輸送を協調的に統一する。この複雑な鉄道網は高速鉄道の輸送管理と運行指令にとって間違いなく厳しい試練である。

　中国高速鉄道の輸送管理は三つのレベルに分ける指令枠組みを採用している。すなわち鉄路総公司運行管理センター、鉄道局運転指令所、末端駅・区間運転指令室だ。鉄路総公司運行管理センター（管理陣）はすべての路線の高速鉄道輸送・運転指令の管理と調整に総体的な責任を負う。鉄道局運転指令所（運転指令層）は鉄路総公司運行管理センターの指令と動力分散式列車の運行計画に基づいて、高速鉄道の運行を監視、調整、制御し、各種類の異常状況を即時に処理し、事故救援を行い、緊急措置をとる。末端駅・区間運転指令室（執行層）は運転指令所の指揮とコントロールを受け、運転指令に基づき各種作業を行う。

　中国高速鉄道輸送管理は列車集中制御装置（CTC）を使っている。つまり、正常な状況下では、高速列車の運行はシステムが自動的に行い、運転指令員の責任は列車と設備の運行状況を監視し、異常状況を発見したらタイムリーに処理することで、システムと運転指令員による二重のチェックを実現できる。

　高速鉄道列車の運行管理は普通列車の場合とは異なり、単一的な指令者を管理者、指令者、執行者という役割を一身に集めた形に変え、高速鉄道運行の指令者だけでなく、駅係員、信号係など現場執行者の責任も負わなければならず、運行、工事、動力分散式列車、カスタマーサービス、給電、緊急時対応が一体化されている。通常の輸送管理のほか、運行中の設備故障、気象災害、線路故障、列車遅延など30余種の緊急時において緊急処置を施し、輸送管理の規範化、秩序化、円滑化、効率化を実現する必要がある。まさに「重い責任、栄えある使命」を持っているということだ。

科学的な運行管理と計画——

　中国高速鉄道の運行管理者は、優れた総合的資質、科学的な運行管理レベルとずば抜けた計画能力を持っていて、旅客輸送量の周期的な変化によって、路線をバランスよく利用し、総合収益を引き出すことにたけている。輸送力を柔軟かつ科学的に配置し、輸送組織を臨機応変に調整し、春節前後の帰省ラッシュ、夏期休暇期間、ゴールデンウィーク、三連休の時の旅客輸送をうまく手配する。鉄道網全体の機能の優位性を活用し、高速列車の運行法則を探り、各型の動力分散式列車をうまく運行させる。北京鉄道局運転指令所は運輸処、客運処と緊密に協力をし、反復論証と科学的な管理を通じて、祝祭日のピーク時に、動力分散式列車の重連

運転、つまり一つの運行線上で2編成の動力分散式列車を連結運行させ、輸送力を倍増させている。

ハルビン鉄道局と広州鉄路（集団）公司は高速鉄道の運行管理で提携し、夜間の点検・保守・メンテナンスの時間を縮め、ハルビンから北京、広州から武漢への深夜高速鉄道など一連の新サービスを展開し、その乗車率が90％以上に達している。

済南鉄道局とハルビン鉄道局の高速鉄道の運行管理は普通線路利用列車と本線列車の両立を促し、京滬、京広、哈大などの幹線で、本線列車と普通線路を利用する長距離列車を数多く運行し、高速鉄道のアクセシビリティーを向上させ、最大限に旅客の移動に便宜をはかっている。

武漢鉄道局と鄭州鉄道局の高速鉄道の運行管理は輸送組織を最適化し、道路、民間航空、水上輸送と密接に協力し、分業が合理的で、うまく連携され、運行が効率的で、優位性が互いに補完し合う総合交通モデルを構築し、公共財のサービス供給能力を高めた。

上海鉄道局の高速鉄道の運行管理は航空会社と「航空・鉄道連絡輸送」を展開し、管内の「三省一直轄市」の主要都市の17の高速鉄道駅、136本の動力分散式列車と中国東方航空公司、中国国際航空公司、春秋航空公司の三つの航空会社の間で、双方向連絡輸送を実現し、高速鉄道と民間航空の輸送サービスの価値と売上を向上させ、高速鉄道と航空の複合輸送ルートをスムーズにさせた。

故障発生時の安全指向原則——

高速鉄道の運行管理のレベルの高さは主に自然災害、設備故障、突発事故などが発生した際の緊急処置に表れる。「故障発生時の安全指向」原則に従って、緊急処置対応マニュアルを厳格に遂行し、断固として停車の命令を下し、故障の原因と影響を正しく判断し、関係部門に処理するよう直ちに通知し、緊急処置が安全で秩序だったものになるよう確保する。

「突然の大吹雪」を例に取り上げれば、安全指向の処置対応マニュアルは次のとおりだ。まず、現地の降雪状況と設備部門の要請に基づき、直ちに速度制限指令を出し、時速を160キロから200キロの間にまで下げること。二つ目は、降雪によって分岐器の切り替えがスムーズにいかなくなるのを防止するため、列車運行経路を固定させる措置をとり、ダイヤ上で規定された高速列車（定期高速列車）を駅に留まらせ、上り線と下り線のそれぞれプラットフォームのある線路一本を選んで固定の通路とし、ポイントの切り替え回数を減らすこと。三つ目は、列車運行と主要駅の旅客輸送量に基づいて、ダイヤを直ちに調整し、各列車が引き続き遅延するのを避けること。集中力と英知、果断さは高速鉄道運行管理員が突発事故を処理するためのキーワードだ。

2016年2月8日、申年の春節の日。

北京の街中は至るところにぎわっていたが、北京鉄道局運行管理ビルには緊張と繁忙の空気に包まれていた。午後 1 時 20 分、高速鉄道 G555 列車の運転士が京広高速鉄道高碑店東から徐水東駅に至る給電用架線に数メートルのビニールシートが引っ掛かっていると報告してきたのだ。当直運転指令員の楊愛軍さん、曲芸さんはそれぞれ下り線の後続列車 G6703、上り線の G26、G6712 列車の運行を停止するよう直ちに指令を出した。それから、電力供給職員を G6703 列車に乗るよう手配し区間に入らせ、給電用架線のビニールシートを処理させた。70 分後、処理が終了した。楊さん、曲さんのタイミング良い列車停止指令と、緊急処置の安全指向で、ビニールシートによる給電用架線の損壊事故は避けられた。

中国高速鉄道の沿線には、光ファイバーガードレールシステムと線路障害物自動検知警報システムが設置され、リアルタイムで強風、降雪、降雨、異物、地震など高速鉄道列車の安全運行に影響を与える状況を監視し警報提示を行っている。気象災害時の高速列車の安全運行を保証するため、運転指令員はこれらの監視と警報を分析・確認し、時機を失わずに運転停止と速度制限の指令を出させなければならない。

高い定時運行率の確保──

中国高速鉄道の自動制御システムの信頼性と高い輸送管理のレベルが、高速

鉄道の高い定時運行率を確保している。中国鉄路総公司が提供したデータによると、2015 年中国高速鉄道動力分散式列車の定時出発率は 98.8%、定時到着率は 95.4% に達した。

2008 年 8 月 1 日、京津都市間鉄道の開通・運営が 2 周年を迎えた際、新華社記者は高速列車の定時運行率について調査を行った。その結果によると、京津都市間鉄道はその「安全、スピーディー、快適」という強みによって、北京と天津を行き来する旅客の第 1 選択交通手段だった。この 2 年間、京津都市間鉄道は安全に運行され、定時運行率はほぼ 100% だった。

高い定時運行率は高速鉄道の明らかな強みだ。深刻な悪天候と設備の偶発的故障がない限り、中国高速鉄道はほぼ遅れることはなく、定時運行率は 95% 以上に達している。これは航空、道路、水上輸送が遠く及ばないものだ。高速列車の安全運行と定時運行を確保するために、各鉄道局はみな専用の動力分散式列車運転指令ボードを設けている。各高速鉄道駅は線路、分岐レール、プラットフォーム、停車位置を固定化させ、駅長と駅駐在公安が自ら列車の発車・到着を送迎し、旅客の乗車、下車を手配し、動力分散式列車の発車・到着手配業務を正確で間違いなく行っている。

高速鉄道の定時運行率は高いが、旅客の移動計画を乱し、外出の際の楽しい気持ちを壊すこともたまにはある。高速鉄道の運転指令員はダイヤに厳格に従って

列車運行を指令し、動力分散式列車の運行状況を真剣に見守り、偶発的な遅延に積極的に対応し、運行の調整、旅客の乗下車を手配し、できるだけ早く列車の定時運行を回復させる。必要な時は、ほかの交通機関と協力して旅客を分散させ、旅客の流動が滞るのを避ける。

2015 年 3 月 8 日午後、滬杭高速鉄道は給電用架線の故障により、一部の列車の遅延を引き起こした。上海虹橋駅は高速鉄道の運行管理指令を受けた後、直ちに上海虹橋国際空港や航空会社と連絡をとり、社員を空港に派遣して、「飛行機・汽車連絡」切符購入者が飛行機に乗り換えるための搭乗券を前もって取得するように手続きをさせ、200 余人の旅客が上海虹橋飛行場に遅れて到着した後でも、順調に搭乗できるのを確保した。

神秘的な TEDS システム

TEDS システム（Trouble of moving EMU Detection System）の正式名称は動力分散式列車運行故障画像監視システムだ。この国際的に先進レベルの高速鉄道動力分散式列車底部画像形成検知システムは、先進的なコンピューターネットワークの力を利用、映像技術を活用し、動力分散式列車をリアルタイムで監視し、列車の安全運行を脅かす動力分散式列車底部と側部の可視部位の故障を自動的に監視・警報し、列車の安全運行を確保する。

TEDS システムではレールに設置されている画像センサーを通して、列車底部、ボギー台車、スカートなど目で見える部品の完全な画像を採集する。沿線に設置されている TEDS 感知器によって画像を収集し、ネットワークを通じて高速列車検査整備基地 TEDS センターに送信し、自動的に画像分析と識別を行う。一旦異常を発見すると、責任部門に処置するよう直ちに通知し、故障と潜在的な危険を解消する。

2015 年 11 月下旬、北京は急に大雪が降り出し、天地を覆い尽くし、気温がマイナス 12 度にまで下がった。すぐさま、北京高速列車検査整備基地 TEDS センターは緊迫した忙しい雰囲気に包まれた。22 日、センターの分析スタッフは管内の 20 本の列車底部に結氷の兆候があるのを発見し、直ちに速度制限の要請報告を行った。輸送部門は速やかに各動力分散式列車運用所に氷割り・除雪の準備をするようにと伝達した。

その後すぐ、気温はますます低くなっていき、北京地区の気温はこの時期の歴史上最低気温にまで下がった。24 日、北京高速列車検査整備基地 TEDS センターはまた次々と 32 本の列車の底部が結氷がひどいのを発見した。各動力分散式列車所は直ちに氷雪を除去し、速やかに対応策をとった。翌日、気温が回復し、氷雪は溶け始めた。今回の大吹雪・結氷災害において、TEDS センターの情報が正しく速やかで、関係部門が直ちに氷割り・除雪を行い、協力しあって設備を修理したおかげで、北京鉄道局管理下の動力分散式

277

列車およびほかの鉄道局管理下の北京往復の動力分散式列車は、列車底部の結氷によって運行を停止したりあるいは運行に影響した列車は1本もなく、すべて定時に出庫し、運行した。北京高速列車検査整備基地 TEDS センターの責任者は、列車底部の結氷面積が大きく、しかも氷は真っ白で光を反射するので、システムが検知した画像がぼやけていて、分析スタッフの潜在的な危険性に対する判断に大きな影響を及ぼしたと語った。しかし、分析スタッフは強い責任感と集中力によって、真剣に責任を持って監視し、結果を繰り返し確認し、効果的な制御・防備を確保できた。大吹雪緊急対応を発動していた間、TEDS センターの故障監視・測定の適合率は 80%以上保っていた。

2014 年 1 月、北京鉄道局は率先して北京高速列車検査整備基地で TEDS 集中監視センターを設立した。各鉄道局高速列車検査整備基地はそれに続いて TEDS センターを設立し、TEDS 監視プラットフォームを構築した。現在、全国高速鉄道は TEDS 観測ステーション、高速列車検査整備基地監視センター、鉄道局、総公司という四つのレベルのネットワークからなる TEDS 監視プラットフォームを構築し、監視・測定、制御、管理・意思決定が一体化された動力分散式列車運行安全監視システムをつくり上げ、リアルタイムで故障画像データを自動的に採集し、処理し、警報している。北京鉄道局管轄下だけでも TEDS 観測ステーションは 15 カ所設置

されている。

TEDS センターはロビーが広くて静かで、機械のとどろく雑音がなく、清潔で明るく、マウスをクリックする時の微かな音しかしない。しかし、TEDS システムを運用し、リアルタイムで動力分散式列車の運行を監視することは想像するほど簡単なものではない。例えば、「見る」ということはとても重要だ。システムの画像を「見る」だけでなく、現場で確認する時に「見」て、さらに長年にわたり積み重ねて「見る」必要がある。システムの画像を見るだけでも、とても奥深いものがある。画像はレールの方から仰いで撮影されたモノクロ平面図で、それに加えて列車走行時の塵(ちり)などによる妨げもあり、識別しにくい。TEDS センターの分析スタッフは選抜条件が厳しく、視力が良く、辛抱強くて注意深い青年が求められる。専門研修も退屈で、一日中動力分散式列車車体の画像を大量に見ることを繰り返し、見る能力を鍛える。北京高速列車検査整備基地 TEDS センターだけでも毎日リアルタイムで TEDS 観測ステーションから数万枚にも達する画像を受信する。とりわけ、毎朝、北京地区の各駅のラッシュ時、各分析スタッフは平均 60 本の列車を監視する。ということはつまり 1 分 30 秒から 2 分の間に車両を 1 両監視するということだ。動力分散式列車底部にはリベット、捨て穴など異なるパーツがあり、ボルトだけでも 1 万余りある。例えば、中空リベット、リベットが紛失した場合、パソコンでは一つの小さな黒い穴として表示され、もしうっ

かりこれを見逃せば、想像もつかないほど
の結果を招いてしまう。画像から故障を正
しく判断するために、TEDS センターの青
年らはしばしば休みの時間を利用して、社
員研修科の先生の指導下、点検修理現
場の地溝に来て、列車底部を見て、列車
のパーツを子細に観察し、あらゆるパーツ
の材質、用途および位置を把握し、あら
ゆる車型、列車底部のパーツを確実にマ
スターする。

分析スタッフはマウスを使い線を描く。
特定方向に線を描くことによって、可能な
かぎりあらゆるポイントを監視できるようにし
ている。こうすることであらゆる部分を監視
でき、また注意力を集中し、手、目、脳を
同時に使え、重要部位を漏れなく、安全
ポイントをすべてカバーするよう確保する。

TEDS 監視システムは動力分散式列車
を右側下部、左側下部など七つの部分に
分け、車型が異なれば部位も異なり、マ
ウスの動く方向も異なる。CRH2 型列車を
例にとれば、分析スタッフが画像を見る場
合 8 種の線の描き方がある。例えば、右
側上部、左側上部を確認する場合、「一」
の形を描き、あらゆるボルトの点検を確保
する。もし右側下部、左側下部を確認す
る場合、スカートに沿って「Z」の形を描く。
ボギー台車の場合、「OMO」の字形を描
くことで、軸用エンドキャップのすべてのボ
ルトを精密に確認できる。

動力分散式列車は 2 種類の車両からな
り、一つが動力を持つ車両で、「動力車」
と呼ばれ、もう一つが動力を持たない車両

で、「付随車」と呼ばれる。動力車と付随
車は構造上多少異なるが、監視する場合
共に「S」の形の線を描くことになっている。
しかし、この描き方は監視が忙しいとき、
付随車の一部のシャフトディスクの監視を
逃しやすい。何度も熟慮を重ね、分析ス
タッフたちは付随車に対して「WSM」とい
う新しい描き方を作り出し、ブレーキキャリ
パーの状態なども監視範囲内に収め、効
率を大きく高めた。

2015 年 1 月 13 日、北京高速列車検
査整備基地 TEDS センターの分析スタッフ
劉志昆さんは、車庫に戻った動力分散式
列車の画像を確認していた時、1 枚の底
部画像の中のトラクション・コンバーターの
周りに見落としやすい影があることに気づ
いた。つい最近同じような記録があったこ
とに彼は思い当たった。その時の影は針
金だった。今回同じ位置で再び黒い影が
現れたが、何の問題だろう？ 彼は観測ス
テーションにこれを重点的に監視しようと注
意し、そして現場に点検・再確認しに行っ
た。これは動力分散式列車のトラクション・
コンバーターの鉄製ストレーナーが破損し、
車体の隙間から一部出てきたもので、画
像上で黒い影を残したのだった。劉志昆
さんの鋭い眼差しが動力分散式列車のスト
レーナーの破損・脱落事故を防止したの
だった。

単調なモノクロ、重複する位置図、緊
張したリズムが TEDS センターの分析スタッ
フたちの千里眼と仕事に対する不動心を
つくり上げた。2014 年、北京高速列車検

査整備基地 TEDS センターは合計 1123 件の故障を発見した。

安全リスクの管理

長年の運営実践を経て、中国高速鉄道はインフラ、モバイルデバイス、総合点検、防災・減災、緊急時救援が一体化した安全リスク管理システムを構築し、安全リスク管理を絶えず深化させ、高速列車の安全な運行を確保している。

安全リスクに対する検討評価、予防と効果的な制御をいかにして強化し、鉄道の運行リスクを減らし、取り除くかは、中国鉄道の最高管理者として盛光祖氏が最も考慮している問題だ。

2011 年 4 月、盛光祖氏は鉄道部部長に就任して間もなく、高速鉄道と普通鉄道に存在する安全問題に対して、末端で何回も調査研究した上で、「問題は現場にあり、原因は管理にあり、根源は幹部にある」という基本的判断を下し、安全が鉄道業務の生命線で、鉄道の「よりどころ」で、安全性の欠如が一番の職務怠慢だと強調した。彼は、鉄道安全は「安全第一で、予防を主として、総合的に管理する」方針を堅持すべきだと指摘した。また、「いかなる時にも安全を重要な事柄として捉え、いかなる時にも安全を第一にして考え、安全に影響するいかなる問題も直ちに解決すべきだ」「高速鉄道の安全と客車の安全を鉄道の安全の重点中の重点とし、安全管理の強化を各安全業務の重点中の重点とし、実行重視を安全管理の重点中の重点とする」と強調した。これがつまり鉄道安全生産において重要な指導的役割を持っている「三つの共通認識」と「三つの重点中の重点」だ。これによって、盛光祖氏は、鉄道安全リスク管理を全面的に推進し、管理面から着手して安全を強化し、安全管理の規範化、システム化、科学化を促進するということを提起した。

いわゆる安全リスクの管理とは、鉄道運行中に存在するリスクを識別、想定、評価し、これらのリスクを制御、処理し、損失を防止、減少させ、鉄道の安全、スムーズな運行を保障し、リスクマネジメントの優先順序と措置を定め、生産環境の安全性を改善し、生産現場での事故を減少、撲滅する目標を達成することだ。

半年間の模索を経て、2011 年末に開かれた全国鉄道工作会議で、盛光祖氏は安全リスク管理について特別配置を行った。鉄道の安全リスクの特徴に焦点を合わして、安全リスクマネジメントシステムを構築し、生産現場の事故防止を絶えず強化し、安全管理レベルを着実に高め、鉄道の安全・発展を実現することを提起した。その後すぐ、鉄道部は『鉄道安全リスク管理の深化に関する指導意見』を配布し、基本業務、プロセス制御の強化、緊急時対応の完備などの重点任務をめぐって、一連の制度・措置を確立し整えた。安全リスク管理の全体的な考え方、主な内容、基本原則を系統的に提起し、安全リスク管理における重点任務を明確にした。

2012 年の春節が終わったばかりの時、武漢鉄道局武漢給電段咸寧北給電現場は管轄下の武広高速鉄道沿線で鳥の巣を取り除く闘いを行った。この区間の路線は大部分が平野に位置し、近くに大きな面積の畑があるので、高速鉄道の架線柱は鳥たちの巣づくりの理想的な場所になった。鳥の巣は小さいが、高速鉄道の電力供給に大きな影響を与える。鳥の巣は給電用架線のショートを引き起こすことによって、電力供給設備のブレーカーが落ちてしまうかもしれないからだ。この現場では高速鉄道安全リスクを検討判断した時、「鳥の巣によるブレーカー落ち」を安全リスクに定めた。それで、鳥の巣除去が従業員たちが口にするキーワードになった。3 カ月間にわたる片付けによって、管区 152 キロの鉄道沿線の鳥の巣を 267 除去し、うち一番大きい巣はバスケットボール 2 個分の大きさだった。

これにより、各鉄道局はみな高速鉄道架線柱の鳥の巣を安全リスクと定め、厳格にその除去に取り組んだ。鳥類災害の法則を組織だって研究し、多岐にわたる方法で鳥の巣問題に対応した。太原鉄道局大同西給電段は硬化脂肪酸のリチウム石けん、リチウムグリースなどの高分子化合物原料を混ぜ合わせ、手ごろで便利な「鳥駆除膏薬」を作り出した。それは鳥を追い払うだけで殺さないという強みがあり、鳥駆除率は 100％に達した。

鳥の巣が根絶され、安全リスクの潜在的危険がまた一つ減った。

全国の鉄道関係部門が安全リスク管理を実施した。輸送・生産のプロセス制御に取り組み、安全リスクの潜在的危険を予防、研究評価し、発見すれば直ちに処置した。2012 年、北京鉄道局だけでも安全リスク項目を 587 件発見し、安全リスクの潜在的危険を 1 万近く防止し、安全リスク問題データベースに 1801 件の問題を取り入れ、逐一、予防・制御対策を定めた。2012 年以降、全国の鉄道は鉄道交通特別重大事故、重大事故を根絶し、旅客死亡を招く責任事故（鉄道運転事故）を根絶した。2013 年、全国鉄道交通事故率は 1.253（10 億トンキロベース）で、2012 年比で 5.2％減少した。2014 年、全国鉄道は比較的大きな責任事故およびそれ以上の事故を根絶し、鉄道運転 C 類事故およびそれ以上の事故が 2013 年比で 47.5％減り、歴史上、最も良い成績を収めた。「第 12 次 5 カ年計画」期間中、死亡率（10 億トンキロベース）が 25％減少する目標を実現した。中国共産党第 18 回全国代表大会以降、中国鉄道は高速鉄道の集中生産、新設備の大量投入運用、外部環境が日増しに複雑になっていく状況下で、安全の潜在的危険を大幅に低下させ、安全の信頼性が大幅に向上し、鉄道安全が持続的な安定を実現し、鉄道の重大・特大交通事故、客車の比較的大きな責任事故を根絶し、中国鉄道史上において安全が最も安定した時期となった。

安全リスク管理を実施し、高速鉄道の安全性・制御可能性を確保し、鉄道輸送の長期的安定を確保した。

高速鉄道の大きな旅客流動

中国の高速鉄道ネットワークの急速な形成につれ、便利、スピーディーで、快適な高速列車は人々の移動の利便性を大いに高め、人々のライフスタイルに変化をもたらした。実名制とネット切符販売を中心とする旅客輸送の改革および旅客向けの一連の新しい利便化サービスの登場によって、かつてのような、切符を求める徹夜組が長い列を作ったり、「ダフ屋」が横行したり、汽車に乗るのに大混雑したりする現象はすでに歴史上のものになっている。膨大な旅客の流れは四方八方から高速鉄道に集まり、壮観な高速鉄道の大きな旅客流動を形作った。「第12次5カ年計画」期間中、全国の鉄道の旅客輸送量は延べ106億人で、「第11次5カ年計画」期に比べて49.1%増加した。

春風香る旅客輸送改革

限られた鉄道輸送力と膨大な旅客数は一貫した矛盾だ。

これまでなくて新たに現れた高速鉄道の輸送力は旅客の「外出難」という問題を大いに緩和した。しかし、「切符入手難」という問題は依然して根本からの解決がなされていなかった。例えば、「春運」の際、短時間に延べ数十億人に及ぶ乗客を相手にすると、どんなに大きな輸送力をもってしても対応し切れない。また、切符入手難の問題が特に顕著な北京や上海、広州などの都市では、駅の切符販売窓口でいくら切符が多く発売されても、瞬く間に完売する。切符を求める旅客が長い列を作ったり、ダフ屋が横行するなどの問題は鉄道部門をずっと悩ませてきた。

高速鉄道のプラット
ホームで整然と乗車を待
つ旅客たち

　2011 年の春節後、就任したばかりの鉄道部の盛光祖部長が調査を行い、次のような状況に気づいた。春運期間中には全国の多くの駅ではどこでも旅客が長い列を作って切符を求める現象が発生している。多くの駅前の広場には仮設の切符販売所が所狭しと設けられ、旅客は夜通し行列をつくって切符を求める。駅の切符販売窓口は昼夜閉められることなく、切符販売員は水も飲まずご飯も食べずに対応しても、旅客に大声でどなられたり、恨み言を言われたりする。高速鉄道の相次ぐ開通・運営につれ、動力分散式列車が増え、輸送力不足問題はある程度緩和され、鉄道職員たちもしっかり職責を果たしているが、人々はまだ鉄道に対して不満を持っている。それはなぜだろうか。盛部長は考えてみた。輸送力が輸送量に適応できていない問題だけでなく、公共資源の公平な享受を求める人民大衆の期待という問題がある。一晩徹夜して並んでようやく自分の番になったが、切符はとっくにダフ屋に取られてしまったことが分かると、愚痴をこぼさずにいられるだろうか。ダフ屋は不当な手段を使って、切符を買い占め、高く売りさばく。一方、ごく少数だが、鉄道部門の内部には切符

で私利を図る者がいる。人民大衆は怒りを
覚えずにいられるだろうか。

　公共資源の公平な享受に対する要求は
すでに時代の呼び声になっている。鉄道
旅客輸送体制・メカニズムの改革は待った
なしだ。この改革には次のような内容が含
まれていなければならない。「サービスを
モットーとし、旅客を身内のように大切にす
る」という理念を真に確立し、実名制とネッ
ト切符販売の実施を積極的に推進し、旅
客向けの一連の新しい利便化サービスを
打ち出し、また、人々の移動のニーズを満
足させ、乗客の望んだとおりに容易に、快
適に乗車できるように、サービスを改善し、
より多くの人的・物的資源を投入する。

ネット切符販売の実施──

　盛部長は念入りに調査・研究を行った
上で、二つの措置を打ち出した。それは
実名制とネット切符販売の全面的実施だ。

　長い間、社会からの実名切符販売制
の実施を求める声は絶えなかった。早くも
2009 年の「春運」期間、鉄道部門は条
件の整った一部の地域で実名切符販売制
を実施し始めた。しかしコストが高く、人手
が足りないことなどが原因で、ずっと試行
にとどまっていた。そこで、盛部長は会議
を開催し、現行の実名切符販売制の基礎
とネット切符販売開始の条件を真剣に分析
した上、業務に対する理念の問題と態度
の問題が第一の問題で、面倒を嫌がった
り、手間を省こうとすることが肝心な問題だと
いう結論に至った。認識を統一させ、シス

テムの機能をできるだけ早く整備し、実名
切符販売制と認証範囲の普及を速め、実
名切符販売制を全面的に実施し、同時
に、段階的にネット切符販売を展開してい
くことを決定した。

　2011 年末、鉄道部門はネット切符販売
のサービスを打ち出した。ネットで切符を
購入した旅客がセルフサービスで紙切符
を受け取れるように、全国の比較的大きな
駅において自動発券（受取）機を多数設
置した。また、高速鉄道の自動改札機を
改造し、身分証読み取り識別モジュール
を搭載することで、身分証明書を用いて
ネット切符購入した旅客が紙切符を受け取
らずに直接、身分証明書の読み取りで改
札できるようにした。これによって、紙切符
の受け取り・保管・改札の手間が省け、
切符紛失のリスクも回避できるようにした。

　こうして、旅客は駅まで行って並ばなく
ても切符の購入・キャンセル・変更ができ
るようになった。

　2012 年の「春運」の時、定員オーバー
率が厳しく制限されたため、旅客の乗車・
旅行の快適性が大幅に改善された。それ
に加え、ネット切符販売、実名制などの措
置が講じられると、これまでの旅客が集中
し、多くの旅客が長時間、列をつくって切
符を求める現象が変わり始め、駅構内の
乗車・降車の秩序が根本的に改善された。

　2012 年 7 月 1 日、全国すべての列車
と駅での、実名制切符購入認証の全面的
実施が始まり、年末までに全面的実施の
体制が確立した。

それと同時に、鉄道部門は切符の販売・変更・キャンセルの方法の改善を絶えず図り、次々に異地発券、全路線でのキャンセル・変更などの措置を打ち出し、旅客は全国のどの駅でもほかの駅から発車する汽車の切符を購入、または規定に基づきキャンセル・変更することができるようになった。2014 年末、鉄道部門はまた切符の予約販売期間を乗車日の 60 日前までに延長した。2015 年 5 月には、ネット・スマホ端末での切符販売停止時間がかつての発車前 2 時間から発車前 30 分に変更され、急に出かけることになった旅客にとって大いに便利になった。

現在、鉄道部門は京津、滬寧、滬杭、海南東環の 4 本の高速鉄道路線において、「中鉄銀通カード」の運用を開始した。旅客は事前に切符を購入する必要がなく、カードで改札を通り乗車し、駅を出る際に切符料金が控除されるようになり、都市間を移動する旅客の時間が大いに節約されるようになった。

確かに、情報とネットが発達している現代社会において、人と人の間の「ギャップ」もネット切符販売に影響する一つの要因だ。例えば、ネットを使いこなせない高齢の出稼ぎ労働者、知識のない主婦などは、ほかの人がネットで切符を購入するようになった今でも、相変わらず駅まで行き、人の群れの中から切符販売窓口を遥かに眺めて、しばしば「前の人の背中に胸を貼り付ける」ような感じを味わいながら、「発券のお姉さんはなんでこんなにノロノロやっ

ているんだ」とつぶやくこともある。これも社会の現実なのだ。

市場に向けて走る高速列車——

高速鉄道網の優位性が十分に発揮され、高速列車は市場に向けて走り、規模は絶えず拡大し、市場はますます大きくなってきた。ネットユーザーはそれを「春に向かって走る高速列車」と呼ぶ。

市場と向き合い、中国の鉄道部門は列車の運行編成を絶えず最適化し、高頻度で路線バス化した運行体制を実施し、市場経済の法則に沿った、旅客のニーズを満足させる、経済的利益が実現できる快速列車ダイヤを編成している。新路線の開通を機に、地域の旅客車のダイヤを系統的に改善し、客の流れを呼び込み運行し、長距離列車を増やし、休日列車を開通させ、夕刻に発車し朝に到着する列車の調整を行い、深刻な定員オーバーと低い乗車率が共存する現象を最大限に改善し、高速鉄道という資源を効果的に利用し、交通の中枢としての条件の整った地域において都市間および市内の旅客輸送市場を積極的に開拓し、短い編成で高速度の都市間高速列車と郊外列車を高密度で増発し、高速列車の利用を拡大した。例えば、京津都市間鉄道の最小運転間隔は 3 分間で、旅客は路線バスに乗るようにいつでも待たずに乗れるようになっている。2015 年のデータでは、全国の鉄道は年間を通して旅客車 3142 往復が運行され、前年比で 486.5 往復増加した。

　旅客の「楽々乗り継ぎ」の実現をめぐって、中枢となる駅の役割を広げ、乗り継ぎ施設と案内方法を改善し、旅客が秩序よく乗り継ぐことができるように誘導し、高速鉄道間、高速鉄道と普通鉄道間、普通鉄道間の列車の運行計画、乗り継ぎサービスなどにおいての円滑な接続を強化し、旅客輸送網全体の効率を向上させ、輸送量を高め、旅客の移動に便利をもたらすように工夫している。

　これにより、高速鉄道による旅客輸送に関する多数の新しいサービスが機運に乗じて生まれた。

　2015年1月1日から、北京、上海から広州、深圳などの都市までの路線において高速寝台列車の運行が開始され、高速列車の競争力が1500キロから2000キロ以上に伸びた。高速寝台列車市場が日々成熟化するにつれ、ほかの路線でも高速寝台車の運行を相次いで始め、市場のシェアを絶えず固め、拡大している。朝晩の時間帯を利用して、中・短距離の高速列車を増やし、一部の中都市における朝晩の運行空白を埋め、京滬、京広などの繁忙路線の通過能力と列車の運用効率を高めている。

　2015年2月1日、広州東駅から潮汕駅まで高速列車が初めて運行した。これは普通鉄道と高速鉄道の混成路線で運行する列車で、全路線でも最初のものだった。高速列車は広州市内の広州東駅から出発し、繁忙な広深港高速鉄道線を避けて在来線の広深区間を通過し、平湖南車両編成ステーションに着くと、再び杭深（杭州と深圳を結ぶ路線）高速鉄道線に入り、潮汕駅に向かう。今日まで同便の乗車率は平均101％に達している。

　広州鉄道集団の統計によると、祝祭日に高速鉄道を利用する旅客は全体の60％以上を占めている。しかし、さまざまな理由で、一部の地域の高速鉄道網と普通鉄道網はつながっておらず、高速列車は普通鉄道の駅から直接に高速鉄道の駅に到着することができず、これによって高速鉄道の運行範囲が制限されているだけでなく、旅客の移動にも不便をもたらしている。広州を例に挙げると、同市の高速鉄道駅（広州南駅）と普通鉄道駅（広州駅、広州東駅）はつながっておらず、旅客は高速列車を利用する場合、郊外にある広州南駅に行かなければならない。市内にある広州駅または広州東駅からはそのほかの高速鉄道線の駅に直接つながる高速列車に乗れないからだ。

　このように二つの鉄道網がつながらない状況も鉄道全体の効率的な利用に制限をかけている。148キロ離れた広州と深圳の間には、広深港高速鉄道と広深普通鉄道があり、高速鉄道は平日に一日80数往復、ピーク時に100本以上が往復し、輸送力はほぼ飽和状態に達している一方、4本のレールを持つ在来線の広深鉄道の輸送力の利用率はわずか80％前後に止まっている。この二つの鉄道網がつながっていないため、高速列車はこの2本の路線を柔軟に運用することができず、全体の輸

送効率が大いに損なわれている。

2015年8月19日、新聞『人民鉄道』は1面トップ記事で、『普通鉄道網と高速鉄道網の融合によって鉄道輸送の潜在力を引き出そう』というタイトルで、広州鉄道集団の状況を紹介しつつ、『「1＋1＞2」の模索』と題したコメントを付け加えている。コメントは、在来線と高速鉄道線の乗り入れ運行を行うことは、新線を建設しなくても輸送力の不足を補い、高速鉄道の影響範囲を拡大することにつながり、高速鉄道の運営・管理モデルの革新にとって大きな意義があると評価している。

それと同時に、各鉄道局は切符の販売方式の最適化に取り組み、長・短距離の利用者のニーズを両立させ、「切符自動事前分別販売」という戦略を実施し、始発駅と沿線駅の切符の数を柔軟に調整し、できる限りに旅客の切符購入に便利を図ると同時に、座席の利用率を大幅に向上させた。

サービス方法の革新──

2014年初、中国鉄路総公司の党グループは「安全な旅、便利な旅、温かい旅」という「春運」期間中の目標を打ち出した。これは、人々の移動の条件を大いに改善した上で、鉄道部門がより高いレベルに向かってより力強い一歩を踏み出したことを意味している。

「三つの旅」には具体的に以下の内容が含まれる。基本的なサービス基準の遂行を重点とし、飲食の提供、駅構内と車両内の給水、トイレの衛生状況などの問題を集中的に改善し、旅客の基本的なニーズを満足させる。個別化したサービスと特色あるサービスを大いに展開し、サービスのブランドをつくり上げ、旅客のサービス体験を向上させ、鉄道旅客輸送サービスの新しいイメージを確立し、旅客に旅の安全、利便さと温かさを確保させる。

この年の「春運」の初日、「中国鉄道」ニューメディアのサービスプラットフォームが華々しく登場した。このプラットフォームは鉄路総公司の公式微博（ミニブログ）、微信（ウィーチャット、中国版LINE）、モバイル操作アプリ、鉄道12306スマホ切符購入アプリおよび「鉄道同行仲間」アプリを含み、リアルタイムの鉄道情報や、サービス案内、旅客の利便性向上に向けた措置、安全豆知識を発信し、また傘下の各鉄道局のニューメディアプラットフォームと連動して、全方位、多ルートによってタイムリーに列車の残席を発表し、列車番号、定刻・遅延照会などのサービスを提供し、各業務の透明性を向上させ、旅客の移動に便利を与えることになった。

各鉄道局はカスタマーサービスセンター、駅案内所の旅客サービスシステムと備品設備を十分に利用し、切符の購入、改札、乗車、旅の途中、降車、出改札など多くの段階で、旅客の利便を図るために全面的なサービスを提供し、お年寄り、乳幼児、病人、障害者、妊婦などの困難を助け、また外国人旅客により良いサービスを提供するために、中国語、英語、日

本語、韓国語、ロシア語、フランス語の常用旅客サービス用語
集を作成した。

　乗り継ぎ難の問題について、中国鉄路総公司はハルビン西な
ど 22 の高速鉄道ターミナル駅において、「楽々乗り継ぎ」サービ
スを打ち出し、旅行関係情報の発表を増やし、お年寄り、乳幼
児、病人、障害者、妊婦などへのサポートと忘れ物・落し物コー
ナーを整備し、改札口で出改札機または双方向改札機を増設し、
デジタル乗り継ぎ切符を持つ旅客に対して快速乗り継ぎを提供す
る。広州鉄道集団は案内標識の設定、乗り継ぎルートの固定、
案内駅員の指定と車内での「乗り継ぎカード」の配布といった「3

鉄道 12306 カスタマー
サービスサイトの業務
拠点

定1カード」の措置を取り、高速鉄道駅において旅客の円滑な乗り継ぎを実現し、細やかな配慮を重んじ、国内旅客に鉄道旅客傷害事故保険業務のサービスを提供する。

鉄道部門の「三つの旅」という要求およびそれに関連した民衆が参加しやすい、数値化可能な評価基準の登場は人々の知る権利、参加する権利、監督する権利を満足させるだけでなく、鉄道部門による単独の管理を全社会による共同管理へと変化させ、調和の取れた発展と持続可能な発展を実現する「集合ラッパ」を吹き鳴らしたのだった。

『人民鉄道』は記事で次のように記した。「三つの旅」の常態化は鉄道旅客輸送の改革・発展の新たな動向を示しており、単純な字面よりも、より深遠な意義を持っている。「安全な旅、便利な旅、温かい旅」、この言葉は「春運」期間中の素朴な約束から生まれたものだが、常態化されるようになるにつれ、多くの旅客の外出体験を確実に一新させていくだろう。

新浪ネットで「線路上の列車」を名乗るネットユーザーは次のようにコメントを書き込んだ。「現在、改札と出改札はよりスムーズになっている。それは優先通路ができ送迎駅員が配置されたからだ。乗車と降車はより安心できるようになった。駅での安全検査がより厳しくなったからだ」

旅客輸送改革の春風に優しく包み込まれ、人々の旅はより快適なものになった。2013年以降、中国の鉄道旅客輸送量は3年連続で毎年10%のペースで増加してきた。

「12306」カスタマーサービスサイト

2011年6月12日、中国鉄道「12306」カスタマーサービスサイトが初めての高速鉄道電子チケット（北京南駅発、天津駅行き）を売り出した。これは中国の高速鉄道のネット切符販売業務の開始を告げることになった。およそ半月後、京滬高速鉄道が運行を開始する直前に、「12306」カスタマーサービスサイトは京滬高速鉄道の切符を販売し始めた。同年9月末、全国の高速鉄道および動力分散式列車ではすべてネット切符販売が実現された。その後間もなく、すべての列車のネット切符販売が実現した。

ネット切符は、その「便利、スピーディー、公平」によって、電光石火の高速列車と共に、もう一つの「和諧（調和の取れた）」現象を形作っている。

実名制の切符購入でネット切符販売が実行可能となった。早くも2011年「春運」期間中、就任したばかりの盛光祖鉄道部部長はすでにインターネットというツールを使って、広いサイバースペースをよりどころとし、ネット切符販売のプラットフォームを構築し、公開、公平、公正な切符販売を真に実現させる構想を練っていた。盛部長は現在の18の鉄道局（公司）の12306カスタマーサービスサイトに対し拡大・改造を行い、ネット切符販売という重

要な機能を加えることに決めた。また、鉄道部運輸局、情報技術センターと鉄道科学研究院にできるだけ早く計画を立てて積極的に推進するように指示した。

2012年の「春運」の時に、「12306」カスタマーサービスサイトはアクセス数が急上昇するという試練を初めて受けた。半年の発展を経て、同サイトは相次いでネット切符予約、電話予約範囲の拡大、切符実名制の実行などの新しいサービス機能を打ち出した。この年の「春運」の間に、「12306」サイトを通じて切符を購入した旅客数は急増し、繁忙期が長く続いた。1月5日から、「12306」サイトは5日間連続でクリック数が10億回を超え、アクセス数は前月比で10倍余りに激増し、そのうち1月9日のクリック数は14億回を超え、世界で最も忙しいウェブサイトの一つとなった。既存の帯域幅の明らかな不足によって「12306」サイトは幾度もビジー状態に陥り、何度もシステムは崩壊に陥った。切符を買えなかった乗客たちはインターネットで不満を言い、「12306」サイトを窮地に追い込んだ。

専門家は次のように分析している。「12306」サイトは毎日の切符予約時間を朝6時から翌日の未明1時までにしたが、一日には四つの定時の販売開始時間があり、それぞれ8時、10時、12時と15時で、多くの切符購入者はこれらの時間に集中的にウェブサイトを更新し、アクセスがピークになってしまう。また専門家は、もし「12306」サイトのアクセスのピーク期の同時発生量

が1GBに達せば、同時接続者数はすでに500万人に達していたと推測した。

500万という数字が何を意味しているのか。安天実験室（Antiy Labs）の張栗偉チーフエンジニアは、「同時接続者数が500万に達したことは、すでに百度（Baidu）スペースの規模を超えていると考えられます。もし500万件の取引を同時に行えば、この規模は淘宝網（タオバオ）が2011年11月11日に催した最大の販売促進イベントの最初の1時間内に行った取引件数の約2倍です。どれも非常に大きな数字です」と説明する。彼はまた、このような定時切符販売のメカニズムはアクセス数の急増をもたらしがちであり、いったんサーバーの許容能力を超えると応答時間が著しく長くなり、取引の失敗率も増加すると指摘している。

このため、盛光祖鉄道部部長の要請を受けて、アリババ・グループ（Alibaba Group）は17人の優秀な技術者からなるプロジェクトチームを派遣して、「12306」サイトの最適化と改善を指導、協力した。それと同時に、帯域幅を広げ続け、600M/Sから1000M/Sに変更し、すぐにまた1500M/Sにまで上げた。同システムの一日の切符販売枚数は65万枚から100万枚以上に増えた。2012年1月20日、「12306」サイトは一日で119万2000枚の最高販売枚数を記録した。

大きなアクセス数と短時間での切符購入は疑いもなくネットワークシステムに大きな運営負担をかけることになるので、「12306」

サイトは努力し続けている。1 年後の 2013 年 1 月 15 日に、当日総計で 695 万 1000 枚の切符を販売し、そのうちオンライン購入は 265 万 2000 枚で、4 割近くを占めた。一日に延べ 1700 万人以上がシステムにログインして切符を購入し、クリック数が 15 億 1000 万回にも達した。2012 年の「春運」の期間中の最高一日販売枚数の 119 万 2000 枚に比べ、能力が 2 倍以上に増した。

2013 年 3 月、中国鉄路総公司が設立された後、「12306」サイトに対する取り組みと改善を強化し、ネットワークの帯域幅を広げ、システムの取引処理能力を高め、インターネット上の切符購入のプロセスを合理化させ、スマホアプリのバージョンアップを行い、旅客がよりスムーズにサイトにアクセスできるようにさせた。

この年の 12 月 8 日、「春運」の直前に「12306」サイトは勢いに乗って列車情報検索などのサービスを世に出し、またアリペイ（Alipay、アリババ・グループが運営する電子決済サービス）による切符購入、払い戻し、払い戻しリアルタイム返金などのサービスを増設した。「12306」カスタマーサービスサイトの人気が突然急上昇するようになった。当日午後 3 時までに総計 15 万 2000 人が「12306」スマホアプリをダウンロードして使用し、1 万 6183 枚の切符が売りさばかれた。あるメディアは、昨年に比べ「政企分離」という政府の機能と企業の経営機能を分離させる改革が行われた後の「12306」カスタマーサービスサイトはより開放的になったと評価した。

長期にわたって「12306」サイトを利用している人は次のように述べている。「12306」カスタマーサービスサイトはアクセス数が多く、同時実行数が多い取引システムであり、「12306」アプリの研究開発は鉄道部門に頼るだけでなく、この事業に対し関心を持つ多くの人々やネットワーク技術者の提案や知恵も大いに役に立った。例えば、どのようにして「12306」カスタマーサービスサイトのユーザー体験を向上させるのかを検討することなどだ。

一部のメディア関係者は「12306」サイトの最大の問題点は結局のところ旅客輸送力の不足であるという。そのため、彼らは「12306」サイトに、たとえ旅客輸送力が足りなくても、ユーザー体験を守るべきで、切符が足りない事実は事実として、切符があればみなが争って切符を手に入れることができるようにすべきだという提案をした。これは「12306」サイトが改善されなければならず、世の中の力を活用してそれを開放的なシステムに変わらせる必要があることを意味している。

「12306」カスタマーサービスサイトはすぐさま整備されてきた。サイトの機能は不断に最適化、グレードアップされ、これは鉄道の切符販売業務が整備されつつあることを反映している。従来の駅の窓口、切符販売代理店、切符自動販売機といった基礎の上に、インターネット切符販売、スマホによる切符購入、電話予約も全面的に押し広められるようになった。便利な「12306」サイトは急速に旅客が切符を購

入する人気手段となった。

　2014年9月18日、鉄道の一日の切符販売枚数が初めて1000万の大台を突破して1039万9000枚に達し、そのうちインターネットでの切符販売の割合は61.2%に達し、鉄道のネット切符販売の過去最高を記録した。

　2015年、「12306」カスタマーサービスサイトはさらにインターネットでの切符販売時間を発車時刻の2時間前までから発車時刻の30分前までに変更し、「目的地変更（発車時刻の48時間前までなら旅客が目的地を自由に変更できること）」サービスを世に出し、切符のキャンセル・変更に関する規則をより合理的なものにし、乗車してからオンラインで座席変更できるような業務を開始し、これらの取り組みによって旅客の切符購入がより便利なものになった。また、スマホ番号双方向認証、画像認証コードの設置、常用連絡先の人数の調整（ダフ屋行為に対応するための制限措置）など新しい措置を実施し、他人の個人情報を不正使用してネットで切符の大量購入や転売などを行う不法行為を全力で食い止め、

高速鉄道の待合ロビーのガラスを洗い清める太原南駅の清掃員

ネット切符販売の環境を効果的に整えた。

ネット切符販売のほか、「12306」カスタマーサービスサイトはまたもう一つの重要な機能を担っている。それは顧客の疑問に答え、困難を解決することだ。全国の18カ所の鉄道局の「12306」カスタマーサービスセンターに毎日大量の電話が殺到し、カスタマーセンターのオペレーターたちは電話応対を行いながら、キーボードの操作をする。「春運」の期間中は、1人のオペレーターは一日に500件以上の電話応対をしなければならない。彼女たちはトイレに行かなくてもいいように、あまり水を飲まないことにしている。

武漢鉄道局の「12306」カスタマーサービスセンターの二つの大きな事務室では20数名の女性が仕事をしていて、彼女たちの平均年齢は26歳だ。彼女たちは2交代制勤務で、朝8時に出勤して翌日の朝8時に退勤し、24時間働いて一日休むことになっている。「12306」にかかってくる電話は、約60、70%が切符予約関係の内容であり、例えば予約の問い合わせ、残っている切符の確認などだ。彼女たちの応答は、「短い、正確、速い」を重んじている。クレームをぶつけてくる電話もときどきある。いきなりどなりつけられても、彼女たちは言い返す言とができず、一方的に電話を切ることもできない。叱られてこっそり泣くしかない。泣き終わったらまた次の電話に出なければならない。

24時間連続で電話に出ることは、彼女たちに「後遺症」を残した。家に帰っても電話の着信音が怖くて、それに人としゃべりたくなくなる。「春運のために、しんどいのは当たり前だけれど、旅客たちには私たちの仕事のことを少しは分かってもらいたい」と彼女たちは言う。

2016年2月3日から、「12306」カスタマーサービスサイトのスマホアプリは列車時刻問い合わせサービスを増設する予定だという。旅客はスマホアプリで「私の12306」の中の「定刻・延着の問い合わせ」サービスをタップし、問い合わせの駅名と列車番号を入力すると、その列車が指定された駅に到着する3時間以内の定刻・延着の情報を調べることができる。

中国共産党第18回全国代表大会以降、鉄道部門は国の「インターネット＋」戦略を積極的に貫徹、実行し、輸送の情報化の構築を大いに推進し、「12306」カスタマーサービスサイトの整備を強化し、サービス機能を絶えず改善し、その影響力も日増しに拡大している。ネット切符販売が占める割合は60%を超え、旅客の体験が大いに改善され、顧客満足度が明らかに高まった。

これで、旅客が徹夜で駅の窓口で長い行列に並んで切符を買う光景、ダフ屋行為がはびこる現象は、永遠に過去のものとなった。

旅客流動の大きな影響

安全、便利、スピーディー、快適な高速鉄道は人々の移動の新しい選択肢と

293

「和諧号」動力分散式列車一等席

「和諧号」動力分散式列車二等席

「和諧号」動力分散式列車ビジネスシート

「和諧号」動力分散式列車寝台車

なっている。

中国の動力分散式高速列車は時速300 〜 350キロと、時速200 〜 250キロの二つの速度レベルに分けられている。客車には1等、2等とビジネス車両が設けられており、また長い旅にふさわしい寝台列車もある。ほかの交通機関に比べ中国の高速列車は気候条件や環境に影響されにくく、最低気温マイナス40度、最高気温40度およびさまざまな複雑な気候条件や環境に適応することができる。

米国の『ニューズウィーク』は「中国で行われている鉄道の革命は、長きにわたって領土面積の広さを特色としてきた中国を大いに縮小させ……高速鉄道が変えたのは距離だけでなく、個人の自分の限界性に対する認識をも変え、人々のその暮らしている大陸に対する見方をも変えた」と書いた。

中国という13億の人口の大国に向き合えば、そこに車ができれば客があり、客があれば客は動く。これは動かしようがない事実のようだ。鋭く長い音をたてて走る高速列車は、必ず大きな旅客流動の衝撃波をもたらし、巨大な高速鉄道旅客流動市場を形成する。

数年前、世の中では高速鉄道に対して批判の声が多く上がっていて、旅客流動量の不足はその重要な一因であった。客観的に言って、高速鉄道路線の開通初期あるいはあまり良くない運営時間帯（未明や深夜など）には旅客流動量が低い時間帯が存在していた。ただ全体的に見ると、

高速鉄道の路線が開通した後、一定期間の市場育成を経たり、あるいは市場の育成の必要がなくても、旅客流動量は猛スピードで拡大し、さらには予想を超えるものとなった。

2015年、全国の鉄道は9531キロの新しい路線の運行を始め、そのうち高速鉄道が3306キロだった。鉄道網の規模の絶え間ない拡大、それに加えて鉄道旅客輸送製品の絶え間ない充実および人々に便利で有利な一連の措置の実施は、鉄道旅客輸送量の伸びを大いに推進した。この一年、全国の鉄道の旅客輸送量は延べ25億人を達成し、引き続き良好な増加の勢いを保っている。

2016年「春運」の期間中に京広高速鉄道だけでも毎日327往復の動力分散式列車を運行し、1日当たりの平均輸送力が53万1000人に達した。鉄道の「春運」の全体的な配置において、動力分散式列車が総列車本数の60％以上を占め、「高速鉄道春運」は鉄道「春運」の顕著な特徴となっている。

今日、「春運」のことを再び考えてみると、それが代表しているものはもうつらい思い出ではない。中国の大地の上を行き交っている「和諧号」高速列車は、都市と都市、都市と農村の距離を縮め、相互の感情交流を促進し、東部と西部、南方と北方という時空を変え、人々に楽しい高速鉄道乗車体験と帰郷の喜びをもたらしている。

2016年5月15日、新たに実施する鉄道ダイヤグラムに、鉄道部門は主要な高

速鉄道路線の動力分散式列車の運行の密度をさらに増やし、137
往復の動力分散式列車を増発し、総数は 2118 往復になった。こ
こ数年、数多くの新たに建設された高速鉄道路線が開通するに
つれ、動力分散式列車の旅客輸送市場は急速に拡大され、市
場シェアは 2007 年の 4.3% から 2015 年末の 45.8% に高められ、
動力分散式列車に乗って移動することは多くの旅客の第一選択と
なっている。

　1990 年代から中国は高速鉄道についての技術研究と工事実
践を始め、2015 年末までに中国の「四縦四横」高速鉄道の主

南充駅で小さな旅客
を案内する成都旅客
部の女性車内乗務員

な骨組みがほぼ形成され、長江デルタ、珠江デルタ、環渤海という三大都市群の高速鉄道は連結されて交通網を形成している。高速鉄道は時代の枠組みと中国人の移動手段を変え、人々の空間と距離に対する概念をくつがえし、中国の経済・社会の発展を推し進めている。

現在、全国の高速鉄道網の中で、京滬、京広、滬漢蓉、東南沿海、哈大の五つの幹線はすでに営業を開始し、滬昆（上海と昆明を結ぶ路線）、青太（青島と太原を結ぶ路線）、徐蘭（徐州と蘭州を結ぶ路線）などの三つの幹線も数年以内に開通、運営を始める予定だ。北京から上海、北京から武漢、武漢から広州、上海から武漢までなどの地域の大都市間および北京から天津、上海から南京、広州から深圳までの間は、高速鉄道動力分散式列車の高密度運行が実現し、1000キロ以内なら5時間で到達できる、2000キロ以内なら8時間で到達できる旅客流動吸引圏が形成された。

高速鉄道のネットワーク化運営は、地域と都市間の時空的な距離を大いに縮め、沿線都市の旅客の移動を便利にした。主要な幹線の旅客流動はいずれも急速な増加の動向を呈している。今日、高速鉄道が持つ安全でスピーディーという優位性と快適な乗車環境はますます多くの旅客を引きつけている。「和諧号」列車に乗ると、まるで新しい時空に入ったようで、人々は列車の様子が急に変わったと気づくはずだ。シートは柔らかくて心地よ

いし、車窓が大きくて採光に優れ、視野が広い。全自動恒温空調システムは、車内が終始程よい温度、湿度と新鮮な空気で保たれるように機能している。車両内には車椅子預かりエリア、おむつ交換台、身体障害者用のトイレなども設置されているため、外出が難しくなくなる。乗客たちのほとんどがパソコンをチェックしたり、雑誌を読んだり、休憩をとったりして、うるさかったり大声で騒ぐ人は少ない。人々の姿と風格はスピーディーで快適な列車や行き届いたサービスと共に和やかな景観を形作っている。高速鉄道の精神と文化の立体的な影響は、国民の文化レベルとモラル・素養を直接的または間接的に向上させており、人々の社会モラルに対する認識と実践に知らず知らずのうちに感化を与えていて、社会の良好な気風の形成を促進している。

高速鉄道は都市を若返らせて、農村に元気を与え、中国人の生活を変えている。今日の「和諧号」動力分散式列車はすでに現代生活を代表するシンボル的な存在となっている。

世界銀行のレポート研究報告によると、高速鉄道による新規誘発旅客流動量は高速鉄道旅客流動量の50%以上を占めているという。このデータの重要な意義は、世の中でかつて激論されていた「被高鉄」という言い方が決して客観的でも、正確でもないことを物語っていることだ。高速鉄道の旅客流動の一部は従来の鉄道から移ってきたものであるが、しかしそれは

主流ではなく、より多くは新規の旅客である。高速鉄道の誕生は移動の需要を生み出し、もともと押さえつけられていた移動の需要が、高速鉄道の誕生によって解放されたのだ。これは高速鉄道が移動の需要、内需の拡大、経済発展を促進した証である。

京津都市間鉄道の場合、2008年以前、北京と天津の間の普通列車の旅客流動量は毎年延べ約800万人であったが、高速鉄道の開通後になると、旅客流動は年々大幅に増加し、2015年には延べ2887万人に達した。これに基づけば、現在の旅客流動の需要のうち、毎年延べ約2000万人は自家用車から移ってきた乗客あるいは新規の乗客だということになる。控えめな推定でも、京津都市間鉄道の新規旅客の割合は65％以上となっている。

毎年の旅客輸送の重要な時期は、すでに鉄道旅客輸送量のゴールデンタイムとなっている。高速鉄道の旅客輸送の市場シェアは日増しに増え、エンジンとしての効果がますます著しくなっている。2015年9月30日、全国の鉄道の動力分散式列車の旅客輸送量は延べ480万9000人に達し、動力分散式列車の一日の旅客輸送の最高を記録した。10月1日、全国の鉄道は延べ1253万7000人を輸送し、鉄道の一日の旅客輸送の最高を記録した。この年の「春運」、夏休み輸送、三連休や国慶節のゴールデンウイークの期間中に、鉄道旅客輸送の総量、ピークの日の旅客輸送量はいずれも史上最高を更新すること

になり、前年同期比で大幅な増加を実現した。言うまでもなく、こうした巨大な旅客流動の多くは、高速鉄道のスピーディーさ、便利さがもたらしたものである。高速鉄道の便利さが、多くの人を気の向くままに移動するようにさせ、それが数多くの新規旅客流動となったのだ。

旅客は駅に着いたらすぐ出発することができ、切符購入は便利で簡単であり、待合室は温かくて心地よく、旅は快適で楽しい。高速鉄道時代の旅行は簡単で気持ちの良いものになっていて、まったく新しい現代的な交通スタイルが急速に確立されている。

観光は人々の質の高い生活に対する普遍的な追求である。高速鉄道時代の到来に伴い、人々の活動の範囲は急速に拡大し、自然風景、文化遺産、現代文明のすべてが人々の視野に入ってきた。「高速鉄道旅行」が時運に応じて現れており、さらには「朝は広州でヤムチャをとり、昼は岳麓山（湖南省）に登り、夕方には黄鶴楼（湖北省）に遊ぶ」「午前中は泡饃（細かくちぎってほぐした蒸しパンに熱いスープをかけてふやかした食べ物、陝西省名物）を食べ、午後は少林寺（河南省）を訪れる」ような自由な暮らしが実現した。

新規の旅客流動は、今日の人々の移動がより自由で、より気ままなものになったことを物語っている。現在の状況から見れば、人々はますます観光が好きになり、観光市場の規模も拡大しつつあ

り、移動の便利さが人々の外出の回数を増やしている。高速鉄道ができて、人々にはもう一つ移動手段が増え、外出、観光、帰省は普通のことになった。これは高速鉄道旅客流動市場に輝かしい将来性をもたらし、より大きな経済効果をもたらすに違いない。多くの新規建設された高速鉄道の相次ぐ運営開始につれ、高速鉄道網が巨大な輸送のエネルギーを解き放ち、旅客輸送量が倍増ひいては何倍にも増える。これも動かしようがない事実である。

京滬高速鉄道は中国の高速鉄道の模範として、典型的なデモンストレーション効果を発揮している。この高速鉄道は 2011 年 6 月 30 日に運営を開始して以降、旅客が年々大幅に増加し、2014 年の開通 3 周年の際には黒字を実現した。2015 年、京滬高速鉄道は延べ 1 億 2200 万人を輸送し、旅客流動のピークの日に輸送した旅客は 48 万 9000 人に達し、乗車率は 94% であった。

2015 年 12 月 31 日時点で、京滬高速鉄道は累計 36 万 7556 本の動力分散式高速列車を運行し、一日平均では 223 本で、累計で延べ 4 億 200 万人を輸送し、一日平均では延べ 24 万 4000 人を輸送した。京滬高速鉄道は沿線の人々に安全、便利、快適な移動環境をつくり、旅客輸送量は開通年当時の一日平均延べ 13 万 2000 人から 2015 年の一日平均延べ 33 万 5000 人に増えた。ビッグデータが示しているように、2015 年末までに、京滬高

速鉄道、武広高速鉄道、京津都市間鉄道、滬寧都市間鉄道、胶済（青島と済南を結ぶ路線）旅客専用線、滬杭旅客専用線など 12 社の高速鉄道公司が黒字を実現した。

高速鉄道の沿線都市はこの勢いに乗って、観光資源を一生懸命アピールし、高速鉄道効果をうまく利用している。鉄道部門は絶えず高速鉄道観光商品の研究開発に力をいれ、「高速鉄道個人観光、高速鉄道団体観光、高速鉄道テーマ観光」および「高速鉄道＋レンタカー＋ホテル、高速鉄道＋観光地」などを主な内容として、鉄道観光と旅客輸送との組み合わせを推し進め、鉄道の特徴のある高速鉄道観光のシリーズ商品を絶えず充実させている。

2015 年 7 月 1 日、合肥と福州を結ぶ高速鉄道が開通した。その沿線には黄山、婺源、三清山、武夷山など数多くの景勝地があり、「最も美しい高速鉄道路線」と呼ばれている。「景色が美しすぎる。行ってみたい！」という言葉が一時期ネットの流行語になった。黄山市はこの機に乗じて八つの高速鉄道観光の選りすぐりのコースを打ち出し、高速鉄道に乗って黄山を観光する一連の優遇政策を実施し、市場を活性化させ、観光客にも恩恵が及んだ。その年の大学入試受験生、全日制大学の学部学生、60 歳から 70 歳までの高齢者などの個人客には、黄山市すべての景勝地の入場料金が半額になるなどの優遇があった。高速鉄道は旅客

の大人気を呼び、景勝地も旅行客であふれた。

高速鉄道の開通は、貨客分離に可能性を与え、在来線の余力を増やし、輸送の生産性を大いに高めた。膠済高速鉄道の開通後、在来線の膠済鉄道の貨物列車のダイヤは 11 往復増加され、年間貨物輸送力が 2920 万トン増えた。京津都市間鉄道の開通後、小京山線の貨物列車のダイヤが 4 往復増加され、年間貨物輸送力が 1095 万トン増えた。武広高速鉄道の開通後、在来の京広鉄道の武広区間のダイヤの貨物列車は 33 往復増加し、年間貨物輸送力が 8760 万トン増えた。鄭西（鄭州と西安を結ぶ路線）高速鉄道の開通後、在来線の貨物列車が 5 往復増え、年間貨物輸送力は 1460 万トン増えた。滬寧都市間鉄道の開通後、在来線は貨物列車を 32 往復増やし、年間貨物輸送力は 8395 万トン増えた。この五つの高速鉄道が解放した在来線の貨物輸送力だけでも、毎年合計 2 億 3000 万トンに達している。

これと同時に、全国の鉄道の 28 の地域循環列車はダイヤの連続性を実現し、大量貨物の快速輸送をする直通列車の数量を増加させた。西南、華北、華中、長江経済ベルトなどの地域では貨物輸送販売連動を実施し、鉄道局の管内の優位性を地域の優位性に拡大し、国際複合一貫輸送、鉄道と水上の複合一貫輸送、貨物の快速輸送、特色のある物流など多方面の建設と発展を促進し、物流一括請負輸送

量は急速な増加を実現した。2015 年、国家鉄道はコンテナヤードを 283 カ所増設し、鉄道の小口の貨物輸送量は前年同期比で 18.7% 伸び、コンテナの輸送量は前年同期比で 20.2% 伸びた。中国とヨーロッパを結ぶ国際定期貨物列車「中欧班列」を 1 年間に 815 本運行し、前年同期比で 165% 増えた。特別需要を満たすための貨物列車を 2820 回手配して運行した。

鉄道貨物輸送力の向上は、市場の輸送需要を満たし、重点物資の輸送を保障し、中国の成長促進、民生政策・措置の順調な実施を確保し、国民経済の持続的で健全な発展のために効果的なサポートを提供する。「四縦四横」高速鉄道網がすべて完成し、主要な幹線のすべてが客貨分離を実現するにつれ、高速鉄道の経済の持続的成長を保証する長期的な効果はますます明らかになるだろう。

ここ数年、世界銀行は一連の報告書を作成し、中国の高速鉄道プロジェクトの経済に与える影響を高く評価している。2015 年の初め、世界銀行の報告書では、「中国は世界最大の高速鉄道網を擁し、さらに引き続き拡大を続けている。今後 20 年、高速鉄道の旅客輸送量は引き続き急速な増加を続けていくだろう」と評価した。

3 全面的な熟成へ向かう

　2015年の秋、中国工程院院士で元の鉄道部部長の傅志寰氏は数人の鉄道専門家と一緒に、高速鉄道に乗って武漢、株洲、深圳、温州、戚墅堰、南京などに対して総距離5000キロ余りの視察を行った。高速鉄道の安全性、スピーディーさ、快適さおよび中国の高速鉄道が遂げた一連の巨大な成果は、新中国の鉄道建設に一生の精力をささげたこれらの鉄道人を心から喜ばせ、感慨無量の思いにさせた。

　専門家たちは思った。中国は世界の高速鉄道の先進技術の発展の新しいすう勢に照準を合せ、自国の高速鉄道の建設と運営の実際の需要と結び付け、企業の革新主体としての役割を十分に発揮させ、コア技術の難関突破を図り、一連の技術革新の成果を収め、コア技術において新たな飛躍的進展を得た。中国高速鉄道全体の技術レベルはすでに世界の先進レベルにランクされ、一部の技術成果は世界のトップレベルに達した。中国はすでに異なる気候と複雑な地質条件の下での高速鉄道の軌道技術を確立し、また線路、橋と暗渠の建設は世界一流のレベルに達した。けん引給電、動力分散式列車、通信信号などの研究・開発、製造と運営・保守技術を把握し、高速列車、通信信号技術は世界のトップグループに入った。中国基準の高速鉄道技術総合システムを形成し、中国の高速鉄道技術は全面的な熟成に向かっている。

夜間に高速で走る動力
分散式列車

インテリジェント化された高速鉄道

　2014 年 8 月 22 日、李克強総理はわざわざ中国鉄路総公司を
視察した。

　李克強総理は世界最大の国家レベルの鉄道運行管理指揮セン
ターに入った。目の前の半円形ホールの円弧形の壁には巨大
なスクリーンがあり、これを通じてすべての鉄道ルートのリアルタイ
ムの監視画像、各路線の列車ダイヤおよび鉄道の旅客・貨物輸
送の関係データ・情報をチェックすることができる。

　このスクリーンの前には順番に当番処長席、車両運行管理席、
貨物輸送管理席、機関車運行管理席、高速鉄道運行管理席、
動力分散式列車運行管理席、荷物・小包管理席などが並べられ
ている。車両運行管理席は、この指揮センターホールの中核とな
る席である。

　盛光祖中国鉄路総公司総経理は李克強総理に「鉄道管理体
制の改革後、中国鉄路総公司は鉄道輸送を統一的に管理、指
揮し、鉄道全線の集中統一管理を実行し、鉄道運営の秩序と安

全を確保し、重要な輸送任務の達成を確
保し、運営・管理のレベルを絶えず高め、
人民大衆のために安全で、便利な、上質
のサービスを提供しています」と報告した。

　盛光祖総経理の報告に伴い、巨大なス
クリーン上には、南京南駅の切符売り場、
上海虹橋駅の待合ロビーのリアルタイムの
監視画面が表示され、駅は秩序が整然と
保たれていた。青蔵鉄道（青海とチベット
を結ぶ路線）のチュマル（楚瑪爾）河大
橋の上空には小雪が舞い落ちており、京
滬高速鉄道の線路では高速列車が飛ぶよ
うに走っている……

　李克強総理は喜んで次のように語った。
「中国鉄道特に高速鉄道の急速な発展は、
経済成長を推進し、大衆の移動を大いに
便利にしている。安全第一、顧客至上を
堅持し、競争力と公益性の両方に配慮し、
科学的に管理し、輸送力を効率良く利用
し、貨物と旅客の輸送に滞りがなくなるよう
確保しなければならない」

　科学技術レベルが極めて高いこの管理
指揮センターは、全国の鉄道輸送の秩序
管理と指令をする「中枢神経」で、全国
の鉄道の輸送の安全に直接関わっており、
中国鉄道がインテリジェント化された鉄道を
つくり上げるための傑作でもある。

　中国共産党第18回全国代表大会以
来、中国鉄路総公司党グループは革新駆
動戦略を全力で実施し、世界の鉄道技術
の発展の新たなすう勢に照準を合わせて、
情報化の全体計画を全面的に実施し、企
業レベルの情報システムと統合情報集成

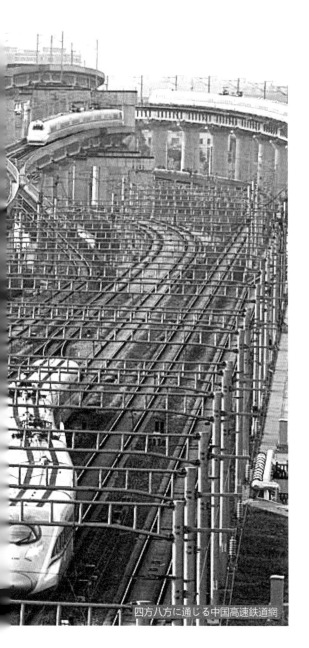

四方八方に通じる中国高速鉄道網

プラットフォームを構築し、輸送生産、経営管理、総合管理などの情報システムの統合を推進し、情報の孤島を取り除き、コネクティビティー、情報共有を実現し、開発・応用の機能を拡大している。数年の努力を経て、中国高速鉄道のインテリジェント化レベルは確かな歩みを踏み出し、高速鉄道の安全保障技術は世界のトップレベルに達している。

科学技術部が公布した『高速列車の科学技術発展「第12次5カ年計画」特別計画』では「第12次5カ年計画」期間中の、中国の高速列車の科学技術発展の八つの目標が提起され、それには、「高速鉄道の体系的安全保障技術の向上」「列車のスピードアップ」、および「高速列車の系統化とインテリジェント化」の実現などが含まれていて、それによって、中国高速鉄道のインテリジェント化の発展方向を描き出している。専門家は、中国高速鉄道のインテリジェント化システムには主に列車制御システム、運行管理・指揮システム、給電電力システムと情報システムなどが含まれるとみている。

列車制御システム――

列車制御システムは、軌道技術、動力分散式列車技術と共に高速鉄道の最も肝心な三つのコア技術であり、高速鉄道の運行パフォーマンスを決定する「如意棒」だと称せられる。列車制御システムは信号技術を運用して列車を制御し、列車の運行を指揮するもので、高速鉄道の「大脳」

であり「中枢神経」である。

高速列車の運行速度では、人の目と人間の運転によって運行の安全を保証することはできない。列車の時速が160キロを超える場合、列車運行制御システムを備え付けなければならず、それによって、列車の間隔とスピードに対する自動制御を実現し、輸送効率を高め、運行の安全を保証する。

中国の鉄道は先進的な列車制御技術を採用し、異なる速度レベルの動力分散式列車の同一線路上での運行と在来線乗り入れ運行を実現した。

中国鉄道技術基準は、時速300キロおよびそれ以上の路線ではCTCS－3級列車制御システムを採用すると規定している。このシステムはGSM-R無線通信によって、列車と地面の情報双方向伝送を実現し、無線閉塞センター（RBC）で運行許可を行い、軌道回路で列車占用の検査を実現し、トランスポンダで列車の位置測定を実現し、それによって列車の高速で安全な運行を確保する。

CTCS－3級列車の運行制御システムには二つの重要設備がある。一つは地上、もう一つは列車に設置される。地上のは無線閉塞センターシステムと言い、列車の運行と停止を指令する。列車上の設備は自動列車防護システム（ATP）と言い、列車の速度にに対して連続した途切れることのない監視を行い、速度超過に対する防護を実現する。

中国鉄路通信信号股份有限公司の周

志亮董事長は「CTCS－3は高速列車の最高時速350キロ以上で、最短運行間隔3分間という運営を完全に実現している」と言う。

早くも2007年、第6回鉄道大規模スピードアップの際、中国鉄路通信信号が独自開発したC2級の列車制御システムは、6大幹線の動力分散式列車の時速250キロの列車制御需要を満たした。その後、武広高速鉄道C3難関攻略において、中国鉄路通信信号はC2をベースにして、世界一流の企業の参加を呼び込み、「自らを主とする、共同開発」を行い、RBCとATPという二つのコア技術の重大な突破を実現し、アルストム、シーメンスなどの老舗外資企業を越えた。

中国鉄路総公司電務部高速鉄道信号処の莫志松処長は、中国の高速鉄道列車制御システムはすでに世界の先頭に立っていると認識している。「ここ2年来の電気システムの故障と製品品質の統計によれば、中国鉄路通信信号製の列車制御システムとインターロックの故障はとても少なく、信号製品の品質は大きく向上した。事実が証明しているように、中国鉄路通信信号の設計院、製造と施工部門は国外の会社よりもよくやった」

現在、中国鉄路通信信号はすでに中国鉄路総公司の海外進出産業連盟に加入し、アルゼンチン、パキスタン、ウズベキスタン、エチオピア、ベトナム、アンゴラなどの国の市場を強化し、その基礎の上で、中東、アジア太平洋、アメリカ大陸、アフリカとヨーロッパに徐々に進出している。

運行管理・指揮システム――

列車の運行制御システム、運行指揮システム、コンピューター連動システム、電気集中観測システム、信号電源システムの同時確立に伴い、中国の高速鉄道は信号、通信、コンピューター、データ伝送、マルチメディア技術を一体化した開放的で集中的で透明な運送管理・指揮システムを確立し、「運行管理集中制御システム」の安全制御を実現し、運行管理・指揮の安全、円滑と高効率を保証した。

現在、中国の高速鉄道はTDCS（鉄道全線をカバーする運行管理・指揮システム）をプラットフォームとし、鉄道輸送の運行管理・指揮管理モデルの変革を全面的に推進し、輸送効率を高め、安全運行を保証し、人員削減・効率アップという目標を実現した。

DMIS（運行管理・指揮情報システム）プロジェクトの実施は鉄道信号システム全体のネットワーク化、インテリジェント化への発展を促進し、運行管理・指揮の方法、運行制御技術と信号技術設備機能における中国の鉄道信号の立ち後れていた姿を根本的に変えた。

中国の高速鉄道運行管理・指揮が採用したCTCシステム、すなわち列車の運転指令員が区間内の信号設備を集中的に制御するシステムは、列車の運転を直接指揮し管理する。列車の進路と入替進路を制御し、列車運行を監視し、列車番号

高速鉄道の安全で安定した給電を確保する強大な電力システム

を自動的に追跡し、列車の運行計画を調整し、また列車制御・速度制限設置などの機能を備えている。中国高速鉄道CTCシステムは、ドイツのシーメンス、フランスのアルストムなどの先進技術を導入、消化し、中国の高速鉄道路線の実際の情況と結び付け、「自らが用い、自らが所有する」運行管理・指揮システムを形成した。

中国の高速鉄道はGSM－R（グローバルデータ移動通信システム）とCIR（機関車総合無線通信装置）を採用し、列車番号伝送、運転指令伝送、列車制御データ伝送、列車地上通信、緊急指揮通信などの機能を実現し、それによって高速鉄道の安全で、安定し、高効率で、快適な運行を保障する。

給電、電力SCADAシステム——

中国の高速鉄道はけん引給電と電力においてはSCADA（データ収集および監視・制御）システムを採用しており、それは運行管理センター内において遠方で分散状態にある生産過程に対してデータの収集、監視および制御を行うシステムであり、それによって、電力の供給システムおよびけん引給電システムの運行状態に対する監視および遠隔制御を実現できる。電力システムの中で、SCADAシステムは最も広く利用され、その技術の発展も最も成熟したものである。それはエネルギー管理システム（EMSシステム）における最も重要なサブシステムで、情報に欠落がなく、効率を高め、システムの運行状態を正しく把握

し、意思決定を速め、システムの障害状態を迅速に判断するのを助けるなどの優位性を持ち、現在ではすでに電力指令における不可欠な手段になっている。

消化、吸収と独自の研究・開発を通じて、中国の高速鉄道は高速けん引給電技術の革新を成功裏に行い、独自の知的財産権を持つ時速350キロ以上の列車のけん引給電技術のプラットフォームを構築し絶えず最適化し、数十項目の重要な研究成果を得た。中国高速鉄道けん引給電システムは高密度の列車運行と大電流の衝撃の試練に耐え、給電用架線のハードスポット無し、無高低差、オフライン無しを実現し、国内でも世界でも最も安定し、品質が最も良いけん引給電システムである。国産の「300キロ超細繊維強化型銅・マグネシウム合金架線」は、時速300キロおよびそれ以上の高速鉄道の給電技術の要求を満たすことができ、国内の空白を埋め、かつ世界のトップレベルに達した。

その他の情報システム——

高速鉄道のその他の情報システムには、旅客輸送サービスシステム、総合指令システム、防災安全監視・制御システムなどがある。そのうち、旅客輸送サービスシステムには発券業務システム、旅客サービスシステム、オフィスオートメーションシステム、公安管理情報システム、補助施設・鉄道建設プロジェクト管理情報システムが含まれる。「12306」カスタマーサービスサイトをはじめとする、中国高速鉄道旅客輸送

サービス情報システムは世界のトップレベルになっている。中国高速鉄道の自然災害防護と監視システムは、高速鉄道沿線の風、雨、雪、地震および異物侵入などに対してのリアルタイム監視測定と警告喚起を行い、列車の運行安全を確保している。

潘陽鉄道の公安部門はコンピューターのネット伝送、赤外線ビデオ監視および衛星測位巡回検査など最前線の科学技術によって、沿線の特大橋、「4 電（通信、信号、電力、電気化）」機室、救命通路、低橋脚と複雑区間において、赤外線ビデオ監視、警報システムを設置し、線路の治安状況に対して 24 時間のリアルタイム監視を行い、リアルタイム監視・警報、データ分析、管理・指揮と職員評価を一体化した情報化高速鉄道治安予防・制御システムを形成し、高速鉄道のスピードアップと安全運営に強力な保証を提供した。管轄区間は高速鉄道の安全を脅かす治安問題を根絶した。

専門家の説明によれば、高速鉄道の建設は通常おおざっぱに「駅前工事」（例えば路床、橋・暗渠、トンネル、軌道建設など）および「駅後工事」（例えば「4電」、情報化・デジタル化システムの建設）に分けられる。「駅前工事」は高速鉄道の総投資の 6 割以上を占めるが、高速鉄道が従来の鉄道と区別されるキーポイントの一つはその高度な情報化とデジタル化である。総投資に占めるインテリジェント化建設の比率は高くない（およそ 6%〜8%ぐらい）が、システム全体の安全で効果的な運営、管理およびサービスに対して極めて重要な役割を果たしている。

京滬高速鉄道をはじめとする中国高速鉄道は、通信、信号、けん引給電システムにおいて、システム統合革新を堅持し、中国の旅客輸送専用鉄道のシステム統合の基準と要求をつくった。運行全体の過程で、既存の各種の情報化システムに対してより高いレベルの統合と最適化を実現した。コンピューターテクノロジー、情報処理技術、地理情報技術、データ通信技術などの応用によるデータの採集、伝送をし、鉄道輸送環境からの各種の情報を共有し、また上述の情報に基づき人間が意思決定と制御を行う。

中国高速鉄道のインテリジェント化建設は、情報技術と業務応用の深い融合を堅持し、モノのインターネット、クラウドコンピューティングとビッグデータ分析技術を駆使し、設備状態、安全生産、市場管理などのデータ情報に対しての分析を強化し、設備状態、安全生産、マーケティングなどのデータ情報に対しての分析を高め、鉄道情報化の運用レベルを高める。サイバーセキュリティー管理と情報システムの運行保守の強化を通じて、インターネット利用に関する特別管理を展開し、鉄道情報システムの安全と安定を確保し、高速鉄道の安全な運営を確保している。

中国の「高速鉄道チップ」

早くも 2013 年の年初、当時の盛光祖

鉄道部部長は全国鉄道科学技術工作会議で次のように強く指摘した。技術を導入・消化し、既存の高速鉄道技術を完全なものにした上で、コア技術の研究・開発を強化し、高速鉄道の建設、通信信号、けん引給電、高速列車、保守・修繕などのコア技術の革新を推進し、中国高速鉄道の急速な発展の需要を満足させる必要がある。

ここ数年来、高速鉄道のコア技術の革新と国産化は、ずっと中国の鉄道人の追求する目標であった。

2014年4月21日、『人民日報』は次のように報道した。中国南車株洲基地に建造された国内で最初の8インチIGBT（絶縁ゲートバイポーラトランジスタ）チップ生産ラインが、先日、専門家の審査に合格し、6月に正式に生産を開始する。これは中国が海外の技術の独占を打ち破り、高速列車のコア技術を把握し、中国の高速鉄道が「中国製チップ」を用いることになることを意味している。中国南車で製造された高速列車が独自に開発したチップを採用し、試験で600キロ以上の時速で走った。中国南車はこれにより、チップ技術の研究・開発、モジュールのパッケージテストと系統的応用を全面的に把握した国内唯一の企業になり、世界の先進レベルに登った。

同年の11月25日、「中国製」のけん引電力駆動システムとネットワーク制御システムを搭載したCRH5A型動力分散式列車は、「5000キロの本線試験」の最終段

時速350キロの中国基準動力分散式列車組立完了

階に入った。発進、加速、コーナリング
……その姿は力強くてたくましく安定して
いた。地面に貼り付いて飛行するこの「巨
大な竜」は中国の高速鉄道にとって非常
に大きな意味を持っていた。それは国内
で初めてけん引電力駆動システムとネット
ワーク制御システムを完全に独自で造り上
げるのを実現した高速動力分散式列車で
あり、中国高速鉄道列車のコア技術が重
大な突破を実現したことを表していた。

専門家によれば、「高速鉄道のチップ」
と「高速鉄道の脳」は高速列車の二つの
コア技術である。「高速鉄道の脳」は高速
列車のネットワーク制御システムであり、列
車の一挙一動を決定、指揮する。「高速
鉄道のチップ」は高速列車のけん引電力
駆動システムであり、人間の心臓のような
ものである。心臓の主な機能は圧力を与
えて、血液を体の各部位に運行させること
だ。「高速鉄道のチップ」は頻度が高い
バルブ装置であり、開閉の頻度は毎秒数
千回にも達する。その機能は、弱電によっ
て強電を制御し、変換の役割を持ち、電
流の大きさおよび有無を迅速自在に変え、
列車の動力源の正常な供給を保障する。
チップは製造の精緻度の要求が極めて高
い。けん引電力駆動システムとネットワーク
制御システムは高速鉄道列車の最も中核
的な部分であり、この二つのコア技術の独
自研究・開発を実現することができるかど
うかが高速鉄道列車製造企業が中核的創
造能力を持っているかどうかを評価する根
本的な指標である。

早くも元の鉄道部の時期に、「動力分
散式列車中核的技術自主革新深化研究
プロジェクト」という重要な課題を設けてい
た。これまでに、中国はすでにチップの設
計、生産、パッケージおよび応用の全段
階技術を習得し、都市間鉄道、高出力の
「和諧」シリーズの機関車および風力発電
機、電気自動車に成功裏に大量に実用
化していた。中国の「高速鉄道のチップ」
はまず CRH380A 動力分散式列車で突破
を果たし、列車制御システムとけん引電力
変換システムの国産化においていずれも
重要な成果を収めた。2014年末の段階で、
CRH380A 動力分散式列車はすでに累計
して約1億9000万キロ運行し、百万キロ
当たりの故障率は0.5回にもならず、1.3
回の国際的通用指標よりもはるかに低かっ
た。ここから、中国の高速鉄道はソフトウェ
アのコア技術の習得において確実な歩み
を踏み出した。

CRH5A型の動力分散式列車のけん引
電力駆動システムとネットワーク制御システ
ムは、自主革新の課題の重要な構成部分
である。2014年4月3日、完全に国産
化された CRH5 型動力分散式列車けん引
電力駆動システムは中国鉄路総公司が手
配した業界専門家のレビューに合格した。
同年の10月22日、完全に国産化された
CRH5 型動力分散式列車のネットワーク制
御システムも中国鉄路総公司が手配した
技術レビューに合格し、量産搭載の許可
を得て、国内で初めて量産搭載を許可さ
れた動力分散式列車のネットワーク制御シ

ステムとなった。

2015 年 1 月 27 日、CRH5A 型動力分散式列車は哈大高速鉄道で「30 万キロ本線運営審査」の試験を行い、成功を収めた。これによって、中国製のけん引電力駆動システムとネットワーク制御システムは、「高速鉄道のチップ」など多くのコア技術で突破を実現したことを示した。

中国中車の関係責任者の説明によれば、CRH5A 型動力分散式列車の「高速鉄道のチップ」の核心的な機能の一つは、すなわち「即時対応」能力を備えていることで、運行中の列車がその身を置いている永遠に変化し続ける外部環境および内部環境に対して極めて速くかつ的確に反応することを要求し、同時に外部の絶えず変化しているデータを収集し「大脳」にフィードバックし、大脳はまた判断を行い、列車を指揮する。しかし、このような分析、判断と指揮の間隔は普通はマイクロ秒（0.001 秒）、ナノ秒（0.000001 秒）単位で超高速の反応を行わなければならない。もしこの機能を本当に実現したければ、さらに計算能力とビッグデータ処理能力を備えたスーパーソフトウェアの制御システムを編成しなければならない。

同様に、高速列車の走行スピードは非常に速く、もし列車を最短時間で加速させ、時速を 250 キロに達させると同時に旅客に最大の快適感を得るようにさせるには、けん引電力駆動システムとネットワーク制御システムがいつでも優秀に、最高加速度と最快適乗り心地の最良ティッピングポイント

をとらえなければならず、それには適切なプログラムを研究・開発する必要がある。

2014 年 1 月 16 日、青島四方機車車両股份有限公司の高速列車システム統合国家プロジェクト実験室の試験台上で、シルバーグレーの超速試験列車が現在の高速鉄道の倍のスピードの時速 605 キロの試験速度をつくった。時速が 605 キロに上がった時、試験をすぐに停止させることなく、そのスピードを 10 分間保たせたが、それは地上で 100.8 キロメートル走ったことに相当した。

試験に参加した高級主任デザイナーの李兵氏は次のように語った。時速 605 キロは試験台上での数値であり、線路上で走ったデータではなく、実際の線路での試験にはまだ一連の審査が必要だ。そうだとしても、「さらに高速度の試験列車」と命名されたこの列車は、高速鉄道のコア技術の中国化のために道を開いた。

「空気力学における列車と空気の相互作用の角度からみれば、高速列車は地面の列車に対する強い妨害を考えるばかりでなく、高速運行状態の下での気流の妨害も考えなければならない。ボーイング 737 の巡航抵抗係数は 0.028 ぐらいであり、6 両編成の試験列車全体の抵抗係数は 0.48 ぐらいになる。だから速度がより速い高速列車は飛行機が空で巡航するときの技術的難点よりももっと複雑である」と、中国科学院力学所の楊国偉研究員は語る。

楊国偉氏は遷音速非線形のエア駆動弾性研究を起こし、中国の高速鉄道と大

型旅客機の研究開発のために空気力学とエア駆動弾性の技術的な支えを提供した。ある意味から言えば、これも高価値の「高速鉄道のチップ」である。

2007年、フランスのTGVは「世界最速」をつくり、ドイツの磁気浮上式リニアモーターカーが市場を奪おうとする挑戦に対抗し譲らなかった。フランスは570キロ余りの時速を出し、世界の各国に、フランスの技術は実行できるという明確なシグナルを送った。世界に向かう中国の高速鉄道の歩みもスピードアップしており、高速が依然として発展のすう勢であることを表している。時速500キロ以上の超高速列車の技術を模索することは、一つの重要な自主革新、先行研究であると同時に、また国際市場を開拓する技術の蓄積でもある。

高速動力分散式列車のコア部品の自主革新を実現することは中国の高速鉄道産業の戦略的選択であることは疑いない。確固として中国の高速鉄道を発展させ、中国の高速鉄道の「対外展開」戦略を実施するには、コア部品の自主革新の能力を備えてはじめて、国際競争において主導的地位を占めることができる。

中国基準動力分散式列車

2014年1月9日、中国鉄路総公司の活動会議で、党グループ書記、総経理の盛光祖氏は、高速鉄道のコア技術の全面的国産化を加速し、中国基準の動力分散式列車の研究開発を推進し、年内に設計

と重要部品の研究・開発を完成するように努め、2年間ぐらいで中国基準の動力分散式列車の研究開発を完了させると宣言した。

早くも2012年5月1日に、当時の鉄道部部長であった盛光祖氏は、中国動力分散式列車技術の一連の基準を急いで研究し、メーカーの製造、研究・開発を支援、指導し、導入後の吸収、消化と再革新を推進し、中国基準系列の動力分散式列車をできるだけ早く製造する、と指示を与えた。

中国工程院院士で、著名な鉄道機関車車両専門家の傅志寰氏は、中国鉄路総公司が提起した「中国基準動力分散式列車」の研究開発は、中国の高速鉄道の発展を推進し、根本的な飛躍を実現させることにとって重要な意味を持っている、と考えた。われわれは次のいくつかの面から認識することができる。第1に、コア技術と基幹部品は他人に束縛されてはならない。いわゆる「日系」の動力分散式列車であれ、「ヨーロッパ系」の動力分散式列車であれ、外国側はボギー台車、ネットワーク制御、電力変換装置、空気ブレーキなどの肝心なハードウエアと関連のソフトウェアに対しては、すべて独占し、移転することを拒む。第2には、動力分散式列車の導入する種類が多すぎると、基準もさまざまになる。製造にとって不利であるだけでなく、また鉄道の運営にも多くの面倒をもたらす。多種の型式の動力分散式列車は、連結器の構造と高さがさまざまで、

電気制御モードも異なり、それぞれは連結できず、重連運転もできない。車両の車体の幅がそれぞれ異なり、プラットフォームの設計に問題をもたらす。第 3 に、導入は代価が高すぎる。導入の種類が多くなれば、支払う特許料も多くなる。輸入するコア部品の値決め主導権は相手側にあり、往々にして非常に高価であり、それによって、購入と修理維持の費用も大幅に増える。

世界の先進技術の力を借りて、中国の高速鉄道の設備製造は比較的短い期間に大きな飛躍を実現し、すでに四つの技術プラットフォームの 17 種の型式の動力分散式列車を持っている。しかし、多種類の動力分散式列車は旅客とのインターフェース、操作のインターフェース、制御モード、メンテナンスのインターフェースなどでは、すべて自ら体系を成しており、それぞれが勝手な動きをとっていて、相互利用ができず、相互救援ができず、運営管理、保守維持管理およびコストに多くの不便をもたらした。同時に、外国側の「非独占的かつ移転不能な技術の許可」「中国国内でのみ使用する」などの制限条件も、中国の高速鉄道が国際市場競争に参与することをひどく制約した。

中国中車集団によれば、ここ数年、導入、消化、再革新の過程において、中国はずっと動力分散式列車の国産化を推進し、絶えず列車の外形構造、内在システム、例えばネットワーク制御システム、けん引制御システム、ブレーキシステムなど

に対して力強い模索を行っている。現在、ネットワーク制御システムは完全に中国独自のもので、けん引システム、ブレーキシステムの一部も自らのものである。

北京高速列車検査整備基地の関係者は次のように話した。中国中車は異なる技術プラットフォームの導入を通じて、CRH1 から CRH5 に至る多数の動力分散式列車を開発したが、型式の種類が多く、また採用した技術パラメータもさまざまで、メンテナンスに多くの不便をもたらした。各車両の長さおよび軸間距離などがすべて異なり、動力分散式列車の車体上げの技術はずっと点検修理の難点だった。もし基準が統一された後、部品が統一されたら、メンテナンスの難度は相応に下がり、メンテナンスのコストも低くなってくるだろう。

2013 年 6 月、中国鉄路総公司は「中国基準動力分散式列車」研究開発の準備作業の始動を主導し、「高速動力分散式列車基幹技術自主革新深化研究」の系統的重大課題を確立し、またそれによって完全に独自の動力分散式列車技術プラットフォームを構築した。技術条件によって編成、デザインし、サンプル車の試作、試験・検証と運行審査の三つの段階に分けて推進することを決めた。

「時速 350 キロの中国基準動力分散式列車プロジェクト」はこれまでの中国鉄道史上、最高レベルの単独科学研究プロジェクトであり、盛光祖中国鉄路総公司総経理がグループリーダーに、盧春房副総経理がサブグループリーダーに、中国工

程院院士、機関車車両専門家の傅志寰氏が顧問に任命された。

このプロジェクトは「第12次5カ年計画」の国家戦略的新興産業発展計画に組み入れられ、国家発展・改革委員会は特定資金を手配して支持した。中国の25の一流大学、11の科学技術研究機関、51の国家実験室と工程センターからの68人の院士、600人余りの教授レベル高級エンジニア、200人余りの研究員と1万人以上のエンジニアが共に「中国基準動力分散式列車プロジェクト」の研究開発・革新に参与し、優位な力を集め、産学官が緊密に結合し、協力して革新する態勢を形成した。

動力分散式列車の設計・製造を受け持った長春軌道客車股份有限公司と青島四方機車車両股份有限公司は、「中国基準動力分散式列車」の技術条件をよりどころにして、動力分散式列車のトップレベル技術指標の分解を行い、トップダウンで各サブシステムの機能規範を制定し、関係技術案の設計を展開し、列車と車両の全体配置、各サブシステムの技術パラメータの整合と関係構造の設計、動力分散式列車の空気力学のシミュレーション、車両動力学性能のシミュレーション、動力分散式列車の曲線通過能力のシミュレーションの分析、けん引・ブレーキ特性のシミュレーション、アルミニウム合金の車体とボギー台車の信頼性分析などの設計検証と校正計算を完了した。車体のアセンブリ、ボギー台車からけん引システム、ネットワーク制御システム、ブレーキシステムまで、すべては独自に設計し、すべては「中国基準」を採用し、また国際基準と互換することができる。

「中国基準動力分散式列車」の設計コンセプトは、需要から出発し技術条件を制定し、順向設計し、国内企業が主導し、知的財産権の配置を前もって行う。世界とのリンクに利するよう、中国の国情、鉄道の状況によって基準を独自に制定すると同時に、一部の基準は国際基準を採用した。

この設計コンセプトの意義は、オリジナルの論理から、順向設計を強調し、終始「中国遺伝子」を顕著に示したことにある。すなわち中国の運営需要に完全に適応させることを基礎とし、中国鉄道の特徴に基づき中国基準を制定し、列車のトップダウン設計を独自に行い、ソフトウェアは全面的に独自化され、システムと部品の設計を段階的に展開し、設計案を試験、検証し、そして技術進歩の要求に適応し、新技術を多く応用し、世界のトップレベルに達することである。

高速鉄道の発展のキーポイントは、持続的な革新と超越である。高速動力分散式列車は各種の先端技術の高度な合成であり、動力分散式列車の最終組立、車体、ボギー台車、けん引変圧器、けん引変換器などの多くの肝心な技術と付属技術に関わる。各技術および各部品の共同運行を実現してはじめて、列車の安全で高速な運行を保障することができる。

研究開発の過程で、広範な科学技術者はより速い運行スピードの実現、自主安全防備技術や列車総体結合整合最適化技術の完備、センサーネットワーク、インターネットとモノのインターネットのインテリジェント化技術の応用などを中心に据えて、軽量化、衝撃吸収・騒音低減、省エネ・エコなどの技術を広く採用し、永久磁石モーター、非粘着ブレーキ、電力電池の二重動力などの新しい技術を推進し、深く研究し、全力で革新し、中国基準動力分散式列車技術の世界動力分散式列車技術の発展に対する持続可能なけん引を保証している。

2015 年 6 月 30 日、青島四方機車車両股份有限公司と長春軌道客車股份有限公司によってそれぞれ設計、製造され、完全な知的財産権を有する、時速 350 キロの「中国基準動力分散式列車」の組み立てが完了した。それに伴って、中国鉄道科学研究院北京環状鉄道試験線で試験が行われ、中国基準動力分散式列車の研究開発が重要な段階的成果を収めたことが示された。

中国基準動力分散式列車の設計・研究開発は、安全・信頼性、単一化、シリーズ化、経済性、省エネ・エコなどの原則にのっとり、技術互換と最適化・グレードアップを実現した。運営の便利化、エコ、省エネ、ライフサイクルコストの低減、安全信頼性のさらなる向上などの面において、革新の力を大きくし、革新性、安全性、インテリジェント化、人間化、経済性

などの特徴を備えさせ、高速動力分散式列車技術の全面的な国産化を実現し、動力分散式列車全体の性能および車体、ボギー台車、けん引、ブレーキ、ネットワークなどの基幹システム技術は世界先進レベルに達した。

2015 年 10 月 16 日、山西省の西北の黄土高原。「中国基準動力分散式列車」の大西高速鉄道（山西省大同と陝西省西安を結ぶ路線）本線での緊迫した動態試験が始まった。今回の試験には、型式試験、相互接続高速試験および車輪とレールの関係、雑音、イーサネットに基づく列車レベルのデータ伝送などの科学研究試験が含まれていた。それに続いてすぐ、列車制御、地震などのその他の専門に合わせて総合試験を展開し、同時に動力分散式列車の運行審査を行った。

その年の 11 月 18 日、青島四方機車車両股份有限公司と長春軌道客車股份有限公司で製造された 2 本の中国基準動力分散式列車が、大西高速鉄道でそれぞれ時速 385 キロの試験速度で走って、列車の各技術性能はすべて優れていて、高速鉄道試験の最終試験に合格した。

インターネットユーザーたちは中国基準動力分散式列車の車体の色によって、青島四方機車車両股份有限公司で製造された青色の列車を「青いイルカ」、長春軌道客車股份有限公司で製造された黄色の列車を「金の鳳凰」と呼んだ。これによって中国基準動力分散式列車には二つのかわいい名前ができた。

　十分な試験、審査と改善を経た後、最終の統一タイプの「中国基準動力分散式列車」が確定されることになる。

　情報によると、時速 350 キロの「中国基準動力分散式列車」の研究開発を踏まえて、中国鉄道はさらに時速 250 キロ、時速 160 キロおよび動力集中、2 階建てなどのシリーズ化された「中国基準動力分散式列車」の研究開発を展開し、引き続き部品の統一化、国産化と相互利用研究を掘り下げていく。

　時速 350 キロの「中国基準動力分散式列車」の試作の成功は、高速動力分散式列車の九つの基幹技術と 10 種の付属技術が完全に国産化を実現したことを示していて、「中国基準動力分散式列車」のコネクティビティーおよび相互運用を実現し、統一化された部品の複数サプライヤーによる供給および主要部品の交換修理を実現した。

　機械、冶金、材料、パワーエレクトロニクス、化学工業、情報制御、コンピューター、精密計器などの多くの技術分野をカバーする高速動力分散式列車産業は、中国の重大設備製造業に属し、その産業チェーンはすでに 22 の省・直轄市・自治区の 1000 社余りの企業をカバーしていて、産業チェーンの規模は非常に大きい。「中国基準動力分散式列車」研究開発の成功は、中国の重大設備製造業の技術の進歩と発展を極めて大きく推進するに違いない。

　2016 年 2 月 2 日、盛光祖中国鉄路総公司総経理は太原鉄道局の中国基準動力分散式列車の試験現場に来て、大西高速鉄道試験区間と中国基準動力分散式列車の試験現場と審査活動を現地で検査し、またその場で会議を開き、試験・審査の仕事を総括し手はずを整えた。

　盛光祖は次のように指摘した。独自の研究開発、自主革新を堅持し、独自の知的財産権に基づく高速動力分散式列車の技術プラットフォームを確立することは、中国鉄道が世界の鉄道の市場競争に参与する目玉商品を持つことを意味している。それと同時に、大西高速鉄道の試験区間で展開された建設設備、信号設備、けん引給電設備、防風障壁と地震早期警報システムなどの関連高速鉄道技術革新プロジェクトも、重要な進展を遂げ、そのうちの一部はすでに重要な技術的突破を実現した。

　盛光祖氏は、鉄道の全面的革新における科学技術革新の支柱とけん引としての役割を十分に発揮しなければならないと考えた。一つは、中国鉄道の設備の国産化をしっかりと推進する。中国鉄道の基幹技術・設備に狙いを定めて、国産化を全面的に推進し、特に中国基準動力分散式列車の基幹設備に対して、技術の研究・開発、製品の試験、運用審査などの各業務を引き続きしっかりと行う必要がある。二つは、中国鉄道の技術・設備の先進性を終始維持する。世界の先進的技術・設備の品質を備えるだけでなく、また人間本位という需要も考えなければならない。運用の需要を十分に満足させ、安全を確保するだけでなく、運用とメンテナンスのコストを

低減させ、良好なコストパフォーマンスを備えさせなければならない。三つは鉄道技術の基礎研究と先行研究に力を入れて強化しなければならない。革新の原動力を絶えず増強し、発展の基礎をしっかりと固め、中国鉄道技術の革新を推進し、より大きなブレークスルーを果たすようにする。

2016 年 7 月 1 日から 15 日にかけて、中国基準動力分散式列車は鄭州から徐州に至る高速鉄道の路線上で総合試験を成功裏に行った。試験において、中国基準動力分散式列車は交差運行と重連運行を行い、最高時速はいずれも 420 キロに達し、実際の運営環境と条件の下で動力分散式列車の世界最高運行速度を造った。

中国鉄路総公司の関係部門の責任者によれば、今回の総合試験の成功は、中国基準動力分散式列車の全般的技術性能をさらに一歩進んで検証したことになり、中国の高速鉄道の工事・建造、設備製造、列車運行の制御などの全般的技術が世界の先進レベルに達したことを示していて、中国基準高速鉄道ブランドの構築、中国の高速鉄道の海外展開の推進に重要な意味を備えている。特に動力分散式列車のけん引、ブレーキ、ネットワーク制御システムの全面的国産化を初めて実現したことは、中国が世界各国の異なる需要を満たす動力分散式高速列車を設計・製造する能力を備えていることを証明したことになる。

鄭徐（鄭州と徐州を結ぶ路線）高速鉄道で行った中国基準動力分散式列車の総合試験によって、中国基準動力分散式列車の運行中のエネルギー消費データ、振動騒音特性を成功裏に手にし、時速 400 キロおよびそれ以上の高速鉄道システムの基幹技術のパラメータの変化規則を探索し、中国の高速鉄道の車輪・レール関係、パンタグラフ関係、空気力学などの理論研究と高速鉄道のコア技術の難関突破、運営・管理に強力な技術的な支えを提供した。中国基準動力分散式列車の独自の研究開発は成功し、完全に独自の知的財産権を有していて、世界の先進レベルに達した。

2016 年 8 月 15 日、6 時 10 分、G8041 号列車は大連北駅を出発し、ハルビンから大連に至る高速鉄道に沿って瀋陽駅へと向かった。これは中国が独自に設計・研究開発した完全に独自の知的財産権を有する中国基準動力分散式列車の初めての客を載せての運行となった。

情報によれば、中国基準動力分散式列車は 2015 年 6 月にラインオフして以来、前後して完成車型式の試験、科学実験、空車運行、シミュレーション荷重運行などの試験・審査が行われ、その試験・審査の指標はすべて基準規範と運行要求にかなっていた。つまり、中国基準動力分散式列車はその安全性、快適性と各性能の指標および適応性、安定性、信頼性、製造品質がすべて設計要求に達し、また専門家の審査に合格し、ダイヤグラムに編入し客を載せて運行する条件をすでに備えているのだ。

大西高速鉄道線を走る「青いイルカ」中国基準動力分散式列車

終わりに
速度は中国を変えた

哲学者は、20世紀は速度が世界を変えたと語った。

人類の歴史において、新しい技術の出現は、必然的に生産力の大きな発展をもたらしてきた。産業革命は人類を機械時代に踏み入らせ、生産力の大きな飛躍は、人口の大きな変遷をもたらし、都市化の出現を促した。情報技術革命は情報産業の盛んな発展をもたらし、経済社会のモデルチェンジを推進し、人類を情報化時代に導いた。人類の交通の歴史を見渡すと、6000年前の車輪の発明、4000年前の馬車の出現から最近100年の自動車、汽車、汽船、飛行機の広範な使用まで、交通機関はそのますます速くなる速度によって、人類の生存空間を変えている。

疑いもなく、20世紀は人類が最も速く「歩んだ」100年であった。汽車を代表とする近代的な交通機関の人類に対する影響はそのほかのすべての機械を上回り、唯一それに匹敵するものはたぶんコンピューターとインターネットだろう。それらの共通点は速度で世界を変え、人類の前進する歩みを加速していることである。

100年余り前に、「中国鉄道の父」と称賛された詹天佑は、「中国は目覚めようとしているところで、鉄道の必要を感じている」ことを自らの任務とし、長城の麓に中国人自らの設計、建造による初の鉄道である京張鉄道を建設し、中国鉄道の歴史の一里塚を築き、中華民族のために貴重な精神的な財産を残した。

新世紀に入った後、高速度は一つの追求になった。もし21世紀の最初の10年の中国の成果を順次整理したら、それは必ずしもトップに位置するとは限らないが、

決して圏外に排除されてはならない。それはつまり高速鉄道だ。

当節、「中国速度」「和諧号」「高速鉄道旅客駅」はすでに社会生活の流行語になり、人々は高速鉄道に対して認知から受容へと進み、高速鉄道は生活に不可欠な一部になった。高速鉄道ができたので、ますます多くの人々の物質生活であれ精神生活であれ、すべてが豊富で多彩に変わっている。

魯迅は、時間を節約すれば、一人の有限な生命をより効率的にさせ、それは人の寿命を延ばすことに等しい、と語ったことがある。

1本1本の高速鉄道は人民大衆に時間の生産ラインと例えられた。速度を速め、時間を節約すれば、つまりは生命を延ばしたことになる。これは高速鉄道の哲学であり、時代の弁証法である。

高速鉄道は生活を変え、また品質を高めた。中国は目下、世界で高速鉄道の運営距離が最長で、建設中のものの規模が最大の国であり、高速鉄道の全体的技術レベルは世界の先頭にランクされている。中国の高速鉄道は、すでに中国の速度、中国の創造、中国の知恵、中国の力、中国の誇り、中国の精神を集中的に示す文化的シンボルとなっている。中国の高速鉄道は、中国ないしは世界の交通の枠組みを変えつつあり、文化的で、観念を一新させるような高速列車に、ますます多くの人々を乗せ、「文化の旅」「幸福の旅」を踏み出させ、安全、便利、快適に世界のあちこちに行かせる。

中国共産党第18回全国代表大会の報告は「革新型の国づくりにおいて著しい成果を挙げ、有人宇宙飛行や月面探査プロジェクト、有人深海潜水、スーパーコンピューター、高速鉄道などで重要な突破を実現した」と指摘した。高速鉄道は中国の5大革新プロジェクトの一つとして、党の代表大会で認められ、これは中国鉄道史上でも初めてのことであった。

それ以後、毎年の中国の『政府活動報告』の中には常に中国の高速鉄道の発展成果を総括して是認する言葉がある。2016年3月5日、第12期全国人民代表大会第4回会議において、李克強総理は『政府活動報告』の中で次のように指摘した。2015年は「第12次5カ年計画」期の最後の1年である。これまでの5年間、中国の発展は世界が目を見張る成果を挙げた。「第12次5カ年計画」で確定された主な目標と任務は全面的に達成された。彼はまた次のように強調して指摘した。中国のインフラレベルは全面的に飛躍的向上を成し遂げた。鉄道の営業キロが12万1000キロに達し、そのうち、高速鉄道は1万9000キロを超え、世界の60％以上を占めている。2016年6月29日、国務院常務会議は『中長期鉄道網計画』を原則的に承認した。『計画』は次のように提起している。一つは中国の「八縦八横」という高速鉄道の主要ルートを構築する。「八縦」とは沿海ルート、京滬ルート、京港（台）ルート、京哈―京港澳（マカ

オ）ルート、呼南（フフホト－南寧）ルート、京昆（北京－昆明）ルート、包（銀）海（包頭－海口）ルート、蘭（西）広（蘭州－広州）ルートのことである。「八横」とは綏満（綏芬河－満洲里）ルート、京蘭（北京－蘭州－ラサ）ルート、青銀（青島－銀川）ルート、陸橋（連雲港、日照－ポーランド、ドイツなどの欧州海岸）ルート、沿江（上海－成都）ルート、滬昆ルート、厦渝（厦門－重慶）ルート、広昆（広州－昆明）ルートのことである。二つは「八縦八横」の主要ルート構築を踏まえて、高速鉄道地域接続路線を配置する。三つは高速鉄道、普通鉄道を利用して都市間鉄道を優先的に運行すると同時に、新型都市化の発展をサポート、けん引し、大・中都市と中心都市を効果的につなぎ、通勤用に役立つ都市群都市間旅客輸送鉄道を計画し建設する。隣接する大・中都市間1～4時間の交通圏、都市群内半時間～2時間の交通圏を実現する。

2020年までに、中国の鉄道網規模は15万キロに達し、そのうち、高速鉄道は3万キロで、80％以上の大都市をカバーする。2025年までには、鉄道網の規模は17万5000キロ前後に達し、そのうち、高速鉄道は3万8000キロ前後で、2015年末に比べて倍増する。「八縦八横」高速鉄道主要ルートが建設されるにつれ、中国のほとんどの都市と地域は高速鉄道がもたらす多くの恩恵を享受できるようになる。高速鉄道経済

の新しい業態を育成、発展させ、沿線地域の交流・協力と資源の最適化配分を促進し、産業の傾斜的な移転を加速し、製造業と全体の経済のモデルチェンジとグレードアップをけん引し、経済社会の急速な発展を大きく促進させる。

10年、20年前に、高速鉄道は建設すべきかどうか、どのように建設するかについての論争が一時期騒がしかったことを人々は今すでに想像できないだろう。今日、論争はすでに過去のものとなった。高速鉄道の路線は絶えず延び、高速列車が電光石火に走る。1本また1本の高速鉄道は、中国人の生活半径と活動範囲を広げ、人々の移動方法とライフスタイルを変えている。

長年の建設と運営の実践を通じて、中国の高速鉄道の技術の先進性、安全・信頼性、省エネ・エコ、便利さ・スピーディー、コストパフォーマンスの高さなどの主要な技術的・経済的特徴が日増しにはっきりとなってきている。中国鉄道はまた業務が全面的、技術が完璧で、経験豊かな工事建設、設備開発、運営管理の隊伍を擁し、工事建設の工期と品質を保障することができ、安全で、秩序だった高効率の運営を保障できる。世界のほかの国と比べて、中国の高速鉄道は技術、費用などの面においてより強い適応性と競争力を備えている。

2015年11月26日、李克強総理は、中東欧16カ国の指導者を招き高速鉄道

「和諧号」動力分散式列車の故郷への乗り入れを喜んで迎える広西チワン族自治区の各民族人民

に共に乗車した時に、中国の高速鉄道は数年来の中国の経済の発展、技術の進歩、設備のグレードアップ、工事建設人材の成長など多方面にわたる進歩の積み重ねによる成果である、と指摘した。

　中国の高速鉄道は依然として延び続けている……

327

汽車と共に成長
（後書きに代えて）

—

　速度、それは汽車にとって最も愉快な一種のはけ口だ。

　人類の誕生の日から、速度に対する追求は、人々の心の奥深くにひそんでいる原始的な欲望である。太古においては、広々とした原野や森で、速度は人類が獲物を得る重要な前提であり、速い者は生存でき、多く獲得できた。車輪の発明、蒸気機関の登場、その両者の結合は、人類の通行速度を向上させた。科学技術の進歩につれ、人類の前へ進む速度は絶えず上昇している。

　ある意味から言えば、人類の発展の歴史は、速度に対する追求の歴史である。

　1814年7月25日、英国人のスティーブンソンが作った世界初の蒸気機関車が運行を始め、「ブリュヘル号」と名付けられた。この機関車にはシリンダー二つ、長さ2.5メートルのボイラー一つ、フランジ付き車輪が四つあった。それは8台のトロッコを引き、30トン積載し、時速6.4キロのスピードで進んだ。

　1825年9月27日、世界初の鉄道「ストックトン・アンド・ダーリントン鉄道」が正式に運行され、その全長は40キロメートルであった。スティーブンソンは改良された蒸気機関車「ロコモーション号」を運転して、石炭を乗せた6車両と乗客をいっぱい乗せた20車両をけん引した。積載量は80トンに達し、最高時速は24キロだった。

　走っている蒸気機関車の煙突からは濃い煙と火が噴き出され、車輪とレールが摩擦して火花が飛散したため、炭鉱付近の住民はそれを「火車（汽車）」と呼んだ。

それから「火車」という名前は広く伝わり、機関車は「火車頭」と呼ばれ、それが今日まで用いられている。

汽車が登場して 200 年、その速度の記録は絶えず更新されている。

1901 年、ドイツのシーメンスが研究開発した電気機関車が時速 162 キロの世界記録をつくった。

1931 年、ドイツ人は飛行機、飛行船と汽車の特徴を合わせて、時速 200 キロを超す高速列車「シーネンツェッペリン」を製造し、この世界記録を 24 年間維持していた。

1955 年になって、フランスの電気機関車は時速 331 キロという新しい世界記録をつくった。2008 年 8 月 1 日、中国の京津都市間高速鉄道が営業運転を開始し、CRH「和諧号」の時速は 350 キロだった。

汽車のスピードはルービックキューブのようなもので、毎回の向上はみな新しい時速であり、歴史的な飛躍である。

二

汽車は近代産業文明の象徴の一つである。

歴史学者は、人類文明の歩みの時代区分は生産用具が決定的な要因であるという。

旧石器と新石器時代の区別は、その使用した道具の違いにある。旧石器時代に用いた道具の材料は、石英、剥片、石灰石などであり、陶器を使用し、磨製石器を製作したことが新石器時代の主な特徴である。1820 年代、鉄道と蒸気機関車の誕生に伴い、人類は馬車の時代に別れを告げ始め、蒸気機関の時代に入った。1870 年代、ディーゼル機関車、電気機関車の出現に伴い、ディーゼル、電気時代が蒸気機関の時代に取って代わった。1960 年代、高速列車新幹線の登場に伴い、高速鉄道時代が電気時代の高級段階になった。

ここから次の二つの結論を得ることができる。一つは生産用具の変革が時代の変革を決定した。もう一つには輸送生産手段の変革の核心的な基準は速度である。

汽車の発展の歴史は、つまるところ、絶えず発明し、絶えず革新し、絶えず運行速度を高めた歴史である。汽車は正にその輸送速度と輸送力の大きな優位性によって、世界の交通輸送の基幹的力になったのであり、人類社会の文明の進歩を大きく推進した。

人類の交通の進歩を見渡すと、100 年余りの間に、汽車、自動車、飛行機が出現した。ある歴史学者が言ったように、人類の歴史において進む方式は、初めは地面をはって進み、後には立ち上がって歩み、近代以来の 500 年では、走って進み、最後の 100 年には、飛ぶように進んでいる。

疑いもなく、先進的な輸送手段の変革が、社会の進歩を決定している。

三

20歳で、私は鉄道マンになり、蒸気機関車のボイラー係として働いた。大ざっぱに言えば、汽車を動かす役だった。

蒸気機関車は横倒しになった黒い鉄塔のような感じで、先頭の煙突から湧き出る濃い煙霧、両側のシリンダーから噴き出す真っ白い水蒸気が、巨大な機関車に雲や霧に乗って自由に飛行するような迫力を与える。汽笛が長く鳴り響き、車輪がごうごうと回り、非常に壮観だった。

この迫力は、私に口では言えないような興奮と情熱をもたらした。

蒸気機関車の作業原理はとても簡単である。石炭を炉床に入れ、石炭は燃焼の過程で化学エネルギーを熱エネルギーに転化し、機関車ボイラーの中の水を加熱、気化させ、蒸気機関に入って膨張して作業し、蒸気機関のピストンが往復運動するのを推進し、また合弁テコ、連接棒を通じて、往復の直線運動を回転円周運動に変え、機関車の動輪を回転させ、列車をけん引する。

蒸気機関車は運転士、副運転士とボイラー係の1組3人で、ボイラー係の職責は、主に蒸気機関車のボイラーに石炭を放り込むことだ。1分間に大体9スコップ分の石炭を放り込み、数分後、前が低く後ろが高く、左右が分厚い「箕形」の火床が敷かれる。私の師匠は、このような箕形の火床は燃焼が十分になり、水蒸気が多く出る、と言った。1回の勤務時間で少なくとも5トンの石炭を放り込まなければならない。

私のいた紫荊嶺機関区に配置されていた「前進型」機関車は、大同機関車工場で生産された、有名な国産ブランドだった。この種のタイプはゆったりとしていて、風格があり、馬力が大きい。3000トンのけん引能力を備え、運行時速は80キロに達することができ、当時の中国鉄道の主な機関車であり、また重量が最大で、速度が最も速い機関車でもあった。

当時ちょうど宜昌で葛洲ダム基幹水利工事が行われており、われわれの機関車はセメント専用列車を引いてよく宜昌に行った。駅に到着するたびに、機関車の前ではいつも外国人が取り囲み、あれこれ話していた。外国人は、葛洲ダム工事を見学に来た人たちだった。彼らは蒸気機関車が産業革命の産物だということは知っていたが、その実物を見たことがなかったのだ。

外国人が中国の汽車に興味を示していて、私は誇りに思った。

後に、彼らはそれを骨董品として見学していたのだと知って、私は気がふさいだ。

四

1978年10月のある日、われわれの機関車は宜昌から襄樊への旅客列車のけん引任務を引き受け、一気に8時間も働いた。夕方、私は襄樊の乗務員アパートに帰った。食堂に入った時、壁の隅の14イ

ンチの白黒テレビが後によく知られることになった場面を放送していた。鄧小平氏が日本の新幹線高速列車に乗り、非常に感慨深く語った。「風のように速い……われわれも今、走ることが大変必要だ」

スクリーンはチカチカとぼんやりしていて、はっきりと見えなかったが、画面をさっと過ぎた高速列車は、食事をしていたわれわれ乗務員たちを非常に驚かせた。

これは「高速鉄道」という言葉を私が初めて聞いたときだった。日本の東京と大阪をつなぐこの高速鉄道の運行時速はなんと270キロに達し、われわれの機関車のスピードの3倍以上だった。

この夜、私の夢に出てくるのは疾走している流線型の高速列車ばかりだった……

ある資料によれば、先進国がすでに電化高速列車の時代に入っていた時、中国鉄道はまだ40％の動力が蒸気機関車だった。1970年代末、世界で蒸気機関車をまだ使っていたのは中国、インドと南アフリカの3カ国しかなかった。20世紀末になると、世界で蒸気機関車を使っている国は中国だけになり、602台の蒸気機関車が線路の上を走っていた。

2004年末、中国の蒸気機関車の最後の一群が歴史の舞台から姿を消した。1世紀余りにわたって中国を走ってきた蒸気機関車の輝かしい歴史が終わり、一つの時代の終わりを象徴することとなった。

現在、毎年、アメリカ、ヨーロッパからの多くの旅行者とカメラマンが、北京の東郊にある中国鉄道博物館に来て、機関車陳列ホールで夢中になって見学している。彼らはまた蒸気機関車の運行中のゴトゴトという音、水蒸気の鳴る音などをわざわざダビングして、国に持ち帰って家族や友達に聴かせる。

このように、蒸気機関車は、人類社会発展の功労者として、このような生産と関わらない形で保存されている。人々の景仰と愛慕の中で新しい命を獲得している。

五

2001年7月、北京。中国鉄道科学研究院（CARS）の環状鉄道試験線で、中国国産の「中原の星」という動力分散式列車が試験運行を行った。私は鄭州鉄道局の徐宜発局長とその車内で興奮して話し合った。

徐局長はもともとは機関車の乗務員であり、蒸気機関車、ディーゼル機関車と電気機関車の3種類の機関車を運転した経験を持っている。彼は国産の動力分散式列車を運転することが彼の夢だと楽しそうに話した。私はその夢はもうすぐ実現すると答えた。「中原の星」は鄭州鉄道局が株洲電力機車工場などと共同で研究開発したものだ。6両編成で、548人乗り。その外観は、銀色とダークグリーンでデザインされていて、明るく落ち着きがあり、モダンで風格があり、新鮮な感じがする。当日の試験時速は170キロであった。

「中原の星」は鄭州に戻った後、京広線の鄭州と許昌小商橋区間で試運転

を行った。この期間、徐局長はわざわざメディアの友達に乗車して体験するように誘った。彼は自ら運転して解説し、非常に興奮し、楽しくて疲れを感じなかった。

その年の11月18日、「中原の星」は正式に営業運転に投入された。「弾丸」のような外形と電光石火の時速は、京広線の鮮やかな風景となり、社会の各界から広く注目された。翌日、『人民日報』（海外版）は1面トップで「中原の星」の報道写真を掲載し、世界に中国の動力分散式列車の勇姿を示した。

しかし、「中原の星」は故障が頻発し、しょっちゅう動かなくなったので旅客からのクレームが絶えなかった。私は鄭州局党委員会宣伝部部長として、メディアとの対応に飛び回り、社会が国産の動力分散式列車という新しいものに対してより多くの加護を与えてくれるよう切望した。

国産の動力分散式列車ができるだけ早く強健になるよう願った。

六

2007年4月18日、中国鉄道は6回目の大幅なスピードアップを実施した。中国ブランドの「和諧号」動力分散式列車が華々しく登場し、時速250キロの速度で、在来線で中国鉄道急速旅客輸送のルートを切り開いた。外電はこれらの急速列車は高速鉄道に接近し、高速鉄道の入口にまで到達したと評価した。

その日、私は鄭州局宣伝部の人と一緒に、「記者の動力分散式列車体験」という活動を企画した。私たちは『人民日報』、新華社、中央テレビ局、『河南日報』などの多くのメディアの記者、合計60余人を招いた。われわれは鄭州駅で鄭州から北京西駅に向かうD134号動力分散式列車に乗り、記者に体験取材をしてもらった。7時22分に発車、8時49分に安陽に到着し、行程は187キロメートルで合計1時間27分かかった。白色の流線型の車体、穏やかで快適なスピードで、記者たちにある種の真新しい感覚を与えた。車内で、私は自ら解説員を担当し、動力分散式列車の原理、「和諧号」の速度、中国鉄道の発展などについて紹介した……

午後、私はわざと記者たちと長距離バスに乗って戻った。途中でバスは上下に揺れ、動力分散式列車の2倍の3時間近くかかった。

翌日、中央と地方のメディアはすべて鉄道のスピードアップ、「和諧号」動力分散式列車の運行に関わる記事を発表し、そのうちの「動力分散式列車とバスの速度比」という記事は、私の傑作だった。

七

2011年5月25日、全国政治協商会議副主席、科学技術部部長の万鋼氏は専門家リサーチグループを率いて、間もなく開通運営される京滬高速鉄道を視察した。私は鉄道部の随行員として同行した。

研究調査グループの専門家たちは前後して、最高実験速度400キロの高速試験車（「863計画」重大プロジェクト）と新世代の「和諧号」動力分散式列車（国家科学技術支援計画重大プロジェクト）に乗車し、試験結果を確認し、運行を体験した。

試験車で、万鋼氏は高速鉄道自主革新合同計画に参画した専門家メンバーと話し合った。彼は話がはずみ、興味津々で、中国高速鉄道自主革新で獲得した成果を高く評価し、鉄道部門が国家競争力の向上、広範な人民大衆に恩恵をもたらすために果たした重要な貢献に対して心からの敬意を表した。

私は機会をとらえて万鋼部長にインタビューし、「和諧号」動力分散式列車に対する彼の感想を語ってもらった。万鋼部長は「今日の多くの検査結果は、京滬高速鉄道の線路の品質、『和諧号』動力分散式列車の運行品質は共に世界一流だと言える。われわれが高速鉄道を研究開発する目的は、人民大衆に恩恵をもたらし、中国の自主革新能力を強化し、また同時に世界の科学技術の進歩に対しても積極的な貢献をすることだ」と喜んで話した。

万鋼部長は感慨深げに次のように語った。中国の高速鉄道の急速な発展は、多くの産業をけん引し、都市ベルト、都市圏の形成を加速し、中国の経済・社会の発展の枠組みを著しく変え、全国人民の自信を高め、経済・社会のより良くより速い発展を促し、中華民族の偉大な復興を実現することに非常に重要な意味を持っている。

万鋼部長の話は力強かった。中国の高速鉄道は品質がずばぬけていて、前途が光り輝いている。

八

中国鉄道の発展の過程、特に中国の高速鉄道の発展を考察すれば、改革開放は一つの重要な時期であり節目であると思う。一人の鉄道人として、この重要な時期における鉄道の発展に私は幸いにも参与し、またそれを目撃した。

蒸気機関車から高速動力分散式列車まで、これは疑いもなく非常に苦しく長い発展の過程であり、特筆大書すべき歴史的な飛躍である。『チャイナスピード　中国高速鉄道の誕生とその歩み』というこの本を書く過程で、私は専門家・学者、科学技術スタッフ、工事建設者および動力分散式列車の運転士、運行管理と乗務員を含む多くの中国高速鉄道の指導者、参与者をインタビューした。中国高速鉄道の成果に言及した際に、彼らの顔には「チャイナスピード」に対する誇りが現れた。高速鉄道について、彼らにはいろいろな話題があり、語り尽くせない感情がある。

元の鉄道部部長で、現在の中国鉄路総公司党グループ書記、総経理の盛光祖氏は、中国の高速鉄道の揺るぎない提唱者、指導者、参与者であり、彼は

私の創作理念に大いに賛同し、私と共に原稿のテーマ・思想、創作内容と表現方法を検討した。中国の高速鉄道は中国の数年来の経済の発展、技術の進歩、人材の育成の集大成であり、数世代の鉄道人が必死に奮闘した結果である、と彼は語る。

申年の春節が過ぎたばかりのとき、私は『チャイナスピード　中国高速鉄道の誕生とその歩み』の原稿の創作状況について、元の鉄道部部長で、中国工程院院士の傅志寰氏の求めに応じて、2日続けて半日語り合った。春節期間中、中国鉄道に一生の精力と知恵を注いできたこのご老人は、私の原稿を一字一句真剣にチェックし、技術面での30余りの間違いを修正してくれた。彼の厳格な研究精神は私を

感動させた。彼は次のように語った。同じ事物でも人によってそれぞれ見方は違うが、事実に基づいて真実を求めることこそが根本である。中国の高速鉄道は中国の誇りである。われわれはこの偉大な時代に感謝すべきであり、中国鉄道に感謝すべきだ。

偉大な時代に感謝すること、それは新中国の鉄道人の共通の心の声だ。

汽車と共に成長したことは、私の人生において、得がたい経験であり、また一生の財産でもある。

私はそれを大切にしなければならない。

2016 年 5 月 16 日脱稿
2016 年 8 月 15 日修正

图书在版编目（CIP）数据

中国速度：中国高速铁路发展纪实：日文／王雄著．—北京：外文出版社，2019.7
ISBN 978-7-119-11572-6
I.①中… II.①王… III.①高速铁路—铁路运输发展—成就—中国
—日文 IV.① F532.3
中国版本图书馆 CIP 数据核字 (2018) 第 154414 号

出版指导：徐　步　胡开敏
策划编辑：王　洋
责任编辑：王　洋　孙乙鑫　范淑娟
日文翻译：井上俊彦　福井百合子　笼川可奈子　贾临宇　肖　平　郝慧琴　魏　巍
　　　　　马彦荣　李明慧　孔鑫梓
日文改稿：菊池秀治
日文审定：郝慧琴
图片摄影：(以姓氏笔画为序)
　　　　　于建勇　王长安　王明柱　王建伟　王渝民　付世凯　邢广利
　　　　　朱进军　乔　力　刘成平　刘一赢　刘爱平　安　林　李文宝
　　　　　李会来　李咸良　杨宝森　杨越华　杨惠兴　何好雁　佘中云
　　　　　吴清云　张　楠　张卫东　罗春晓　张春怀　张铁柱　陈　涛
　　　　　陈方燕　陈孚平　周德民　赵湘明　原瑞伦　贺长山　郭　庆
　　　　　郭润滋　曹　宁　崔喜利　梁士华　温希伟　蔡鸿祥
制　　作：北京维诺传媒文化有限公司
印刷监制：章云天

中国速度

中国高速铁路发展纪实

王　雄　著

© 2019 外文出版社有限责任公司
出 版 人：徐　步
出版发行：外文出版社有限责任公司（中国北京西城区百万庄大街 24 号）
http://www.flp.com.cn
电　　话：008610-68996047（总编室）
　　　　　008610-68996189（发行部）
　　　　　008610-68326174（版权部）
印　　制：鸿博昊天科技有限公司
开　　本：1/16
印　　张：21.5
2019 年 7 月第 1 版第 1 次印刷
（日）
ISBN 978-7-119-11572-6
（平）
09800